한국 인문·사회과학 연구, 이대로 좋은가

한국 인문·사회과학 연구,
이대로 좋은가

권영민
박근갑
송호근
김재현
박상섭
양준모

일송기념사업회 편

푸른역사

한림대학교 한림과학원 일송기념사업회는 한림대학교 설립자 故일송—松 윤덕선尹德善 선생의 유지를 기리기 위해 2009년부터 매해 가을 학술대회를 개최하기로 했습니다. 일송 선생은 늘 한국의 앞날을 걱정하고 우리 사회의 병폐를 광정하는 데 평생 고민하셨습니다.

일송 선생은 "한국의 형체는 허물어졌어도 한국의 정신은 멸하지 않고 존속해 언젠가는 그 형체를 부활시킬 때가 온다"는 박은식朴殷植 선생의 경구를 자주 인용하면서 올바른 역사인식의 중요성을 강조하셨습니다. 또한 선생은 언제나 초가집 처마 밑에서 밖의 세상을 모르고 읊조리는 제비와 같은 좁은 시야를 하루 속히 탈피하고 국제적인 안목을 지녀야 한다고 말씀하셨습니다. 세계적인 수준에서 우리의 올바른 역사의식을 갖추라는 선생의 이 같은 당부는 오늘날 우리가 시급히 풀어야 할 시대적 과제이기도 합니다.

이에 일송기념사업회는 "한국 사회, 어디로 가야 하나"를 장기 주제로 삼고 이 주제에 부응하는 연차 주제를 매년 선정해 일송학술대회를 개최키로 했습니다. 교육, 역사, 학문, 통일, 문화, 삶과 가치, 인간과 자연과 같은 우리 사회의 근본 문제들을 한국의 역사와 전통, 그리고 미래의 바람직한 발전 방향과 밀접히 연계해 검토하기로 했습니다.

일송학술대회는 이들 문제를 일회적인 학술모임의 차원을 넘어서 한반도에서 인간적이고 한국적인 삶을 영위하기 위해 우리의 시각에서 조망할 것입니다. 또한 시대의 문제를 총체적으로 파악하고 그 대안을 숙고했던 위대한 실학자들의 학문 정신을 계승해 새로운 한국적 학문 전범典範을 세우도록 노력하겠습니다. 이를 위해 국내의 석학들을 비롯한 중견, 소장 학자들을 두루 초빙하여 거시적인 안목에서 성찰하고 실사구시實事求是의 정신에 입각한 방향 제시를 모색하고자 합니다.

일송기념사업회 운영위원장

김용구

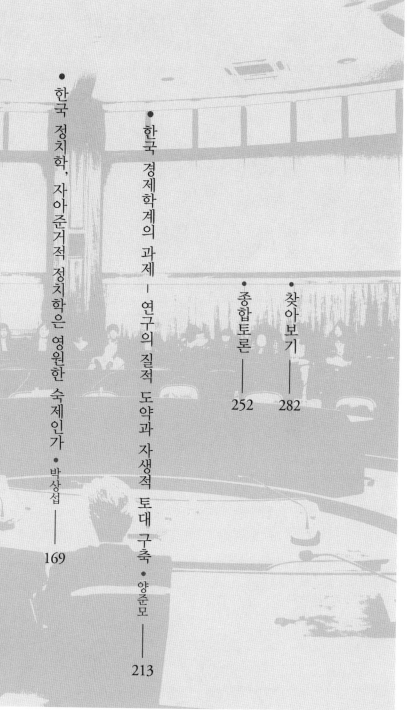

한국문학 연구의 논리와 형태

— 한국문학 연구, 어디까지 왔나

권영민

한국문학 연구의 논리와 형태
—한국문학 연구, 어디까지 왔나

한국문학과 문학 연구

한국문학은 일반적으로 19세기 중반 이전의 고전문학과 19세기 중반 이후의 현대문학으로 크게 구분한다. 이러한 구분은 한국문학의 역사적 전개 과정을 시대구분의 요건을 기준으로 삼은 것이지만 단순한 시기상의 문제만을 의미하지는 않는다. 한국 고전문학이 형성되어 발전해 온 시대는 봉건적인 사회제도와 인습이 지배하던 시대이다. 고전문학은 초기 단계에서부터 불교의 사상적 영향을 받아들이고 있으며, 고려시대 이후부터는 유학의 이념을 중시한다. 그리고 한국 민족의 고유한 정서와 삶의 가치를 발견하고 이를 문학적 형식으로 구현하는 데 주력한다. 그러므로 고전문학은 한국 민족의 전통적인 삶의 방식과 그 미의식을 가장 특징적으로 보여 준다. 한국 고전문학은 구비문학과 기록문학으로 나뉜다. 구비문학은 한국문학의 원천이라고 할 수 있으며, 구전적 전통에 의해 독자적인 체계를 형성하고 있다. 기록문학의 경우 한문학과 국문문학이라는 두 가지 영역으로 구분된다. 한문학과 국문문학의 구분은 한국 민족이 영위해 온 문자 생활의 이중성을 그대로 반영한다. 한문학은 중국에서 들어온 한문을 기반으로 성립된 문학으로, 지배계층에게만 허용되어 온 한문 글쓰기를 활용하고 있기 때문에 그 향수층 자체가 제한되어 있다. 한문학은 한국 사회의 근대화 과정에서 사회문화적 기능을 상실하게 되었지만, 한국 민족이 향유해 온 고급문화가 한문학을 중심으로 발전해 왔다는 사실은 부인할 수 없다. 국문문학은 한글 창제 이후에 등장한 것이다. 국문문학은 한문학과 달리 그 사회적 기반을 서민 대중으로까지 확대시키면서 개화·계몽시대 이후 한국 현대문학으로 발전하게 된다.

한국 현대문학은 19세기 중반 이후 한국 사회의 근대화 과정을 배경으로 해서 성립된다. 고전문학의 바탕이 되는 봉건적인 사회제도와 관습이 붕괴된 자리에 새롭게 자리잡은 것이 현대문학이다. 현대문학에는 한문학의 경우와 같이 지배계층의 이념을 대변하고 그 정서를 표현하는 독점적이면서도 폐쇄적인 문학이 존재하지 않는다. 현대문학은 국문 글쓰기에 의해 그 양식이 확립되고, 국문을 통해 대중적으로 확산된다. 그리고 대중 매체로 새롭게 각광을 받게 된 신문과 잡지를 통해 폭넓은 독자층과 만난다. 현대문학에서 볼 수 있는 이러한 양식적 개방성은 현대문학이 추구하고 있는 현대성의 중요한 특징이라고 할 수 있다. 19세기 후반부터 한국 사회는 봉건적인 사회체제의 모순 극복을 위한 개혁운동이 각 방면에서 활발하게 전개되었고, 침략적인 서구 자본주의 세력의 위협에 대응하기 위한 자주독립운동이 지식층을 중심으로 점차 확대된 바 있다. 그런데 한국 현대문학은 일본의 침략으로 말미암아 결정적인 한계에 부딪히게 된다. 일본의 식민 통치는 한국 민족의 모든 권한과 소유를 박탈하는 것으로부터 시작되어 민족의 존재와 그 정신마저 말살시키고자 하는 방향으로 확대·강화되었기 때문이다. 그러나 한국문학은 그 정신적 위축에도 불구하고, 한국어의 보루가 되었고 민족정신의 근거가 되었다. 1945년 한국의 해방은 민족문학의 방향과 그 지표를 재정립하고자 하는 새로운 계기가 되었다. 식민지시대의 모든 반민족적인 문화 잔재를 청산하고 새로운 민족국가의 수립과 함께 참다운 민족문학을 건설해야 한다는 것은 당연히 이루어야 할 시대적 요청이었다. 그러므로 민족 분단의 비극을 체험하고 전쟁의 혼란을 겪는 동안에도 한국문학은 민족 전체의 삶에 대한 총체적인 인식을 목표로 삼게 된다. 한국문학은 민족의 현실과 역사적 조건에 대한 문학적 자기 인식과 그 확대를 통해서 문학의 가능성을 더욱 폭넓게 열어가고 있는 것이다. 물론 여기서 말하는 문학의 새로운 가능성은 민족의식의 문학적 형상성이라는 문제를 우선적으로 꼽을 수 있지만, 나아가 민족 전체의 가치 있는 삶에 대한 총체적 인식을 추구하는 방향을 의미한다. 그리고 한국인들의 독자적인 문화적 창의성을 바탕으로 세계문학의 보편적인 가치를 추구하는 데에까지 나아갈 수 있어야 함을 강조하는 것이다.

이와 같은 한국문학의 역사를 놓고 본다면 한국문학에 대한 연구도 비슷한 경로를 거쳐 왔을 것임을 짐작할 수 있다. 특히 한문학이 크게 성행하게 된 고려시대 이후 시문에 관한 다양한 비평적 담론이 존재해 왔으며 그러한 전통이 조선시대로 이어졌음은 주지의 사실이다. 그러므로 한국문학 연구는 한국문학과 언제나 함께해 왔음을 알 수 있다. 그러나 근대적인 학문의 체계를 놓고 본다면 한국문학 연구는 일본 식민지시대에 문단비평이 확립되면서 그 방법론적 출발이 가능했다. 그리고 경성제국대학(1927)의 성립 이후 '조선문학'이라는 것이 하나의 전문적인 학문 영역으로 규정되면서 그 방법론의 체계를 갖출 수 있게 되었다. 물론 초창기의 한국문학 연구는 일본 식민지시대에 일본을 통해 수용한 연구 방법을 그대로 따를 수밖에 없었으므로, 한국의 전통적인 심미사상을 제대로 계승하지 못했다.

한국에서 현대적인 의미의 문학 연구는 1945년 해방과 함께 고등교육기관으로서의 대학이 정비되면서 가능해졌다. 식민지 지배를 벗어나면서부터 '국문학' 또는 '한국문학'이라는 범주 설정이 가능해졌고 그 연구 방법의 과학성과 다양성을 확립할 수 있게 되었다. 한국문학 연구에서 1945년 해방 직후부터 1950년대 후반까지는 한국문학의 교육과 연구를 위한 제도와 기반의 확립기에 해당한다. 이 시기에 국립대학 학제와 교육제도가 정비되고 사립대학이 육성되면서 '국어국문학과'가 여러 대학에 설치되었다. 그리고 전문적인 연구 인력이 대학을 중심으로 조직화하면서 '국어문학학회'(1952)와 같은 학술단체의 결성도 이루어졌다. 특히 1950년대 이후 서구 문예이론의 폭넓은 수용이 이루어지면서 방법론 자체에 대한 이해와 함께 문학적 현상에 대한 새로운 분석과 해석을 시도할 수 있게 되었다. 그 결과로 오늘의 한국문학 연구는 일반적인 의미의 한국학 분야에서 가장 많은 연구자를 양성했고, 다양한 연구 실적을 산출할 수 있었다.

이 글은 근대적인 학문으로서의 한국문학이 성립된 이후 한 세기를 거치는 동안 이루어진 한국문학 연구의 성과를 개괄하고 그 방법론의 경향과 문제성을 동시에 규명하고자 하는 데 목표를 둔다.

한국문학 연구의 과거와 현재

한국문학에 대한 연구가 근대적인 학문으로서의 성격을 드러내기 시작한 것은 일본 식민지시대부터라고 할 수 있다. 한국문학 연구의 개척적인 역할을 담당했던 안확, 이병기, 조윤제, 양주동, 손진태, 김태준, 고정옥, 임화, 백철, 김기림 등은 한국문학의 학문적 체계화를 위한 통사적 개관과 함께 문헌의 조사와 정리 작업을 통해 한국문학의 범주를 규정할 수 있게 했다. 안확安廓(1886~1946)의 《조선문학사》(1922)는 한국문학의 역사적 전개 양상을 통사적 형식으로 기술한 최초의 업적이며 중국의 거대한 문화적 영향 속에서 성장한 한국문학의 독자성을 규명하는 데 기여했다. 김태준金台俊(1905~1949)은 《조선한문학사》(1931)를 통해 중국의 한문과는 다른 조선의 한문을 본격적인 연구대상으로 삼았으며 한문학의 역사적 흐름을 처음으로 체계화했다. 그의 《조선소설사》(1933)는 한낱 '이야기책'으로 치부했던 한국소설의 형성과 발전 과정을 총체적으로 규명함으로써 소설이라는 특정 장르의 '양식

사'를 처음으로 확립했다. 조윤제趙潤濟(1904~1976)는《조선시가사강》(1937)을 통해 한국의 시가문학에 대해 처음으로 학문적인 체계를 세워 서술했고, 본격적인 문학사 연구로 손꼽히는《국문학사》(1949)에서 한국문학의 형성과 발전을 한국 민족의 형성 발전과 연관시켜 역사적으로 서술했다. 양주동梁柱東(1903~1977)은 고시가古詩歌에 대한 해독 및 주석 작업에 주력해 향가 25수 전편에 대한 해독을《조선고가연구》(1942)를 통해 발표했고,《여요전주麗謠箋注》(1947)를 통해 고려가요에 대한 주석을 집대성했다. 이밖에도 손진태의《조선민족설화의 연구》(1947), 고정옥의《조선민요연구》(1949) 그리고 이병기의 시조 연구 등이 이 세대를 대표하는 업적이라고 평가할 수 있다. 한국의 근대문학에 대한 연구는 임화가 시도한 바 있는 신문학사의 서술을 통해 본격적인 관심사가 되었고, 해방 후 백철에 의해 완성된《조선신문학사조사》(1949)은 외래적 문학사조의 수용 양상을 배경으로 한국 근대문학의 역사적 전개 과정을 체계화한 최초의 근대문학사 연구가 되었다. 이밖에도 김기림의《문학개론》(1946),《시론》(1947),《시의 이해》(1950) 등이 주목되는 업적으로 손꼽힌다.

1950년대에는 이가원, 김동욱, 이능우, 정병욱, 심재완, 조연현, 장덕순, 전광용, 정한모, 이두현, 정한숙, 김기동, 임동권, 박성의, 송민호, 정규복 등이 한국문학 연구의 영역을 확대하고 실증주의의 방법과 문헌학적 고증 등을 통해 문학 연구의 방법론을 전문화했다. 이들은 해방 이후 등장한 한국문학 연구의 제1세대로서 한국문학 연구 영역의 확대와 전문 분야의 분화를 위해 노력하면서 근대적 학문으로서 인문학의 중심을 이루는 문학의 연구와 교육 방법에 대한 이론적 체계를 확립했다. 특히 한국문학 연구를 대학 교육의 중심에 자리 잡게 하고 그 교육제도를 정비하면서 새로운 학문 후속세대의 등장을 이끌었다. 이가원의 한문학 연구는 특히 실학시대의 박지원에 대한 본격적인 연구를 가능케 했고, 이능우, 정병욱, 심재완 등은 고전 시가문학의 중심을 이루는 시조문학의 문헌학적 정리 작업은 물론 그 미학적 특성에 대한 깊이 있는 연구를 선도했다. 장덕순의 설화문학 연구, 임동권의 민요 연구, 이두현의 가면극 연구 등은 구비문학의 전통을 서사적인 것과 서정적인 것 그리고 극적인 것 등으로 세분화하면서 각각의 연구방법을 정립했다. 김기동, 박성의, 정규복 등은 고전소설의 다양한 판본을 조사 정리하고 그 유형을 분류함으로써 그 서사적 미학의 확립에 크게 기여했다. 한국문학에서 현대문학이 고전문학과 함께 양립할 수 있도록 한 데에는 조연현의 현대문학사 기술, 전광용의 신소설 연구, 정한모의 현대시문학사의 정립, 정한숙의 문학사 연구, 송민호의 신소설 연구 등이 큰 역할을 했다.

1960년대부터 1970년대 후반까지는 한국문학의 연구 영역이 세분화되고 그 전문성이 제고되면서 한국문학은 한국학의 중심에 자리하게 되었다. 이 시기부터 한국문학은 크게 고전문학과 현대문학으로 구분되었으며, 대학에서 본격적으로 독립된 교과과정을 운영할 수 있도록 제도화되었다. 그리고 구비문학과 한문학이 각각 독자적인 영역으로 인정받으면서 그 연구방법도 전문화되었다. 그리고 한국전쟁을 겪은 후 새로운 학제에 따라 대학 교육을 받고 대학원에서 정규 과정을 수학한 새로운 세대의 연구자들이 1960년대부터 여러 대학으로 진출했다. 한국문학 연구의 '제2세대'라고 할 수 있는 김열규, 신동욱, 채훈, 황패강, 김용직, 김윤식, 민병수, 유민영, 이재선, 윤홍로, 김학동, 인권환, 소재영, 김상태, 최철, 사재동 등에 이어 1970년대에는 이상택, 조동일, 서대석, 오세영, 조희웅, 임형택, 김대행, 김시업 등이 이에 가세했다. 이들은 한국문학 연구에서 요구되는 새로운 방법론을 모색하기 위해 서구에서 소개된 신비평, 구조주의 방법, 문학사회학 등을 적극 수용해 독자적인 연구 성과를 거두었다. 한국문학의 다양한 양식들에 대한 분류사적인 체계화 작업은 대부분 이들에 의해 그 기반이 확립되었다. 이들은 한문학, 구비문학, 극문학과 같은 새로운 분야로 연구 범위를 확대하는 데 앞장섰다. 김열규, 황패강 등의 신화 연구, 이상택, 소재영의 고전소설 연구, 민병수, 임형택의 한문학 연구, 서대석, 조희웅의 설화 연구 등은 이 시기 고전문학 분야의 새로운 연구를 대표한다고 할 수 있다. 신동욱, 이재선, 윤홍로 등의 현대소설 연구, 김용직, 오세영 등의 현대시 연구, 김윤식의 현대비평 연구, 유민영의 현대연극사 연구, 김학동의 비교문학 연구 등은 현대문학 분야의 연구를 전문화하는 데 크게 기여했다.

1980년대부터는 대학들의 규모가 커지고, 국어국문학과와 국어교육과 이외에도 한문학과, 문예창작과 등이 개설되면서 한국문학의 연구 인력이 크게 증가했다. 이 시기에 김학성, 서연호, 성기옥, 김재홍, 김흥규, 권영민, 조남현, 김인환, 최동호, 최원식, 김현자, 임재해 등이 활발한 연구활동을 전개했다. 한국문학 연구의 제3세대에 해당하는 이들이 한국문학 연구에 가세하면서 문학 연구 방법의 다양한 모색이 이루어졌고 개별 작가와 작품에 대한 본격적인 연구 성과가 축적되었다. 김윤식, 권영민 등의 문학사와 비평사 연구, 이재선, 조남현, 최원식 등의 소설사 연구, 김용직, 김학동, 박철희, 오세영, 김재홍 등의 시문학사 연구 그리고 유민영, 서연호 등의 희곡사 연구 등은 1970년대부터 1990년대에 이루어진 현대문학의 장르사적 체계화 작업의 중요 성과로 평가된다. 이 시기에 고전문학의 영역에서도 이상택, 사재동 등의 고소설 연구, 김학성, 성기옥 등의 고시가 연구, 민병수, 임형택, 송재소, 정요일 등의 한문학 연구, 서대석, 김선풍, 조희웅 등의 구비문학 연구 등이 한국문학 연구의 수준을 한 단계 높이는 새로운 업적이 되었다.

한국문학 연구는 2000년대 이후 매체환경의 변화에 따라 문화 연구로의 확대가 눈에 띄게 나타나고 있다. 새로운 연구 인력 증가, 연구 영역의 다변화 등이 가능해졌고, 특히 해외의 대학에서의 한국학 연구 기반이 확립되면서 일본, 미국, 중국 등 해외의 대학에서 이루어진 외국인 한국문학 전공자들의 연구 성과들도 주목되기 시작했다. 이러한 현상은 한국문학 연구의 영역이 세계적으로 넓어지고 있음을 보여 주는 것이다.

표현론적 관점과 분석주의적 방법

문학과 이념적 갈등

한국문학은 1945년 해방 직후 새로운 민족문학의 건설을 가장 중요한 비평적 담론의 하나로 제기한 바 있다. 이것은 한국문학의 정신적 좌표를 설정하기 위한 비평적 작업과 직결된다. 그러나 그 구체적인 실천의 방법에 있어서는 문단적 분위기를 지배하고 있던 이데올로기의 요구에 따라 서로 다른 지향을 드러냈다. 문단의 조직이 좌익과 우익으로 분열되면서 그 이념적 대립이 심화되었던 것이다.

해방공간의 문단은 민족문학의 새로운 건설을 위해 가장 먼저 식민지문학의 청산과 함께 문단의 조직 정비에 착수했다. 그런데 조선문학건설본부가 결성(1945. 8)된 후 조선프롤레타리아문학동맹이 다시 조직되면서 문학운동의 이념적 정통성과 노선 문제를 놓고 좌익문단 내에서 갈등이 고조되었다. 조선문학건설본부는 '인민에 기초한 새로운 민족문학'을 내세웠고, 조선프롤레타리아문학동맹은 '계급에 기초한 프롤레타리아문학'을 주장하면서 문학운동의 방향을 설정하고 서로 조직의 우위를 점하기 위한 활동을 전개했다. 그러나 좌익문단의 조직 분열은 조선공산당이 장안파와 합류하면서 정치운동의 단일노선을 구축하자 곧 해소되었다. 두 조직의 통합은 조선문학가동맹의 결성(1946. 2)으로 이어지면서 좌익문단의 조직 분열과 이념적 갈등도 극복된 것이다.

좌익문단의 새로운 통합을 이루어 낸 조선문학가동맹은 그 강령에서 ① 일본 제국주의 잔재 소탕, ② 봉건주의 잔재의 청산, ③ 국수주의 배격, ④ 진보적 민족문학의 건설, ⑤ 조선문학의 국제 문학과의 제휴 등을 내세우고 있다. 여기서 진보적 민족문학의 이념적 성격은 민족문학이 노동계급의 이념에 기초한다는 점을 밝힌 임화의 주장을 통해 분명하게 규정된다. 임화林和(1908~1953)는 좌익문단의 조직을 주도하면서 인민에 기초한 문학, 진보적인 민족문학, 민주주의적 민족문학이라는 개념들에 내포되어 있던 이념적 불투명성을 제거하고, 민족문학의 건설이 노동계급의 이념성에 의해 규정되는 계급문학임을 분명히 했다. 이들이 각기 다르게 내세운 바 있는 '진보적', '민주주의적' 등의 관형어들은 모두 문화 통일전선운동을 전개하기 위한 방편으로 동원된 것이라고 할 수 있는데, 노동계급을 민족해방의 동력으로 내세우고 있는 이념주의자들의 정치운동이 문학운동의 노선을 완전히 장악하고 있었다는 점도 간과할 수 없는 사실이다. 그러나 좌익문단의 민족문학론은 미군정에 의해 조선공산당의 모든 정치활동이 금지되어 조선문학가동맹의 주요 구성원들이 대부분 월북해 버림으로써 점차 그 영향력이 좁아지게 된다. 그리고 민족문학에 대한 논의 과정 자체도 정치운동과 문화운동의 접근을 시도했던 이념론자들의 논리에 의거한 것이었기 때문에 계급문학으로서의 민족문학은 현실적인 정치조직의 기반이 와해되기 시작하면서 실천적인 입지를 잃었다고 할 수 있다.

해방 공간의 문단 정비 작업이 좌익 계열의 조선문학가동맹을 통해 통합으로 귀결되자, 이에 대응해 우익 민족 계열의 문학인들도 문단을 정비하고 전조선문필가협회를 조직(1946. 4)한다. 그리고 소장파 문인들이 중심이 되어 조선청년문학가협회를 조직하면서부터 민족문학에 대한 새로운 논의를 전개했다. 전조선문필가협회와 조선청년문학가협회의 문학노선은 문학의 자율성과 순수성에 대한 주장을 통해 공식주의적인 문학의 경향을 배격하고 문학의 독자적인 영역을 강조하고 있다. 특히 문학의 순수성을 강조함으로써 그 이념적 편향을 경계하고 있으며, 표현론적 관점에 입각해 문학의 본질적인 미적 가치 자체를 중시하고 있다. 그러나 이 같은 순수문학론은 역사와 현실로부터의 문학의 초월적인 입장을 고수한다는 점에서 좌익문단으로부터 반역사적인 문학주의로 매도되고 현실도피적인 문학으로 비판받기도 했다. 그러나 김동리, 조지훈, 조연현 등에 의해 순수문학에 대한 논의가 거듭 제기되면서 그 영향력을 확대했다. 김동리金東里(1913~1995)는 민족문학과 순수문학을 등질적인 관계로 설명한다. 문학의 본질적인 속성은 김동리의 주장에 의하면 인간성 옹호, 개성 향유를 전제로 한 인간성의 창조의식의 신장 등으로 요약된다. 그는 이러한 정신이 휴머니즘에 맞닿는 것이기 때문에, 휴머니즘의 정신에 바탕을 둔 순수문학이 민족문학의 실체라고 강조했다. 김동리는 민족정신을 민족 단위의 휴머니즘이라고 주장함으로써 임화가 내세웠던 노동계급 이념으로서의 민족의 이념이라는 개념과 정면으로 부딪치고 있다. 민족 단위의 휴머니즘을 민족정신이라고 할 경우 당연히 민족에 대한 계급적 인식을 초월하는 포괄적인 관점을 취할 수밖에 없다. 그런데 김동리가 주장하고 있는 순수문학론은 이헌구, 조연현, 조지훈 등에 의해 다시 강조되면서 한국문학의 새로운 지표로 귀결된다. 김동리를 중심으로 하는 조선청년문학가협회가 정부 수립 후에 문인집단의 중심을 이루게 되었으며, 그 문학적 지표가 모두 김동리의 순수문학적 입장과 동일선상에 놓여 있었던 점이 바로 이를 입증한다. 당시의 상황으로 보아 이러한 방향 정립은 정치적 판도에 따른 것이지만, 이로 인해 민족문학 자체의 속성이나 그 역사적 의미에 대한 논의가 문학의 순수 본질론으로 대치되었다는 점을 알 수 있다.

결국 해방 직후의 문단에서 제기된 새로운 민족문학의 건설 문제는 민족문학의 본질 개념을 놓고 문단의 좌우 분열에 따라 상반된 이념과 가치를 지향했다. 일제의 식민지 지배로부터의 해방과 민족, 국토의 분단으로 이어지는 상반된 역사체험을 놓고 볼 때, 이 같은 현상은 문학운동 노선 자체가 이미 이데올로기의 대립과 민족 분단의 논리에 자연스럽게 편승하고 있음을 보여 준다. 그 결과 좌익문단의 민족문학은 계급문학으로 귀착됨으로써 계급적 이념을 추종한 문인집단의 월북을 낳았고 그 문학적 파탄을 초래했다. 한편 우익문단의 순수문학론은 한국 사회의 변혁 과정에서 역사적 현실로부터의 초월과 이데올로기로부터의 도피를 당연시함으로써 문학의 사회적 기능을 협애한 것으로 만들어 놓았다.

순수론과 방법으로서의 분석주의

한국문학 연구는 해방 직후 그 방법론적 모색 과정에서부터 정치 사회적 현실의 변화와 맞물려 문학 자체에 대한 표현론의 관점과 가치론적 관점의 충돌과 갈등을 야기했다. 이것은 연구의 대상이 되는 문학 자체가 시대적 조건이나 상황에 따라 크게 변화해 온 데에서 비롯된 현상이라고 생각된다. 해방 이후 한국전쟁을 거치면서 한국의 모든 문학 담론은 '순수론'이라는 일종의 이데올로기에 의해 표현론의 관점에 따라 문학의 성격을 규정하게 되었다. 남북 분단이 고정되면서 좌우 이데올로기의 대립과 정치적 이념의 분열이 민족 내부의 갈등을 야기하게 되자 한국문학에서는 정치적 이념의 요구에서 자유로운 문학의 독자성과 그 순수한 예술적 가치를 지켜야 한다는 '순수론'이 강조되었다. 이러한 주장은 창작 방면에서의 문학의 순수성에 대한 지향을 강화했고, 문학 연구의 영역에서 문학작품 자체의 미적 가치를 중시하는 순수주의를 확대했다. 더구나 분단 상황에 따라 좌익 이데올로기에 대한 논의 자체가 불가능해지면서 '순수론'은 문학의 방법과 관점을 규정하는 가장 중요한 논리가 되었다. 그렇기 때문에 '순수론'은 문학의 자율성을 강조하면서 그 순수 미적 가치를 절대개념으로 내세우고 있다 하더라도 분단 상황 속에서 구축되고 있는 정치 이데올로기를 암묵적으로 추종하는 또 다른 하나의 이데올로기로 자리잡는 아이러니를 드러내게 되었다. 문학이 정치와 무관함을 강조하거나 문학에서 이데올로기를 배격한다는 주장 자체가 또 다른 의미의 문학의 정치성을 말하는 것임을 부인할 수 없기 때문이다.

　문학의 자율성과 순수한 미적 가치의 중요성을 강조하는 '순수론'의 관점은 문학 연구의 영역에서 분석주의 방법에 의해 그 영향력을 확대해 왔음을 확인할 수 있다. 1950년대 후반부터 본격적으로 수용되기 시작한 분석주의 방법은 그 실천적 모델이 되었던 미국의 신비평New Criticism이 백철을 비롯한 영문학자들에 의해 소개되면서 문학 교육과 연구에서 문학의 내재적 연구의 중요성을 크게 부각시켰다. 특히 분석주의 비평의 실천적 모델이 된 미국의 신비평은 영문학자인 김용권의 이론 소개 작업과 함께 송욱의《시학평전》, 김종길의《시론》등에 의해 이론적 해명이 가해지고, 이어령, 유종호 등에 의해 현장비평에 폭넓게 적용되었다. 한국문학 연구에서는 60년대 이후 신동욱의《한국 현대문학론》, 김용직의《한국문학의 비평적 성찰》등이 신비평의 이론에 기초한 분석주의 비평을 문학작품의 분석과 해석에 적용하면서 여러 가지 성과를 거둔 바 있고, 박철희, 오세영, 이승훈 등도 현대시 연구에서 이 같은 비평 방법론을 상당 부분 차용하고 있다.

　분석주의 방법에서는 작품 자체에 대한 분석과 해석이 문학 연구의 출발이자 그 목표가 되었다. 작품 자체만이 그 작품을 창조한 작가와 그 작가의 삶, 그리고 작가의 사회적 환경에 대한 모든 관심을 정당화하고 있기 때문이다. 이 같은 이유 때문에 분석주의 방법의 수용은 문학 작품을 해석하는 데 분석적 방법의 실천성을 담보하고 문학의 본질적 의미를 문학 내적 원리로 이해하는 미학적 방법론을 확립할 수 있게 했다. 이 새로운 접근법은 우선 문학 작품 자체를 그 연구 대상으로 내세우기 때문에 문학 연구에서 작가를 제거하고 작품과 그 사회적인 연관성을 차단시킨 채, 문학작품의 내재적 요소로서의 이미지, 상징, 리듬, 비유, 메타포, 시점 등을 분석하는 데 치중했다. 작품의 내적 구조의 원리에 입각해 그 구성요소의 상호관계를 파악하고, 작품 발전의 과정이나 단계를 이해하고자 했기 때문이다. 이러한 접근법에서는 작품의 내용과 형식과 구조는 하나의 전체로 이해해야 한다는 것이 필수적인 요건이다. 또한 작품의 구조 개념은 부분의 통일을 통해 확립되며, 부분의 다양성도 문제시된다.

그러나 작품 구조 자체는 텍스트의 내적인 미학상의 원칙에 근거해 판단하는 것이므로 철저하게 역사적 상황이나 현실적 조건과 단절된 상태에서 그 기준을 정할 수밖에 없다. 따라서 표현론적 관점의 순수론과 방법론으로서의 분석주의 비평의 만남은 문학의 영역을 지나치게 협소하게 제한하는 반역사주의의 경향에 빠져들게 했다. 문학의 미적인 본질 개념에 집착한 나머지 삶의 조건과 역사적 현실로부터의 문학이 일정한 거리를 두도록 하는 결과를 초래하기도 했고, 문학 연구에서 문학 외적인 사회 현실과 이념의 문제를 배제함으로써 이른바 '분석주의 또는 형식주의의 오류'에 빠진 경우도 적지 않았다. 특히 민족 분단의 상황 속에서 야기된 정치 사회적 모순을 극복하기 위한 노력보다는 분단의 현실에 안주하며 문학의 순수와 초월을 강조했던 점을 지적하지 않을 수 없게 했다.

한국문학 연구에서 분석주의 방법은 1960년대 후반에 들어서면서부터 구조주의의 수용과 함께 더욱 논리적인 성격을 갖추게 되었다. 불문학자인 김치수에 의해《구조주의와 문학비평》으로 정리된 구조주의 문학비평은 60년대 말부터 이상섭, 김현, 김화영, 곽광수 등의 이론 소개에 힘입어 기호학, 러시아 형식주의, 문학사회학 등의 새로운 비평 이론을 끌어내는 선도적 역할을 담당하게 되었다. 한국문학 연구에서는 1970년대의 중요 연구 성과들이 구조주의 방법을 폭넓게 수용하고 있음을 확인할 수 있다. 김열규의《한국 민속과 문학연구》, 조동일의《한국 소설의 이론》등이 구조주의 문학비평의 방법을 수용하고 있는 대표적인 업적이라고 할 수 있다.

구조주의의 수용은 문학 연구 방법의 조직화 또는 과학화가 보다 가능해지는 중요한 계기가 되었다. 실제로 한국문학 연구와 비평에서 구조주의적 방법은 서사양식에서의 신화소mytheme, 기능단위, 모티프motif, 테마 등에 대한 새로운 인식을 심어 놓았다. 그러므로 구조주의 방법은 그 비역사적 성격이나 추상적 보편주의에 대한 비판에도 불구하고, 문학작품의 내재적 원리와 구조적 특성, 체계로서의 양식 등을 해명할 수 있게 함으로써 한국문학 연구의 방법론적 보편성을 확립할 수 있게 했다. 물론 구조주의는 그 이론의 출발점이 되는 언어학의 이론에 대한 이해를 전제로 한다는 점에서 고도의 논리성을 필요로 하는 것이지만, 이와 맥락을 같이하며 서구에서 발전해 온 기호학의 방법이 한국에서는 폭넓게 수용되지 못했다.

가치론적 관점과 사회역사적 방법

문학의 사회 참여

한국의 현대문학은 민족과 국토의 분단이라는 역사적 질곡과 한국전쟁이라는 고통의 현실을 겪으면서 인간의 삶과 그 존재 방식에 대한 회의와 비판을 중요한 문학적 경향으로 드러냈다. 이러한 전쟁에 대한 피해의식은 1960년 4·19혁명을 거치면서 벗어나게 되었다. 한국 사회에서 자유와 권리에 대한 자기 각성, 사회적 현실에 대한 비판적인 인식, 민족의 역사에 대한 신념을 다시 불러일으켜 놓은 4·19혁명은 자유민주주의에 대한 거대한 열망과 부정부패에 대한 단호한 비판을 동시에 내포함으로써, 정치 사회적인 측면만이 아닌 삶의 모든 영역에서 하나의 중대한 정신사적인 전환점을 이룬 사건이었다.

4·19혁명은 전후문학이 빠져들었던 위축과 나태와 무기력에서 벗어날 수 있는 기회를 제공했다. 순수의 언어를 꿈꾸던 시인도, 대중의 삶에서 등을 돌렸던 작가도 모두 이 힘찬 물결 속에서 자기 영역만을 고집할 수가 없게 되었다. 4·19혁명을 거치면서 한국의 모든 문학인들은 현실적 상황에 대한 구체적인 인식이 가능해져 자기 각성과 새로운 변모를 꾀하기 시작했으며, 문학의 세계가 보다 적극적으로 포괄의 힘을 발휘해야 한다는 사실도 인지할 수 있게 되었다.

1960년대 중반을 지나면서 한국문학에는 문학과 현실에 대한 새로운 역사적 인식이 자리 잡게 되었다. 우선 문학이 역사와 현실에 대한 신념을 표출할 수 있어야 한다는 당위론이 제기되면서 현실지향적인 문학의 정신이 고양되기 시작했다. 이러한 변화는 비평의 영역에서 이른바 참여론과 순수론의 갈등으로 노정되기도 했지만, 문학이 삶의 영역을 초월하는 것만으로 만족될 수 없다는 것은 당연한 주장으로 받아들여졌다. 그리고 민족문학의 정통성에 대한 새로운 각성과 함께 단절의 논리로만 해석되었던 전통론의 방향이 전통의 계승과 극복이라는 변화와 발전의 의미로 이해되기에 이르렀다. 문학이 개인적인 정서 영역에서 자족적인 것으로만 존재할 수 없다는 주장도 제기되었고, 민족문학이라는 이름 아래 민족 전체의 삶을 총체적으로 형상화할 수 있는 방법이 모색되기도 했다.

전후의식의 극복 과정에서 가장 커다란 진폭을 남기고 있는 비평적 쟁점은 문학의 현실 참여와 관련된 문단의 분파적 논쟁이다. 1960년대 중반 혼란한 현실 속에서 인간의 삶과 그 존재 방식에 대한 회의와 저항이 노골화되자, 현실적 상황에 대응할 수 있는 문학의 힘이 요구되기 시작했다. 문학이 사회 현실과 역사에 대해 적극적인 관심을 갖고 능동적으로 참여해야 한다는 것은 당대적 상황에 대한 비판적 인식에서 비롯된 것이지만, 그러한 지적인 분위기는 2차 세계대전 이후 사르트르Jean-Paul Sartre(1905~1980)를 중심으로 하는 프랑스 실존주의자들의 앙가주망engagement운동에 간접적으로 영향받은 바가 컸다.

문학에서의 현실 참여는 우선적으로 작가 자신이 현실에 대해

각별한 관심을 표명하는 데에서 출발한다. 그리고 현실에 입각해 시대와 상황에 대한 문학의 역할을 자각하는 것이 필요하다. 이러한 문학의 기능을 '저항의 문학'이라는 테마로 규정한 것이 이어령이다. 그러나 보다 적극적인 문학의 사회 참여를 주장하며, 현실의 부조리를 비판하고 고발하는 문학정신을 강조하는 견해들이 4·19혁명 이후 문단의 관심을 받게 되었다. 김우종, 홍사중, 김병걸, 장백일, 임중빈 등이 내세운 참여문학론은 순수문학의 예술지상주의가 지니고 있는 허구성을 지적·비판하면서 새로운 파문을 일으켰다. 이들은 문학의 비판정신을 리얼리즘의 정신과 연결시키기도 하고, 역사의식에 바탕을 둔 작가의 사회적 태도와 그 책임을 모럴의식으로 내세우기도 했다. 문학의 현실참여론이 문단의 관심사가 되자, 이에 대한 비판론도 만만치 않게 등장했다. 문학의 순수성과 그 예술적 가치를 옹호하고 나선 김동리, 조연현 등의 구세대는 물론이고, 김상일, 이형기, 김양수 등이 이에 동조해 순수론과 참여론의 논쟁이 확대되었다. 문학의 사회참여론이 문학의 사회적 역할이라는 효용적 기능론에서 벗어나게 된 것은 김붕구가 앙가주망 운동의 이데올로기적 편향을 경고한 뒤부터이다. 정치적인 사회 참여의 경향을 따르기 시작한 한국문단에서는 이 무렵에 작가의 글쓰기 행위가 지니는 의미를 본질적으로 검토할 수 있는 기회를 갖게 된다.

참여론의 문단적 파장이 문화 전반에 걸쳐 확대된 것은 김수영의 자유주의적인 참여론이 제기되는 것과 때를 같이한다. 김수영 金洙暎(1921~1968)은 4·19혁명의 좌절과 군사정권의 등장 이후 나타난 언론의 무기력과 지식인의 퇴영성에 대한 비판으로부터 그의 참여론의 단서를 끌어냈다. 그는 정치적 이데올로기에 의해 획일화되고 있는 문화 현상을 우려하면서, 문학의 자유와 그 전위적 실험성이 억압당하고 있는 상황의 위기를 극복하기 위해 문학의 현실 참여가 요청된다고 주장했다. 이러한 주장과 각도를 달리하여 이어령은 문화 자체의 응전력과 창조력의 고갈을 먼저 문제삼아야 함을 강조하면서, 시대 상황과 현실의 논리만 추종하는 참여론의 한계를 지적했다.

참여론은 문화의 자율성에 대한 인식 문제와 충돌하면서 문학의 효용과 가치에 대한 새로운 미학적 기반을 요구하게 되었다. 그리고 표현론적 차원의 순수성을 절대적인 기준으로 설정하고 있던 순수문학에 대한 반발에서 나아가, 문학의 사회적 기능과 작가의 양심이라는 사회윤리적 가치론의 차원을 리얼리즘의 정신과 방법에 연결시키고자 한 데에서 중요한 의미를 가진다. 물론 이 논쟁은 전후문학의 폐쇄적인 분위기를 극복할 수 있는 정신적 충격을 가져 온 것도 사실이고, 4·19혁명의 좌절 이후 지성의 위축과 정신문화의 피폐에 빠져든 사회 현실에 비판을 가했던 것도 사실이다. 특히 1970년대 이후의 민족문학론의 단서를 제공했다는 점도 주목된다. 그러나 문학을 참여와 순수로 나누어 버리는 이분법적 사고를 일반화시킴으로써, 문학의 본질과 그 포괄성을 단순화시켰다는 한계도 지적할 수 있을 것이다.

민족문학과 민중론

한국 사회의 산업화가 급속하게 추진된 1970년대 이후 한국의 문학비평에서는 순수·참여론의 연장선상에서 민족문학론과 그 뒤를 이은 민중문학론이 그 쟁점을 형성했다. 민족문학론은 신문학 60년을 정리하기 위한 일련의 작업 가운데에서 관심사가 되었던 전통론과도 맥락을 같이했다. 그리고 한국문학의 새로운 진로를 모색하기 위한 것이었다는 점에서 문학의 당대적 가치성에 관심을 부여했던 순수·참여론의 시각에서도 벗어날 수 있는 계기를 마련하게 되었다. 민족문학의 개념이나 그 성격, 민족문학의 방향 등에 대한 대부분의 논의를 살펴보면 순수문학론의 연장선상에서 민족문학의 의미를 규정한 이형기나 민족문학의 국수주의적 경향에 반대한 김현 등의 견해도 있었지만, 이데올로기에 의해 훼손된 민족의 동질성을 회복하고 민족적 독자성과 삶의 총체성을 구현할 수 있는 민족문학의 확립을 천명하는 방향으로 나아갔다. 민족문학론은 백낙청에 의해 '민족의 주체적 생존과 인간적 발전'에 긴밀하게 연관되는 문학으로 그 개념이 규정된 후 민중의식의 구현이라는 정신적 지향점을 분명히 하게 된다.

1970년대 초반부터 평단의 관심을 모았던 민족문학의 본질과 그 방향에 대한 논의는 염무웅, 백낙청, 신경림, 임헌영 등에 의해 적극적으로 확대되었으며, 김현, 이형기, 천이두, 김주연 등의 소극적인 견해를 수렴하면서 자체의 논리를 정비하게 된다. 백낙청白樂晴은 민족문학의 개념을 철저히 역사적인 성격의 것으로 규정하면서, 민족문학은 그것의 주체가 되는 민족이 있고, 그 민족의 온갖 문학활동 가운데에서 그 민족의 주체적 생존과 인간적 발전을 위해 요구되는 문학이라고 범주화하고 있다. 그리고 민족문학의 역사적 실체는 식민지 체험 속에서 성장한 반봉건·반식민지의 민중적 의식의 문학적 표출에서 구체적으로 드러나고 있기 때문에 그와 같은 전통 위에서 우리의 민족문학은 민중적 의식을 반영할 뿐만 아니라 민족 생존권의 수호와 함께 민중의 각성된 인식과 실천을 이끌어갈 수 있는 특유의 능동성을 지니지 않으면 안 된다고 주장했다. 특히 민족문학의 성립에 필수적으로 따르는 자기 인식과 더불어 자기 분열을 극복하는 작업이 반드시 전제됨으로써 민족문학이 세계문학으로서의 선진성을 획득해야 한다고 보았다. 이 같은 백낙청의 주장은 당시 문단에서 일어나고 있던 민족주의 논의의 관념성과 보수성을 극복하면서 문학적 보편성에 집착하던 자유주의적인 견해의 비현실적인 속성도 비판한 것으로 보인다.

민족문학론의 논리적 전개 과정은 민족문학의 방법과 그 실천 방향에 대한 논의로 이어진다. 이 단계에서 가장 주목되는 것은 민족문학의 방법으로서의 리얼리즘론과, 민족문학을 보는 관점으로서의 제3세계문학론, 문학적 실천의 주체로서의 민중론의 확대이다. 백낙청의 경우는 방법으로서의 리얼리즘론과 관점으로서의 제3세계문학론 그리고 주체로서의 민중론 모두를 민족문학의 틀 속에 포괄시키고자 하는 의욕을 보였는데, 이 가운데에서 민중론이 1970년대 말엽부터 점차 독자적인 문학론으로 발전해 새로운 이론틀을 갖추고 민족문학론의 논리에서 벗어나기 시작하는 조짐을 보이게 되었다. 그러나 1970년대 민족문학론은 민중론 외에도 그 방법적 실천으로서의 리얼리즘론을 근거로 구체적인 문학적 성과를 낳았으며, 민족문학에 대한 논의의 시각도 제3세계문학론에 입각해 새로운 전망을 획득했음은 사실이다. 특히 민족문학의 실천적 방법으로서의 리얼리즘론은 염무웅, 백낙청, 김병익, 구중서, 김종철, 김현, 유종호 등에 의해 현실적인 삶에 근거한 경험적 진실의 추구라는 어느 정도 합의된 지표에 도달했다. 그리고 역사의식의 문학적 인식이 중요시되면서 구조주의적 관점이나 신화적 해석이 갖는 반역사주의적 맹점이 지적되기도 했다.

1970년대 민족문학론에서 그 이념적 실체와 실천의 주체 문제에 대한 인식의 확대를 요구하면서 등장한 가장 진보적인 성격의 문학론이 바로 민중론이다. 민중론은 문학적 이념으로서의 민중의식과 그 실천의 주체로서의 민중의 존재를 문제삼는 데서 출발했다. 그리고 민족문학의 수용 기반으로서의 민중과 그 문학적 양식 개념으로서의 민중적 양식 창조에 이르기까지 폭넓게 논의되어 오고 있다. 특히 1980년대 이후의 민중론은 실천 개념으로서의 민중문학운동을 가장 중요시하고 있으며, 1970년대 민족문학론이 확대시켜 온 민중적 기반을 바탕으로 그 논리적 자생력을 키우고 있음은 물론이다.

민중론은 민족문학론에서 비롯되어 그 속에서 지지기반을 넓혔고, 민족문학론의 논리적 한계를 극복하고자 하는 데에서 그 독자성의 의미를 가능하게 했다. 그러나 아직도 이 두 가지 개념 사이에는 동어반복적인 속성이 개재되어 있다. 그 이유에 대해서는 민족문학론의 출발 자체가 민중의식이라는 역사적인 개념을 내세우는 과정으로 이어졌고, 그 문학적 기반을 민중적인 삶에서 찾고자 했다는 사실에서도 쉽게 확인할 수 있다. 실제로 민중에 대한 논의는 민족문학론의 출발 단계에서부터 자연스럽게 민족문학과 민중문학의 등질적인 상관관계가 중시되었고 민중문학으로서의 민족문학이 논의의 초점이 되기도 했다. 민족문학론의 틀 속에서 민중론이 차지하고 있던 비중은 리얼리즘론이 안고 있는 실재성의 의미와 가치 추구와 동일시된다. 곧 문학은 민중적인 삶의 현실을 진실하게 그려내야 하며, 그 속에서 민중적인 삶이 요구하는 인간성의 회복을 강조해야 한다는 것 등으로 요약될 수 있을 것이다. 이 같은 논리는 1970년대 민족문학론이 지향하고 있던 가치론의 성격을 가장 명료하게 제시해 주는 대목이기도 하지만, 민족문학을 적극적으로 실천해 나아갈 수 있는 주체로서의 민중과 그 기반에 대한 명확한 인식이 결여되어 있음을 보여 준다. 바로 이러한 문제적인 상황의 비판적 인식이 민중론의 출현을 가능하게 했다고 할 수 있다.

민중론은 민중적인 삶과 그 정신의 문학적 형상화를 지향한다는 점에서 민족문학론의 논리적 기반을 바탕으로 출발하고 있다. 이 경우에 문제가 되는 민중의 개념은 민족문학에서의 민족 개념보다 훨씬 더 역사적 현실적 구체성을 지닌다. 그러나 민중문학은 단순히 소시민적 지식인에 의해 이루어지는 '민중을 위한 문학' 또는 '민중의식을 형상화한 문학'으로 만족될 수 없다는 새로운 주장과 맞닥뜨렸다. 1980년대에 들어서면서 일어나기 시작한 민중문학운동은 '민중의 문학'을 지향했다. 민중 자신이 생산주체가 되는 문학이 민중문학의 바람직한 방향이라는 주장이 나오면서 문학적 전문성에 대한 논란이 일어나고, 운동으로서의 문학이라는 실천 논리가 강조되었다. 노동해방문학이라는 슬로건이 나오고, 집체 창작이 시도되고, 창작주체 논쟁이 일어나기도 했다. 이러한 논리적 과격성은 기존의 문학적 제반 요건에 대한 충격적 효과를 겨냥할 수는 있으나, 실제적인 창작적 성과를 끌어들이지 못한 채 비평가 자신의 신념이나 세계관만을 강조하는 정도로 만족하는 경우도 적지 않게 발견되었다. 특히 문학과 사회 현실의 관계양상에 있어서도 극단적인 결정론적인 해석에 치우침으로써, 가치론적 해석과 그 평가에 치중할 수밖에 없는 한계를 드러냈다.

가치론적 전환과 문학사회학의 확대

한국문학 연구에서 문학에 대한 표현론적 관점은 1970년대에 접어들면서 크게 약화되었으며, 이를 대신해 가치론적 관점이 우위를 점하게 되었다. 이러한 관점의 변화는 1970년대 이후의 암울한 정치 사회적 상황에 대응하면서 한국문학의 총체성을 확립하기 위한 노력에 의해 이루어진 것이다. 여기서 주목되는 것이 문학 연구의 방법에 있어서도 사회 역사적 방법이라고 말할 수 있는 새로운 비평 방법이 널리 확산되었던 점이다. 특히 문학 현장에서 '민족문학론'이라는 비평적 쟁점이 확대되면서 리얼리즘에 대한 인식이 제고되었으며, 문학과 역사와 현실을 총체적으로 인식해야 한다는 요구가 증대되면서 게오르그 루카치György Lukács(1885~ 1971), 아놀드 하우저Arnold Hauser(1892~1978) 등의 마르크스주의 미학에 기초한 문학론들이 폭넓게 수용되기 시작했다. 당시 문단 비평의 주제로 부각된 민족문학론은 한국 민족의 당대적 현실 문제에 관심을 기울이면서 산업화시대의 문학의 사회적 역할에 대한 새로운 인식을 강조했다. 그리고 민족문학의 이념적 지표를 한국 정치 사회의 민주화로 규정했다. 이 시기에 발생론적 구조주의 입장에서 문학과 사회의 상동구조를 규명하고자 하는 문학사회학의 방법도 폭넓게 소개되었다.

이러한 새로운 변화에 따라 문학 연구의 영역에서도 새로운 관점과 방법의 전환이 이루어졌다. 여기서 말하는 방법과 관점의 전환은 궁극적으로 문학 연구의 논리와 그 방법의 확대로 귀결되었다. 1970년대 초반 김현, 김윤식의 《한국문학사》(1974) 출간을 계기로 문학사 연구에 대한 다양한 비평적 논의가 이루어졌으며, 시대의 요구에 따라 새로운 문학사의 출간이 이어졌다. 그리고 문학의 여러 장르에 대한 체계적인 정리 작업과 함께 일종의 분류사의 개념에 속하는 장르사의 확립도 가능해졌다. 문학사 이외에서 소설사, 시문학사, 희곡문학사, 비평사, 한문학사 등에 대한 서술 작업도 활발하게 이루어졌다. 특히 1980년대 말기에 이루어진 월북 문인 해금 조치는 문학 연구 영역 내에 덮어두고 있었던 '금기'의 지대를 제거함으로써 문학 연구의 논리와 방법의 대전환을 가능하게 했다. 문학 연구 방법에 있어서는 마르크스주의 미학, 문학사회학, 비교문학 연구 방법 등을 통해 전통적인 역사주의적 접근법이 더욱 확장되었고, 한국문학의 총체성에 대한 인식의 확립을 위한 문학 텍스트와 자료의 역사적 정리 작업이 가능해졌다. 그리고 문학 연구에서 소외되었던 구비문학 연구, 한문학 연구, 희곡문학 연구 등이 새로운 영역으로 자리 잡게 되면서 많은 연구 성과들이 제출되었다.

한국문학 연구에서 사회 역사적 방법의 확대는 문학 연구의 한국적 방법과 모델을 확립해야 한다는 요구와 맞물리면서 방법론에 관한 다양한 논의를 가능하게 했다. 한국문학은 한국 민족의 특수한 역사적 조건 속에서 형성된 것이므로 이러한 요건을 주체적으로 인식하고 문제화하면서도 문학의 보편적인 가치를 찾아가는 폭넓은 관점과 논리가 필요했던 것이다. 문학작품에 담겨져 있는 사회 현상의 총체적 인식을 위해서는 문학과 사회의 외적 연관성만이 아니라 그 내적 관계를 중시해 역사적 현실과 사회적 상황이 문학 속에서 어떻게 미학적으로 형상화되는가를 해명할 수 있는 통합적 관점이 필요했다. 하지만 한국문학 연구는 이 시기에 이르러 가치론적 관점에 지나치게 경도되어 문학의 내재적 원리나 미적 요소에 앞서 문학의 역사적 성격이나 현실적 조건을 중시하는 편향적 태도를 드러낸 경우도 적지 않았다.

새로운 가능성 혹은 문제성

한국문학 연구는 1990년대 후반 이후 정보화시대에 접어들면서

'문화 연구'의 방법을 적극 수용하기 시작했다. 문화 연구는 그 방법과 실천에 있어서 이론의 여지가 많지만, 다양한 문화적 경험을 대상으로 문학 연구의 영역을 사회적으로 확대시켰다. 한국문학 연구는 문화 연구의 방법을 수용함으로써 언어 텍스트 중심의 문학 연구에서 벗어나, 새로운 매체를 기반으로 확대된 대중문화는 물론 일상적인 사회 문화적 요소들을 모두 그 연구의 대상으로 끌어들였다. 그 결과 전통적인 문학 연구에 문학 외적인 요소들을 서로 연계시켜 보는 새로운 학제적인 연구로서 넓은 의미의 문화와 연관되는 생활풍속, 문화 생산과 소비, 매체와 환경과 제도 등에 대한 연구가 발전했다.

문화 연구의 방법은 총체적이고도 통합적인 성격을 띠게 된다. 그리고 여러 가지 문화적 현상들과 물질적인 삶의 통일성을 감지할 수 있는 실천적인 방법을 요구한다. 독립된 객체로 그 존재를 인정해 온 문학 텍스트의 범주도 사회적으로 크게 확대될 수밖에 없다. 특히 문학 텍스트 자체에 대한 관심만이 아니라 그 텍스트가 생산되고 수용되는 사회 역사적 조건에 더 큰 관심을 부여한다. 언어적 텍스트 중심의 문학 연구에서 모든 문화적 현상의 '텍스트성'으로 그 관심을 집중하게 된 것이다. 그렇기 때문에 문학 연구의 영역은 자연스럽게 다양한 인접 분야로 확대되었다. 문학이 영화와 연결되어 논의되기도 하고, 텔레비전과 같은 새로운 매체가 문학론 속으로 포섭되기도 한다. 고급문화와 대중문화의 경계가 점차 느슨해지게 된 것도 이 같은 변화 속에 나타난 현상이다. 문화적 생산과 문화적 실천이라는 관점에서 볼 때, 문학 연구가 언어와 제도와 양식과 이념의 문제만이 아니라 예술적 창조 과정과 그 사회적 유통과 수용방식까지도 포괄하는 셈이다.

그런데 문화 연구가 언어적 텍스트 중심의 문학 연구에서 벗어나 그 대상과 영역을 사회적으로 확대시켰지만, 문화적 현상에 대한 경험주의적 접근의 오류를 드러내는 경우도 적지 않다. 문화적 산물, 또는 문화 현상, 문화 양식에 대한 개인적 체험을 지나치게 중시하고 있기 때문이다. 이미 사회적으로 향유되었던 문화적 현상들을 대상으로 분석한다는 과정에서, 지나치게 개인적인 체험이나 사적인 기억에 의해 일상의 현실과 삶의 체험들을 일깨우고 그 속에서 드러나는 단편적 현상을 문화라는 이름으로 일반화하고 있는 것이다. 이러한 접근법은 개인적인 삶의 내부에 숨겨진 집단적인 양식의 특징을 드러내 줄 수도 있지만, 문화에 대한 논의 자체를 오히려 지나치게 단편적이며 사적인 영역에 가두어 놓음으로써 개인적 취향의 문제를 사회 문화적 현상처럼 과장할 우려도 없지 않다. 문화 연구는 모든 문화적 산물 그 자체를 하나의 텍스트로 파악하고, 텍스트 중심의 문화 분석을 전제해야 한다. 이를 위해서는 텍스트의 개방성을 확보하는 자세도 중요하지만 텍스트의 다양한 층위를 심도 있게 이해하고 치밀하게 분석하는 텍스트 중심의 접근법이 더 중요하다.

한국문학 연구는 글로벌시대의 변화와 남북한의 개방화 추세에 따라 해외 연구자들의 연구 업적들이 일정한 영향을 미쳤다. 북한과 중국 옌벤의 '조선족' 학자들에 의해 이루어진 연구 성과들이 공개되고 미국의 피터 리Peter Lee 교수, 일본의 오무라 마쓰오大村

童夫, 사에쿠사 도시카츠三技壽勝 교수 등의 연구가 널리 소개되었다. 그리고 최근에는 해외 주요 대학에서도 한국문학을 전공한 박사학위자를 배출함으로써 한국문학 연구의 폭이 넓어졌다.

결론적으로 말하자면, 한국문학 연구는 해방 이후 반세기를 지나는 동안 다양한 서구 문학이론을 수용하고 그 방법의 가능성을 적극적으로 모색하면서 상당한 성과를 거두었다. 그러나 여전히 연구 방법의 논리적 주체화를 확립하지 못하고 있는 것이 사실이다. 한국문학 연구의 학문적 위상을 한국학의 중심에 자리하게 하기 위해서는 한국문학의 성격과 범주와 체계에 대한 보편적 이해가 가능하도록 문학적 관점의 편협성을 극복해야 하며, 한국적 특수성에만 집착해 온 연구의 태도도 반성해야 한다. 특히 연구 방법의 전문성도 더욱 제고하고 주체적인 방법론도 확립해야 한다. 여기서 말하는 문학 연구의 전문성은 물론 그 방법과 논리의 전문성을 뜻하는 것이다. 문학이라는 복잡한 사회적 산물을 하나의 전체적인 논리 속에 질서화하는 보편적인 연구 방법은 목적에 도달하기 위한 인식의 과정이라는 측면에서 이미 그 중요성이 인정된다. 말하자면 문학 연구가 스스로 감당해야 하는 자기 논리를 지켜야 한다. 문학 연구는 새로운 방법에만 집착할 경우, 문학적 텍스트에 대한 총체적 인식에 도달할 수 없으며 그 해석과 평가 자체도 보편성을 가지기 어려운 일이다.

한국문학 연구는 문학 연구의 기초가 되는 실증주의적인 자료 조사, 문헌학적인 정리 작업 등이 여전히 부족하다. 한국 한문학의 핵심에 해당하는 엄청난 분량의 개인 문집들에 대한 조사 연구는 거의 이루어지지 못하고 있으며, 근대문학의 중요한 자료가 담긴 신문, 잡지 등에 대한 서지적 정리 작업도 미비하다. 개인의 문학적 업적으로 남아 있는 많은 작품들에 대한 정본화 작업도 제대로 이루어진 경우가 많지 않다. 이런 작업은 개인 연구자들의 노력만으로는 그 성과를 기대하기 어렵다. 연구기관이나 단체가 장기간의 연구 과제로 설정해 많은 인력을 투입해야 한다.

한국문학 연구에서 반드시 지적되어야 할 문제는 문학 연구의 제반 여건에 관한 것이다. 현재 전국 대학의 한국문학 전임교수는 대략 천 명 안팎이며 모두가 학과에 배속되어 있다. 그런데 해마다 전국의 각 대학에서 백 명 이상의 박사가 새로운 전문 연구자로 배출된다. 지난 2000년 이후 십 년간 한국문학 분야에서 새로운 박사학위자로 등록된 인원이 천 명을 상회한다. 이 기간 동안 퇴직한 국문학 교수가 이백여 명 정도임을 감안하면 천 명에 가까운 박사학위자가 교수직을 찾으며 기다리는 비정규직인 셈이다. 고급인력의 과잉도 문제이고 이들을 수용할 수 있는 전문 연구기관이 전무하다는 점도 문제다. 한국연구재단이 BK, HK 등의 대단위 연구 사업을 통해 지원하고 있지만 문제의 해결은 여전히 멀다. 각 대학의 박사학위 과정에 대한 총체적인 관리를 통해 고급인력의 과잉 배출을 막아야 한다. 불필요한 인력이 불필요한 연구를 중복함으로써 연구의 질적 저하가 심각하므로, 박사학위 논문에 대한 국가적인 관리가 이루어져야 한다.

한국문학 연구가 자리해야 할 곳은 한국인의 역사적 삶 속에서 생성된 문학의 한복판이다. 문학이라는 것은 언제나 한 시대의 살아 있는 정신으로 기록된다. 그 정신의 자체 내의 척도가 연구 방법이라면, 문학 연구는 문학의 본질적인 영역에 속하는 것이라고 할 수 있다. 그러나 여기서 척도라는 말의 의미를 정확하고 면밀한 기준으로 한정시킬 필요는 없다. 문학 연구는 그 의미가 문학에 대한 어떤 요구에 있는 것이 아니다. 좁은 의미에서 문학 연구는 예술적 체험에 의해 이루어진 작품을 지적 표현으로 바꾸어 놓기는 하지만, 문학을 어떤 다른 사상으로 대치시켜 놓지는 않는다. 문학 연구는 문학의 존재의미를 가능하게 하는 여러 가지 속성을 밝혀주면서 삶의 현실과 역사에 대한 전망을 진실하게 표현할 수 있어야 한다. 그렇게 될 때 문학 연구는 그 제한된 담론의 영역을 넘어서서 새로운 문화적 지평으로 확대될 수 있을 것이다.

권영민, 《한국계급문학운동사》, 문예출판사, 1998.

____, 《한국현대문학사》 1. 2, 민음사, 2002.

김대행, 《한국시가구조연구》, 삼영사, 1976.

김동욱, 《한국가요의 연구》, 선명문화사, 1975.

김명호, 《박지원문학 연구》, 성균관대학교대동문화연구원, 2001.

김병국, 《한국 고전문학의 비평적 이해》, 서울대출판부, 1995.

김병철, 《한국근대번역문학사연구》, 을유문화사, 1975.

김열규, 《한국신화와 무속연구》, 일조각, 1977.

____, 《한국민속과 문학연구》, 일조각, 1982.

김완진, 《향가해독법연구》, 서울대출판부, 1980.

김용직, 《한국근대시사》 상·하, 학연사, 1986.

____, 《한국현대시연구》, 일지사, 1974,

김윤식, 《한국근대문예비평사연구》, 일지사, 1973.

____, 《한국근대문학사상사》, 한길사 , 1984

김윤식·김현, 《한국문학사》, 민음사, 1974.

김인환, 《한국문학이론의 연구》, 을유문화사, 1986.

김재홍, 《한국현대시인연구》, 일지사, 1986

김학동, 《한국근대시의 비교문학적 연구》, 일조각, 1981.

김학성, 《한국고시가의 거시적 탐구》, 집문당, 1997.

김흥규, 《한국문학의 이해》, 민음사, 1998.

민병수, 《한국한시사》, 태학사, 1996.

박노준, 《고려가요의 연구》, 새문사, 2008.

박철희, 《한국시사연구》, 일조각, 1984.

박희병, 《한국전기소설의 미학》, 돌베개, 1997.

백철, 《조선신문학사조사》, 수선사, 1948.

서대석, 《무가문학의 세계》, 집문당, 2010.

_____, 《한국신화의 연구》, 집문당, 2001.

서연호, 《한국근대희곡사》, 고려대출판부, 1994.

성기옥, 《한국시가율격의 이론》, 새문사, 1986.

송민호, 《한국개화기소설의 사적연구》, 일지사, 1986.

송재소, 《다산시연구》, 창작사, 1986.

신동욱, 《한국현대문학론》, 박영사, 1972.

심재완, 《시조의 문헌적연구》, 세종문화사, 1972.

양주동, 《증보 고가연구》, 일조각, 1973.

오세영, 《한국낭만주의시 연구》, 일지사, 1986.

_____, 《20세기 한국시연구》, 새문사, 1989.

유민영, 《한국현대희곡사》, 홍성사, 1985.

_____, 《 한국연극운동사》, 태학사, 2001.

이가원, 《한국한문학사》, 민중서관, 1961.

이능우, 《고시가논고》, 선명문화사, 1966.

이두현, 《한국신극사연구》, 서울대출판부, 1966.

이병기·백철, 《국문학전사,》 신구문화사, 1972.

이상택, 《한국 고전 소설의 이론》1~2, 새문사, 2003.

_____, 《한국고전소설의 탐구》, 중앙출판인쇄, 1981.

이재선, 《한국현대소설사》, 홍성사, 1979.

_____, 《 한국개화기소설연구》, 일조각, 1982.

임동권, 《한국민요연구,》 선명문화사, 1974.

임형택, 《한국문학사의 논리와 체계》, 창작과비평사, 2002.

_____, 《한국문학사의 시각》, 창작과비평사, 1984.

장덕순, 《한국설화문학연구》, 서울대출판부, 1970.

전광용, 《신소설연구》, 새문사, 1986.

정병욱, 《한국의 판소리》, 집문당, 1979.

_____, 《한국고전시가론》, 신구문화사, 1982.

정재호, 《가사문학론》, 집문당, 1982.

정한모, 《한국현대시문학사》, 일지사, 1974.

조남현, 《한국현대소설연구》, 민음사, 1987.

조동일, 《한국문학통사》 1~5, 지식산업사, 1988.

_____, 《한국소설의 이론》, 지식산업사, 1978.

조연현, 《한국현대문학사》, 인간사, 1961.

조윤제, 《국문학사》, 동방문화사, 1949.

조희웅, 《한국문헌설화의 연구》, 1980.

최동호, 《한국현대시의 의식현상학적 연구》, 고려대학교민족문화연구소, 1989.

최원식, 《한국근대소설사론》, 창작사, 1986.

황패강, 《한국서사문학연구》, 단국대학교출판부, 1972.

국사에서 역사로

박근갑

국사에서 역사로

'국사'의 의미를 다시 묻는다

한국 현대 역사학은 '객관적' 서술을 무한히 동경하는 가운데 성장했다. 그 형성기의 주역 가운데 한 사람이었던 이병도李丙燾(1896~1989)는 이러한 주장을 남겼다. "……역사를 새롭게 고찰한다고 객관客觀을 몰각沒却한 주관主觀이거나 어느 한 개인의 사관史觀에 치우치거나 또는 사실을 고립적 표본標本으로 고찰한다면 그것은 잘못이다. 항상 객관을 토대로 삼아 시야를 넓히어 다각적으로, 종적縱的(時間), 횡적橫的(空間), 심적心的, 물적物的인 관계하關聯下에서 공정하게 고찰하여야 한다. 그리하여 지구환경地的環境, 시대환경時代環境, 사회환경社會環境 기타 관련에서 개개사실과 특수성特殊性을 밝히고 또 그와 반대로 개개사실을 통하여 어떤 개연성蓋然性과 대체성大體性과 필연성必然性을 파악하는 태도를 취하여야 할 것이다."[1] 현대 역사학의 '아버지' 랑케Leopold von Ranke(1795~1886)의 유명한 경구를 닮은 이 말들을 누가 반박할 수 있었겠는가. 이기백의 설명을 들어보자. "(이병도의) 연구는 조선후기 실학자實學者들의 연구성과를 흡수하고 이에 새로운 고증을 더해 정확한 역사적 사실을 밝히는 데 주력한 것이었다. 이로 인해서 두계사학斗溪史學을 우리나라 실증사학實證史學의 대명사와도 같이 사용하게끔 된 것이다."[2]

이른바 실증사학이 이처럼 조선시대 실학의 맥을 이으면서 현대 한국사학의 주요 경향성으로 자리 잡았다면, 그 정당성은 '있는 그대로' 정확하게 밝히는 역사서술에 있을 것이다. 그러나 다음과 같은 이병도의 말들은 역사적 사실의 '객관성'과 어긋나 보인다. 그의 초반기 주저 가운데 하나인 《국사國史와 지도이념指導理念》이 하나의 사례이다. '공동체 이념을 중심으로 우리나라 역사의 흐름을 요약해서 저술한'[3] 이 책은 이렇게 시작한다. "국사國史는 말할 것도 없이 과거 우리 민족民族이 어떻게 발전하여, 즉 어떠한 경로를 밟아 오늘의 현상現狀에 이르렀는가를 연구하는 학문이다. …… 일국일민족—國—民族의 역사歷史를 연구함에는 그 관계민족 관계국가와의 연관성 내지 세계사적 공통성을 고려해 가지고 그 자체의 특수성을 밝혀야 한다. 우리도 자기자체 내의 협조와 상극 외에 또 주위제 민족과의 부절不絕한 접촉투쟁接觸鬪爭에서 민족사회民族社會를 유지발전維持發展하여 온 역사적歷史的인 민족이므로 국사國史 역시 그러한 점에 주의하여야 하며, 결코 고립적孤立的 표본標本으로 연구하여서는 아니 될 것이다." 세계사적 보편성과 함께 연구해야 할 한 '민족'의 역사가 왜 군이 '국사'의 이름으로 밝혀져야만 하는가? 그의 대답은 '국사國史의 특수성特殊性'으로 이어진다. 랑케의 말을 빌린 '지도이념' 또는 '공통된 최고정신과 이념' 가운데 그 정당한 '특수성'이 들어 있다. 그것은 곧 "전체全體 개체個體의 자유自由롭고 평화平和스러운 발전향상發展向上을 도모하기 위하여 서로 협력부조協同扶助하는 정신精神"이다. 그것은 달리 표현하면 개인이 "항상 국가國家와 민족民族의 통일발전統一發展 가운데" 살면서 "국가민족國家民族의 영원永遠한 이상理想에 순殉하려 하는 그 정신精神이다."[4]

간추려서 보자면, 국가와 민족이라는 공동체에 개인이 '평화롭게' 희생하는 정신을 통해 '국사의 특수성'이 드러난다는 주장이다. 여기에서 두드러지는 국가주의 이념을 그 누구라도 지나치기 힘들 것이다. 어떠한 사실이 그 정신을 '있는 그대로' 증언할 수 있을까? 이러한 '국사의 지도이념'은 하나의 객관적 '현상'인가, 아니면 저자 스스로 기피했던 '어느 한 개인의 사관史觀'인가? 한국 민족사를 '특수하게' 이어 온 주요 이념 경향성이 국사의 이름으로 정당화된다는 점에서, 이러한 질문들은 보다 근본적인 문제로 향할 수 있다. 국사와 역사의 이름 사이에 어떠한 의미론적 차별성이 존재하는가? 이러한 질문에 냉담했던 한국 사학계 담론의 장에서 국사의 이름은 지난 세기 후반의 어느 시점에 슬그머니 한국사로 바뀌었다. 오늘날 '국사'를 표제로 등장하는 저술은 찾아보기 힘들다. 무엇이 그러한 변화를 요청했을까? 그 누구도 이러한 질문에 명확히 대답하지 않는 가운데 다른 한 쪽에서는 아직도 국사의 위치가치는 요지부동이다. 이를테면 국가의 편사기관이나 어느 대학의 학과 명칭 또는 공공 시험과목 등에서 그 헤게모니는 변함없이 굳건하다. 최근에 이르러 '국사 해체'를 둘러싼 논란이 차츰 열기를 더하고 있다. 민족주의의 역사성과 정당성을 묻는 질문이 그 중심에 있다.[5] 이 모든 질문들이 한국 역사학의 새로운 지평으로

향하고 있다. 말썽 많은 국사의 의미론에서 시작해 보자. 그 이름
은 어디에서 비롯했으며 어떠한 시간경험들을 전승했는가?

국사의 이름

한국 최고最古의 문헌《삼국사기》가 최초의 '국사'를 호명했다는
사실이 흥미롭다. 이 책〈신라본기〉진흥왕 6년(545) 기록에 다음
과 같은 내용이 실려 있다. "6년 가을 7월. 이찬 이사부가 '국사란
군신의 잘잘못을 기록해 영원토록 그에 대한 포폄褒貶을 보이는
것입니다. 역사를 편찬하지 않으면 후대에 볼 것이 무엇이겠습니
까?' 하고 아뢰었다. 왕이 무척 그럴 법하다고 하여, 대아찬 거칠
부에게 문사를 모아 역사를 편찬하게 했다."[6] 이 기록대로라면 삼
국통일 이전의 신라 학자들이 이미 중국의 고전적인 감계鑑戒 사
상에 깊이 물들어 있었다고 판단할 만하다. 그러나 유학의 통치이
념을 적극적으로 수용했던 김부식金富軾(1075~1151)이 후대에 이
기록을 남겼다는 사실로 미루어 보건대, 거기에 어떠한 '윤색'이
가해졌다고 짐작할 수 있을 것이다.[7] 아무튼 그것이 하나의 특정
사서를 지칭하든 한 왕조의 편사 일반을 의미하든, 신라시대에 '국
사'라는 이름의 역사 기록이 존재했다는 사실에 주목할 만하다.
《삼국사기》는 또한 고구려와 백제의 사서 편찬사업을 전하고 있
다. 그〈고구려본기〉를 보면, 영양왕 11년 봄에 태학박사 이문진
이 왕명을 받아 국초부터 존재했던 백 권의 역사서《유기留記》를

줄여《신집新集》5권을 만들었다고 한다. 그리고 〈백제본기〉 근초고왕 기록에서는 박사 고흥이 《서기書記》를 지었다고 전한다.[8] 이렇게 보면 '국사'는 그러한 사서 편찬 가운데 하나의 이름이었을 것이다.[9]

《삼국사기》가 전하는 편사 이야기는 중국 고전 사서를 증언하는 《맹자》의 전승과 비슷하다. 이 책 '이루離婁' 편에서 "진의 '승', 초의 '도올', 노의 '춘추'가 다 같은데, …… 그 문체는 곧 사史이다"라는 기록을 찾을 수 있다. 이처럼 중국의 고대세계에서는 개별 왕조마다 각각의 이름을 지닌 역사서가 존재했다고 추정할 만하다. 《후한서》〈반고전班固傳〉은 규범적인 편사의 의미를 전한다. 여기에 따르면, 유명한 역사가 반고는 부친 반표의 유업을 이어 27세부터 역사서술을 시작했는데, "사사로이 국사國史를 개작改作한다는" 무고를 당해 투옥의 형벌을 받았다고 한다. 우여곡절 끝에 후한 명제가 그의 원고를 읽고서 감탄해 난대영사蘭台令史의 직책에 임명하면서 사서의 편찬을 명했을 때, 반고는 비로소 《한서漢書》를 완성할 수 있었다.[10] 이 유명한 이야기로부터 국사란 공식적으로 편찬된 '본조'의 역사서를 지칭했다고 이해할 만하다. 이어서 수나라와 당나라 시대에 이르면 보다 확실한 국사의 제도가 확립된 것으로 보인다. 수隋나라 문제文帝는 개황開皇 13년(593)에 "사람들 사이에 국사를 찬집하면서 역대 인물의 장단점을 평가하는 것을 모두 금절하게 하라"고 조령을 내리면서 국가가 '전담하는' 사서 편찬의 권능을 밝혔다고 한다. 그리고 당대唐代에 이르러 재상이나 고위 관료가 감수국사監修國史 또는 수국사修國史의 직을 겸임하면서 수

찬 작업을 지휘했다는 기록 또한 같은 맥락으로 볼 수 있겠다.[11] 고려와 조선시대에 국사의 표제를 붙인 사서들의 이름이 드문드문 보이는데, 이들은 아마도 이러한 중국의 유습에 따랐을 것이다.

이처럼 장구한 전통을 지닌 국사의 이름이 19세기 후반 조선의 위기 시점에서 새로운 의미소와 함께 등장했다는 사실에 깊이 주목할 만하다. 박영효朴泳孝(1861~1939)가 갑신정변의 실패 이후 일본에 망명하는 동안 고종에게 올렸던 〈내정개혁 건백서〉(1888)에서 중요한 단서를 찾을 수 있다.[12] 그는 이 상소문에서 "국사, 국어, 국문을 먼저 인민에게 가르치자"고 고종에게 호소했다. 이때 그는 국사를 "본국의 역사"와 같은 뜻으로 쓰면서 그 과목의 과제를 이렇게 풀었다. "인민에게 국사를 가르쳐 본국이 싸움에서 이긴 영광과 패해 당한 치욕을 마음 깊이 새김으로써 그 옳고 그름을 판별하고 부끄러운 마음을 극복해 강성하고 용맹하게 되도록 하는 것보다 더 급한 것이 없습니다."

이처럼 새로운 국가 과제의 하나로 호명된 국사는 앞서 보았던 전통적인 용례를 따른 것이었을까? 박영효의 상소문이 지시하는 국사는 우선 지나간 경험에서 얻게 될 교훈으로 읽힌다. 이러한 점에서 그 의미는 옛 감계 이념과 다를 바 없다. 그렇더라도 '인민'에게 가르치는 교과목의 국사는 이 무렵 하나의 낯선 사례에 해당한다고 보아야 옳을 것이다. 박영효가 일본 지식 사회로부터 깊은 영향을 받았다는 사실을 상기해 보자. 그가 그 이름을 일본의 범례에서 직접 빌려왔다고 쉽게 단정할 수는 없겠지만, 그 개연성은 충분히 남아 있다고 할 수 있다. 무엇보다도 '국사'를 '국어', '국문'과 함

께 호명하는 방식은 메이지明治 시기 일본식 용법에 더 가까운 것
이었다. 도쿄제국대학에 1888년 '국사학과'가 만들어지고 일본 최
초의 통사이자 모범교과서인 《국사안國史眼》이 1890년 발간되는
일은 박영효의 〈건백서〉보다도 한두 해 뒤에 일어난 일이다. 그러
나 이미 메이지 초기에 국가 사업의 '국사편집국'이 만들어지면서
'국사'가 시대적 이름이 되었다는 사실이 주목된다.[13] '인민'에게
'강성하고 용맹한' 교훈을 가르친다는 박영효의 '국사' 효용론에서
일본식 '국체사관國體史觀'의 기미를 엿볼 수 있을 것이다.

　그리고 10여 년이 지난 뒤 신채호申采浩(1880~1936)는 박영효의
사례와 미묘한 차이를 보이는 국사를 언급했다. 그가 1909년 무렵
에 저술했을 것으로 짐작되는 〈대동제국사서언〉에 이런 내용이 들
어 있다. "국사國史는 기언旣言홈과 여如히 국민國民의 명경明鏡이라.
차此 명경明鏡이 무無ᄒ면 국민國民이 하何를 종從ᄒ야 조선祖先의 진
영眞影을 첨첨瞻ᄒ며, 차此 명경明鏡이 무無ᄒ면 국민國民이 하何를 유
由ᄒ야 자가自家의 연추妍醜를 상상賞ᄒ며, 차此 명경明鏡이 무無ᄒ면
국민國民이 하何로써 국수國粹를 보전保全ᄒ야 자존自尊홀지며, 차此
명경明鏡이 무無ᄒ면 국민國民이 하何로써 타인他人과 비교比較할 줄
을 지知ᄒ리오. 폐일언蔽一言하고 국사國史가 유有ᄒ여야 국민國民이
애조심愛祖心도 유有홀지며, 애국심愛國心도 유有홀지며, 독립심獨立
心도 유有홀지며, 진취심進就心도 유有홀지라."[14] 여기에서 '국사'의
의미는 전통과 근대를 넘나들고 있다. 그의 다른 글들에서도 수차
례 등장하는 '국민'과 '애국심'은 새로운 위기의 시대를 지시하면서
그것을 앞으로 이끌고 가는 운동 개념들이다. 신채호는 원래 유럽

에서 유래한 이 말들을 동시대 중국의 계몽사상가 량치차오梁啓超 (1873~1929)의 저술들을 통해 수용한 것으로 보인다. 량치차오는 일본 망명 시절 그곳 번역서들에서 유럽 계몽주의 언어들을 습득했으니, 신채호에게 전해진 외래 개념들은 몇 단계 전이과정을 거친 셈이다. 신채호는 이를 통해 국민국가의 지평으로 향하는 미래의 기대를 드러낼 수 있었으며, 그 시작점의 정신세계를 상징하는 애국심을 설파할 수 있었다.[15] 그러나 그가 찾은 국사는 국민이 스스로 비쳐보아야 할 거울이다. 그것은 '그림자'이지만 '참'되고 '밝게' 비춘다는 점에서 교훈의 범례들을 가리키는 지나간 경험이다. 다시 말하자면 그것은 수많은 중국 고전사서의 기틀을 이루었던 감계 이념의 표상이다. 이를테면 사마천은 《사기》에서 "지금 세상에 살면서 지나간 일을 기록하는 것은 스스로 이를 거울삼고자 하는 이유"라고 설명했다. 그리고 宋나라 신종이 《자치통감》의 이름을 직접 내리면서 《시경》〈대아大雅〉 편의 다음 구절을 인용했다는 사실은 너무나 유명하다. "殷나라가 본뜰 거울 멀지 않으니/ 바로 하夏나라 임금 시대에 있구나."[16] 이렇듯 신채호가 찾은 국사는 새로운 민권의식의 토대를 이루면서도 전통적 교훈의 세계관에서 맴돌고 있다. 다시 말하자면 그의 국사 의미론은 옛 경험과 미래의 기대 사이에서 길을 찾지 못한 채 머뭇거리고 있었다. 여기에서 비롯하는 불안하고 유동적인 인식의 긴장관계와 더불어 그의 민족주의 역사서술이 출발했다고 볼 수 있겠다.

신채호 이전에 민족이 곧 역사의 주체라는 의미론을 내세운 역사가는 없었다. 그가 처음부터 구상했던 한국의 역사는 군주나 왕조의 계통을 넘어서서 국민 동원과 참여를 기대할 만한 문화 구성체의 공간이었다. 이런 점에서 그는 분명히 옛 통치 이념에서 벗어나 '새로운' 시간을 성찰했던 최초의 역사가였다. 그러는 한편 그는 먼 고대의 문화유산을 '주관적으로' 미화하는 가운데 민족의 기원을 복원하려는 시도를 멈추지 않았다. 그리고 그의 인식세계가 '국사'의 이름을 빌릴 때, 그 누구보다도 완고한 국수주의 수사법이 나타난다는 점 또한 간과할 수 없다. 그의 유명한《조선상고문화사朝鮮上古文化史》에 다음과 같은 구절이 나온다. "단군壇君이 곧 선인仙人의 시조始祖라, 선인仙人은 곧 우리의 국교國敎이며 우리의 무사도武士道이며 우리 민족民族의 넋이며 정신精神이며 우리 국사國史의 '꽃'이어늘……." 그리고 그의 설명은 이렇게 이어진다. 한국의 옛 종교가 중국의 고대 문화를 압도했다. 이럴진대 만약 단군의 후손들이 무력으로 그 문화를 보호하고 확장했다면, 한국이 진실로 동양문명사에서 으뜸을 차지했을 뿐만 아니라 세계의 전체 땅을 독차지했을 것이다.[17] 이 글대로라면 신채호는 서로 어긋나는 세계관들 사이에서 머뭇거리고 있었던 셈이다. 그렇지만 그는 한국 사학의 역사에서 처음으로 '새로운 역사'를 말할 수 있었던 인물이었다. 그럴 때 그의 인식세계는 어디에 위치했을까?

역사의 발견

한국 '역사'의 의미론을 추적할 때 지나칠 수 없는 하나의 문헌이 존재한다. 앞서 보았던 박영효의 〈내정개혁 건백서〉가 바로 그것이다. 이 상소문에서 박영효는 부국강병의 한 방책으로 정치, 재정, 내외 법률, 역사, 지리, 산술, 물리화학 등의 책을 "한문 또는 언문으로 번역해" 가르치는 신식학교 설립안을 제시했다. 이러한 학문의 명칭들은 어디에서 유래했을까? 후쿠자와 유키치福澤諭吉(1835~1901)의 저술에서 그 해답의 실마리를 찾을 수 있다. 일본의 계몽시대를 이끌었던 이 사상가는 박영효를 비롯한 한국 개화파 정치가들을 후원한 인물로도 유명하다. 그는 1866년부터 1870년에 이르기까지 서구의 문화양상을 소개하는 《서양사정西洋事情》을 출간했다.[18] 동시대 베스트셀러 가운데 하나였던 이 책은 한국의 엘리트 지식인들에게도 반향이 컸을 것으로 짐작된다. 이를테면 박영효는 문제의 상소문에서 '통의通義'라고 이름 붙인 정치원리를 거듭해서 주장하고 있다. 이 말은 원래 후쿠자와 유키치가 《서양사정》에서 영어 'right'를 번역해서 사용했던 개념이었다.[19] 박영효가 번역 교과목 가운데 한 가지로 지목했던 '역사' 또한 후쿠자와의 책에 여러 번 나오는 단어이다. 그것은 곧 지리, 산술, 천문 등과 같은 서구의 새로운 학문 이름이었으며, 아울러서 정치와 계몽에 필요한 책을 의미하기도 했다. 박영효는 그 일본식 한자 번역어를 손쉽게 이용했을 것으로 보인다.

유길준의 《서유견문》은 보다 분명한 정황을 증언한다.[20] 그가 일본을 거쳐 미국과 유럽을 두루 여행한 뒤 후진국이 본받아야 할 선진사회의 제도와 문물을 소개할 목적으로 한국 초유의 계몽적 견문록을 출간했다는 사실은 상당히 유명하다. 1884년에 시작해

1889년에 완성한 이 책에 '역사歷史'가 나오는데, 서구의 '문법학교'에서 가르치는 여러 교과목 가운데 하나로 소개된 것이었다. 그러므로 그것이 'history'를 번역한 용어였다는 점에 의심의 여지가 없다. 이 맥락에서 주목해야 할 것은 유길준의 일본 유학 시절 스승이자 후견인이었던 후쿠자와 유키치의 《서양사정》이 《서유견문》의 주요 참고문헌이면서 또한 모범이었다는 사실이다. 유길준은 'history'의 번역어를 그 책에서 구했을 것으로 보인다. 그 뒤로 역사는 언론에 자주 등장하는 용어가 되었다. 이를테면 1896년 4월에 나오기 시작했던 《독립신문》은 1898년 12월 17일자 논설에서 오늘날 '역사'로 쓰고 읽는 '력사'라는 단어를 언급하고 있다. 지리와 함께 새로 배워야 할 교과목을 지칭했던 이 말의 한국어 표현은 아마도 이 신문에서 처음으로 나왔을 것이다.[21] 여기에서 근대적 계몽의 학문을 지칭하는 이 용어가 《서유견문》의 사례처럼 'history'를 번역한 말이었다는 점은 의심의 여지가 없어 보인다. 박영효의 정치적 동지로서 갑신정변에 참여한 후 미국 국적을 취득했던 서재필이 이 신문을 발행했다는 사실에 주목하자. 이처럼 새로운 학과목을 지칭했던 '력사'는 한자 표기의 역사를 한글로 바꾼 것이었다. 《황성신문》에서도 비슷한 사례를 찾을 수 있다. 1899년 5월 19일자 논설에는 세계 각국의 '역사'와 '지지' 등의 유익한 서적들을 번역하자는 주장이 실려 있다. 이처럼 역사는 한국의 지식 사회에서 마치 계몽을 상징하는 용어처럼 널리 퍼져나가기 시작했다.

한국 개화파 지식인들은 외래의 '역사'로부터 어떠한 새로움을 기대했을까? 그 '역사'는 원래 본고장에서도 교훈을 상징하는 말이었다. 그것이 곧 후세의 귀감이 된다는 전통에 동서의 구별이 없었던 것이다. 역사에서 '인생의 거울'을 본다는 표현 또한 동서의 고전을 관통하는 은유법이었다. 그 오랜 교훈의 상징은 계몽의 시대에 이르러 역사라는 주체가 새로운 경험공간을 열면서 앞으로 나아가는 시간의 질을 획득했을 때 비로소 바뀌기 시작했다. 이러한 계기는 '역사 그 자체'가 스스로 창조하고 생산하는 힘으로 이해되면서 하나의 운동 개념으로 발전할 때 가능했다. 그 개념의 변화과정에 주목했던 독일 역사학자 라인하르트 코젤렉Reinhart Koselleck(1923~2006)은 다음과 같이 설명한다. "우리의 근대 역사 개념은 날이 갈수록 복잡해진 '역사 일반'을 계몽적으로 성찰한 결과인데, 그 속에서 경험의 조건들은 점점 바로 그 경험에서 벗어난다. 이러한 의미는 '역사 일반'이라는 근대적 개념이 포괄하면서 공간적으로 넓어진 세계역사와 그런 다음에 과거와 미래를 늘 새롭게 연결하는 시간적 전망에도 통한다."[22] 말하자면 개념사가 밝히는 '역사'는 하나의 시간 개념이다. 그와 더불어 미래로 향하는 신념과 희망이 이전의 모든 체험과 삶의 궤적에서 멀어지는 기대에 근거하게 되면서 '근대'라는 '새로운 시간'이 도래한다는 설명이다. 그 새로움은 어떻게 나타났을까? 어떠한 것들의 역사가 아니라 '역사 그 자체'가 대표단수로 쓰이면서 새로운 시대의 표상으로 떠올랐다. 이 새로운 의미의 용법은 스스로 주체를 호명하면서 옛 복수형의 단어에서 이탈했다. 그러면서 그것은 복잡한 현실들과 경험들을 보편적 연쇄관계 속으로 수렴하면서 점차 추상화되었다. 역사는 곧 개별적 역사들에게 고유의 서사시적 통일성을 부여하는 세계역사가 되었던 것이다. 이러한 추상성과 보편성의 지평에서 그 의미는 역사철학과 동반했으며 '진보Fortschritt'와 함께 앞으로 나아가는 시간의 질을 지시했다. 말하자면 '역사'와 '진보'는 새로운 세계로 향한 하나의 시선에서 생성했으며, 함께 계몽의 시대를 열었다.[23]

이처럼 한국의 '역사'도 하나의 개념으로서 근대를 증언하는가? 그렇게 되려면 우선 그 말이 하나의 교과목을 넘어서는 의미를 지시할 수 있어야 할 것이다. 유길준의 《서유견문》에서 그러한 가능성을 엿볼 수 있다. 이 책 제12편에는 그때까지 볼 수 없었던 새로운 '역사'의 용법이 나온다. "부국大國은 일족일민一族人民이 일폭대지一幅大地를 자유擄有ㅎ야 기언어其言語와 법률法律과 정치政治와 습속習俗과 역사歷史가 동同ㅎ고……"[24] 이때 '역사'는 하나의 교과목을 넘어 간접적으로나마 시간의 궤적과 차원을 지닌 하나의 실체를 지시하고 있다고 볼 만하다. 이러한 의미의 표현은 한국의 출판물에서 아마도 처음 나왔을 것이다. 그 용법이 실린 제12편의 제목이 '애국愛國하는 충성忠誠'으로 되어 있다는 점에도 깊이 주목할 만하다. 이 책이 나왔을 무렵 한국의 다른 출판물에서는 거의 찾아보기 힘든 이 '애국'이라는 말 또한 'patriotism'의 번역어로 보이는데, 그것이 원래 유럽에서 계몽주의 언어들을 선도하고 있었다는 점이 중요하다. '애국'은 프랑스혁명을 전후해 성숙한 시민의 자기결정권을 정당화하는 하나의 운동 개념이었다. 이와 더불어 '시민', '공화정체', '인민의 권리', '자유' 등의 전망 개념들도 등장했다. 저자는 이 외래용어들로써 기대하는 미래세계를 드러내고자 했다. 그렇다면 그의 '역사' 또한 스스로 운동하는 시간 개념으로 상승할 수 있지 않았을까. 그러나 그에게 밀어닥친 현실정치의 과제가 추상적인 사유 실험을 가로막았을 것이다.

'새로운' 역사의 의미는 신채호의 시대에 이르러 가능할 수 있었다. 앞서 보았듯이 그는 국사를 내세울 때 완고한 국수주의의 멍에를 마다하지 않았던 인물이었다. 그러나 그가 청년 시절 언론전선에 나서서 문명文名을 날릴 즈음 동시대 그 누구보다도 분명하게 진보하는 역사적 시간을 말할 수 있었다. "국가國家의 역사歷史는 민족民族 소장성쇠消長盛衰의 상태狀態를 열서閱敍흔 자者라. 민족民族을 사捨흐면 역사歷史가 무無흘지며, 역사歷史를 사捨흐면 민족民族의 기其 국가國家에 대對흔 관념觀念이 부대不大흘지니, 오호嗚呼라, 역사가歷史家의 책임責任이 기역其亦 중의재重矣哉 져." 유명한 〈독사신론〉(1908)에 나오는 한 구절이다.[25] 이보다 먼저 역사의 주체를 밝힌 글은 없었다. 신채호의 인식세계는 전통적인 왕조의 계통을 넘어서고 있었다. 그의 주장은 이렇게 이어진다. "여금如今에는 학리學理가 대명大明흐야, 국가國家란 자者는 일성壹姓의 사유물私有物이 아니오, 만민萬民의 공산公産됨을 발견發現"하는 시대가 되었다. 이처럼 청년 역사가가 서 있는 지점은 바로 '지금'이었으며, 거기로부터 새로운 시간의 지표가 시작할 수 있었다. 어떠한 '학리'가 그로 하여금 새로운 인식의 지평으로 나아가게 했을까? 그것은 일본과 중국을 거쳐 한국의 지식 사회에 전해진 유럽의 사회진화론이었다. 그는 망국의 위기 상황에서 역사논설을 쓰기 시작했는데, 이 외래의 사상이 절박한 현실로부터 미래로 향하는 기대와 희망을 고무시켰다.

그는 진화론적 생존경쟁이 개인뿐만 아니라 국민과 국가의 힘으로 작용한다는 원리를 주장하는 가운데 앞으로 나아가는 시간의 성찰에 이르렀다. 1909년에 발표한 〈신가국身家國 관념觀念의 변천變遷〉에서 그는 "인류人類 진보進步가 시대時代를 수隨ㅎ야 이異흔 고故로 상고시대上古時代의 역사歷史가 변變ㅎ야 중고中古되며 중고시대中古時代의 역사歷史가 변變하야 근세近世된"다고 썼다. 이 글에는 '근세'에 이르기까지 다난했던 인류의 경험세계와 국민국가라 부를 만한 기대지평이 들어 있다. 이러한 시간화의 계기에서 "인류역사상 진보의 상황을 밝히고자 하는" 역사서술의 과제가 위기시대를 돌파하는 저항의 수사로 드러났다. 바로 이 점에서 신채호는 동시대 그 누구보다도 시대를 앞서 나갔던 계몽의 사도가 될 수 있었다. 신식 학문을 수업할 틈이 없었던 그가 '진정한 국가'의 생성과 발전 과정을 논했다는 사실이 경이로울 따름이다. 그의 설명은 이렇게 전개된다. 예부터 단계적으로(개인-가족-부락) 국가를 이룩하려는 경쟁과 투쟁이 있었지만, '인민의 공화'가 아니면 올바른 국가가 아니었다. 이러한 투쟁의 진화 끝에 새로운 국가는 "사민斯民의 국國이라 ㅎ야 기존기망其存其亡에 유민惟民이 시도是圖라 ㅎ며 국민國民은 사국斯國의 민民이라 ㅎ야 기안기위其安其危를 유국惟國이 시고是顧라" 할 수 있을 것이었다. '근세'라 부르는 그 시점이 진화의 끝 단계에 자리했다는 점에서, 그의 인식세계는 새로운 시간의 질을 얻었다.[26]

신채호의 마지막 저술 《조선상고사朝鮮上古史》에는 그때까지 한국의 역사저술 어디에서도 볼 수 없었던 '역사'의 의미론이 담겨 있다.[27] 여기에서 그는 한국 역사가로서는 처음으로 가설과 명제로 이끄는 긴 서론을 남겼다. 그것은 이렇게 시작한다. "역사란 무엇이뇨?" 그리고 이어지는 대답이 흥미롭다. "인류사회人類社會의 '아我와 비아非我'의 투쟁鬪爭이 시간時間부터 발전發展하며 공간空間부터 확대擴大하는 심적心的 활동活動의 상태狀態의 기록記錄이니 세계사世界史라 하면 세계인류世界人類의 그리 되어 온 상태狀態의 기록記錄이며 조선사朝鮮史라면 조선민족朝鮮民族의 그리 되어 온 상태狀態의 기록記錄이니라." 간단히 보면 역사란 '심적 활동의 상태'를 적은 '기록'일 따름이다. 이 글 어디에도 급격한 발전의 기대는 들어 있지 않다. 그 표현은 시종 운동의 수사로 가득하지만, 중심을 이루는 역사 개념에서 진보의 성찰은 머뭇거린다. 그렇지만 그것이 시간과 공간의 범주로 넓혀지는 '투쟁'의 계기에 얽히면서 더 넓은 의미의 지평으로 나아간다는 점이 중요해 보인다.

신채호는 이 글에서 어떠한 의미론을 전하려고 했을까? 우선 역사의 이름으로 기록되는 '투쟁'의 과정은 정신의 산물이며, 그 주체들은 상대적 위치에서 고유성을 유지한다. 그의 설명에 따르면 '본위'의 '아我'는 주관적인 위치에 서 있지만 상대편의 '비아非我'와 마주칠 때 비로소 투쟁에 들어간다. 이는 곧 그의 역사 개념이 고전적 관념론의 영향에서 자유롭지 못하다는 점을 시사한다. 아마도 그는 이 글을 쓸 때 독일 철학자 피히테(Jehann Gottlieb Fichte(1762~1814)의 용어들을 차용했을 것으로 짐작된다. 《조선상고사》의 서문을 오묘하게 치장했던 '아'와 '비아' 등의 단어들은 량치차오가

피히테의 철학을 소개하는 글 가운데 들어 있다.[28] 아무튼 그는 한국 역사가들 가운데 처음으로 '역사 그 자체'를 사유하기 시작했던 인물이었다. 이러한 점에서 그는 "한국 근대사학의 길을 새롭게 개척"했던 신기원의 상징이었다.[29]

신채호가 '객관적인' 사실을 '그대로' 서술해야 한다는 명제와 더불어 '역사를 위한 역사'의 모토를 내세웠을 때, 전통적인 감계의 이념을 대신하는 근대적 역사서술이 비로소 시작할 수 있었다. 그렇지만 이른바 '단재사학'의 한계 또한 너무나 명백하다. 그는 한국 고대의 문화유산을 '주관적으로' 미화하는 가운데 민족의 기원을 복원하려는 시도를 끝까지 멈추지 않았다. 특히 그가 국사를 내세우면서 아득히 먼 상고의 시간으로 되돌아가고자 했을 때, 미래로 향한 '국민의 목적지'는 국수주의 세계관 속에 잠기고 말았다. 결국 그는 보편적 역사와 고유한 국사 사이의 괴리를 깊이 성찰해야 하는 과제를 남긴 셈이다. 이러한 문제점을 염두에 두면서 신채호의 민족사학을 비판적으로 계승했던 안확의 저술들을 살펴보자.

안확은 한국 최초의 근대식 초등학교를 다녔으며, 그 후 일본의 니혼대학日本大學에서 정치학을 공부했다. 그는 비록 전문적인 역사학 수업을 거치지는 않았지만 처음부터 근대적 학문의 세례를 거친 최초의 한국 역사가이다. 그의 형성기는 전통 역사학을 지배했던 유교적 세계관을 받아들일 틈이 없었다. 그래서 그는 공자와 유교에 깊이 물들었던 한국의 문화 전통을 혹독하게 비판할 수 있었다. 활동 초반기에 쓴 그의 어느 논설에 이런 주장이 들어 있다.

공자는 역사적으로 올바른 사상가가 아니며 믿을 만한 문필가도 아니다. 이런 공자의 사상이 조선에 들어와 어리석은 지식인들을 미혹했으며, 유교와 한문漢文이 백 가지 병폐를 남긴 끝에 마침내 오늘날의 '참상'에 이르렀다. 지금 "신성神聖한 정신"과 "조선 고유固有의 특성特性"이 사라진 것은 곧 그 폐단의 귀결이다.[30]

안확이 이 글에서 잘못된 외래 사유의 대척점에 세운 '신성한 정신'과 민족의 '고유성'은 신채호의 역사논설에서도 볼 수 있었던 저항의 수사법이었다. 민족을 주체로 삼는 자립과 독립의 정신이 안확이 전개하는 사유체계의 출발점이었다. 그러면서도 그는 신채호 방식의 국수주의를 받아들이지 않았다. 우선 그는 신채호를 "근래에 역사의 새로운 관점을 열었던 독창적인" 인물이라고 매우 호의적으로 평가했다. 그러면서도 그는 신채호를 가리켜 "조선의 역사를 온통 민족적으로만 해석해 어떤 경우에는 역사의 본색本色을" 상실했다고 비판했다.[31] 그렇듯 안확은 신채호를 지나치게 고대의 문화세계에 집착했던 감상주의자로 보았다. 그래서 그는 한국의 역사를 보다 발전적으로 재구성하는 서술체계를 구상하면서 신채호가 찾았던 길을 다른 방향으로 돌렸다. 신채호가 애써 무시했던 조선왕조의 정치는 안확의 시대구분에서 발전의 역사로 재구성된다.[32] 안확이 찾은 그 시대발전의 지표는 그 이전의 귀족제도와 확실히 구별되는 "민권의 발달"이었다. 즉 조선 군주의 통치권은 인민을 '공인公人'으로 인정하는 토대에서 행사되었으며, 인민 또한 '공인'의 '자신력自信力'에 근거해 군주에게 '항거하는 권리'를 지니고 있었다는 것이다. 안확은 이러한 점을 "근대정치의 성질"이라

고 설명했다.[33]

이러한 발전의 계기는 단편적으로 표현되었던 그의 역사 개념에서도 드러난다. 먼저 그는 역사를 "정신의 반영"으로 이해했다. 좀 더 자세히 풀어서 보자면, 역사상에 나타난 문화 현상은 곧 "심적 작용의 본성"이 "율동적으로 진행한 것"이다. 역사는 먼 옛날부터 현대까지 수천 년을 지나온 수많은 일들의 흔적으로 채워져 있으나, 그 가운데에는 한 가닥 선이 서로 연결되어 있다. 이러한 역사를 만들어 온 내면에는 특별한 본질이 있는데, 그것이 곧 정신의 '율동'이다. 이처럼 안확은 독일 철학자 헤겔Georg Wilhelm Eredrich Hegel(1770~1831)의 변증법으로 한국 '정신'의 역사를 정리할 수 있다고 보았다.[34] 그의 설명은 이렇게 전개된다. "예로부터 역사의 율동律動을 보라. 고려高麗가 무武의 나라이고 다음에 이조李朝가 문文의 나라이니, 이후에는 그 율동의 차례가 무엇일까. …… 조선사의 정신은 문무의 정반합正反合이다."[35]

이렇듯 안확은 '스스로 운동하는' 역사의 단서를 찾았다. 그가 발견했던 역사는 변증법으로 움직이는 내적 본질을 지닌다. 이 점에서 그의 의미론은 신채호의 사례보다 한 걸음 앞서 나간 것으로 이해할 만하다. 이러한 인식세계는 계몽의 철학을 집대성했던 헤겔의 이해에서 나왔을 것이다. 그러나 그의 사유체계가 보편적 세계정신Weltgeist의 운동으로 향했던 것은 아니다. 역사가로서 그의 과제는 다음의 설명처럼 여전히 한국 민족의 고유성을 밝히는 데 있었다. "대개 세계 어느 곳 사람이든지 고유정신은 모두 각각 지니고 있다. 그럼으로 모두 각각 부분적 역사를 지어온 것이다. 조선인도 사람이다. 또한 사천 년 역사가 당당하다. 그러므로 정신이 있음은 물론이요, 그 정신은 타국에 비교해 볼 때 저절로 서로 다른 본질을 가지고 있는 것은 명백하다."[36] 이렇듯 안확이 이해하는 한국 역사의 고유성은 여러 문화들 가운데 상대적 위치를 고수하는 '정신의 본질'에 근거한다. 그는 그러한 정신의 전통이 자치제도에서 뚜렷이 드러난다고 주장했다. "조선 자치제는 단군 건국시대부터 있었다. 그것은 그리스 정치와 같은 것으로 동양에서 선진先進한 것이며 또한 독특한 생활이다."[37] 그리고 그는 나아가 개별 역사단계에서 특징적으로 드러나는 문화현상을 기술할 때 "시대상時代相에 의衣하여 그 시대의 특별한 점을 그 시대의 정도定度로서" 논증해야 하며, 그것은 또한 "역사적 사실 위에서" 연구되어야 한다고 주장했다.[38]

이로써 보건대 안확의 사유 양식이 역사주의로부터 상당한 영향을 받았다고 짐작할 수 있다. 즉 역사적 현상의 내면에 고유하게 자리하고 있는 '정신적인 경향성'을 찾아내는 학문의 방법이 제국주의 일본에 나라를 빼앗긴 상황에서 민족의 정당성을 회복해야만 하는 시대적 사명과 결합했다고 볼 수 있다. 그러한 바탕에서 그는 철학과 문학뿐만 아니라 음악과 미술 등 전체 문화 영역을 아우르는 민족 역사의 큰 체계를 세우고자 했으며, 이 방면에서 그때까지 보기 드문 성과를 거두기도 했다. 이렇게 보건대 그는 한국 근대와 현대의 역사인식 사이에서 거의 유일하게 가교역할을 맡았던 인물이었던 셈이다. 그는 본래 량치차오의 방대한 저술체계에 버금가는 작품들을 기획했다고 한다. 그러는 가운데 그가 특별히 민족주의 이념이나 국사의 이름을 전면에 내세우지 않았다는 사실 또한 눈여겨 볼 대목이다.

역사주의 그림자

이제 안확의 저술들을 징검다리 삼아 현대 역사학의 인식세계를 살펴보자. 현대 한국사학이 일본의 영향으로부터 자유롭지 못하다는 사실을 그 누구도 부정하기 어렵다. 한국에서 역사학이 국사, 동양사, 서양사의 3분과로 나뉘는 방식은 일본의 유습을 따른 것이다. 한국 최초의 사학과도 일본 학자들의 손을 거친 것이다. 그리고 일본 유학을 거친 한국 역사학자들이 초반기 아카데미즘 역사학의 주도세력이었다. 일본 역사학의 어떠한 면면이 한국으로 전이되었을까?

이 전승의 이야기는 19세기 후반기로 거슬러 오른다. 1887년(메이지 20)은 일본 근대사학의 역사에서 '획기적인 시기'로 기록된다. 이 해에 독일 베를린 대학 사학과 출신의 루트비히 리스Ludwig Riess(1861~1928)가 도쿄대학東京大學에 왔다. 그리고 바로 그해에 일본 최초의 사학과가 도쿄대학에 창설되었으며, 리스는 그 주역 가운데 한 사람이었다. 이 독일 학자의 이름은 일본에서 현대 역사학의 '아버지' 랑케와 함께한다. 그가 직접 랑케로부터 수업했다는 아무런 증거가 없음에도 그 무렵 일본 지식 사회는 그를 랑케 '학풍의 정당한 계승자'로 숭앙했다. 리스에게 직접 배웠던 어떤 역사학자는 이렇게 말하기도 했다. "오늘날 우리나라 역사가의 대부분은 이 은사를 통해 랑케의 손자 제자 내지 증손자 제자에 해당하는 셈이다." 아무튼 여기서 두드러지는 것은 리스가 전해준 랑케의 역사주의 방법이 이보다 앞섰던 일본의 관학파 역사학과 접맥했다는 사실이다. 일본 특유의 '국사'를 낳은 이 이야기는 메이지 초반기에서 비롯한다. 메이지 정부는 1869년 국사편집국을 만들어 일본의 정사를 편찬하기 시작했다. 그 주역은 1865년에 마틴 William A. P. Martin (1827~1916)의 《만국공법萬國公法》을 번역했던 시게노 야스츠구重野安繹(1827~1910)였다. 주희의 성리학 전통에서 성장한 그는 이후 청淸나라의 고증학을 깊이 학습한 뒤 국가적 수사 과업의 중심에 설 수 있었다. 메이지 정부의 국사 편찬사업은 그 뒤 수사국으로 인계되는 우여곡절을 겪다가 1888년에 도쿄제국대학 내에 설치된 임시편년사편찬괘臨時編年史編纂掛로 이관되었다. 바로 그 다음 해에 시게노와 그의 동료들은 사학과와 별도로 '국사과'를 창설했으며, 1890년에는 일본 최초의 통사이자 모범 교과서인 《국사안國史眼》을 발간했다. 이 과정에서 이들은 독일 역사주의 방법에 '기꺼이 호응'했는데, 특히 ① 순수학문으로서 역사학의 독립성과 ② 사료비판의 방법이라는 두 가지 면에서 그러했다. 그렇듯 랑케의 역사주의와 메이지 관학파 수사학修史學이 서로 접목하면서 특유의 일본식 '아카데미즘 실증주의 사학'이 성장할 수 있었다. 바로 거기에서 한국 현대 '국사학'의 뿌리를 찾을 수 있다면, 그 비판적 이해의 길은 랑케의 역사학 방법에서 출발해야 옳을 것이다.[39]

랑케의 이른바 '과학적' 역사학의 방법은 진보와 총체성의 개념을 따라가는 역사철학을 비판하는 가운데 이루어질 수 있었다. 그가 주장하는 전문 역사가는 모든 존재 속에서 '신의 숨결'을 발견하는데, 그들마다 지니고 있는 '개개의' 속성이 그 삶의 원리가 된다. 따라서 역사가의 주된 관심은 보편적인 개념에 있다기보다는 개체성의 실체에 있게 된다. 그렇게 동시대 역사철학을 거부했던 랑케의 혐오감은 그가 스스로 대변하고자 했던 왕정 복고기의 '시대정신'이기도 했다. 즉, 역사철학에 맞서서 '역사과학'을 세우는 일은 추상적 원리를 정치에 그대로 적용하거나 프랑스혁명의 이념을 역사의 '이론'과 한 가지로 보는 견해를 반박하는 것이었다.[40]

그 줄기에서 그는, 역사의 과정을 철학적인 운동법칙의 논리로만 파악하면 '특수한' 개별자가 그 '독립적인 삶'을 희생하게 되고 모든 인간이 어쩔 수 없이 단순히 '그림자와 도식'에 갇히고 만다고 보았다. 그러면서 그는 역사철학의 추상성을 극복하는 역사가의 과제를 내세웠다. 이를테면 ① 모든 개별 시대마다 나타나는 '특별한 경향성'과 '고유한 이상', 그리고 ② 개별 시대 사이에서 드러나는 '차별성'을 보여 주는 일이 그것이었다.[41] 이렇듯 역사란 그때 거기에서 한 번밖에 일어나지 않는 일들의 과정일 따름이었다. 따라서 진보의 철학처럼 역사적 모범을 어떤 고유한 사정에 직접 적용할 수는 없었다. 이 줄기에서 역사가란 "다만 일어났던 일들이 실제로 어떠했는지를wie es eigentlich gesesen 보여 줄 따름"이라는[42] 유명한 말이 나올 수 있었다. 많은 사람들이 불편부당성이라는 역사가의 미덕을 연상할 수 있었던 이 말과 더불어 랑케는 현대 역사학의 정당성을 미리 보장했던 한 가지 원리를 제시했다. 나날의 "애착이나 혐오"에 흔들리지 말고 지나간 실상을 "가능한 한 객관적으로" 관찰하라는 명제가 곧 그것이다.[43] 말하자면 오늘의 관점은 엄정한 객관성과 양립할 수 없었다. 그것은 늘 유동적이기 때문이었다.

이러한 진술들 덕택에 '당파에 초연한' 랑케의 신화가 생겨날 수 있었다. 그러나 그는 오히려 시대상황에 민감했으며 보수주의 이념에 집착했다는 역설적 사실을 남겼다. 더군다나 그는 역사서술의 '객관성'을 체계적인 이론으로 설명한 적도 없었다. 그가 평생을 바쳐 찾아다녔던 매 시대의 '지도이념leitende Ideen'이란 "증명되거나 개념에 걸맞게 정렬될 수" 없으며 "다만 기술될 수" 있을 따름이었다. 그가 보기에 개념이란 추상적 사유와 다름없었고, 역사적 실상은 개체의 특성 속으로 몰입하는 직관Intuition을 통해 이해될 수 있는 것이었다.[44] 랑케 이후로 그렇게 '객관적인' 역사서술을 지탱할 수 있다는 이해Verstehen의 방법이 하나의 오랜 전통이 되었다. 다시 말하자면 그것은 이해를 매개로 역사적 세계의 전체를 설명할 수 있도록 실행하는 사료비판의 방법이었다. 역사적 인간들이 지난날의 객관화에 참여했듯이 오늘날의 개인도 그러한 본질의 역사를 객관화할 수 있다는 것이다.[45] 이 오랜 방법론은 다음과 같은 암묵적 동의를 전제한다. ① 궁극적으로 인간의 본성은 항상 동일하며, ② 이해를 매개로 번역되는 사료 속에 이미 소통의 가능성이 내재한다. 그러나 누군가 현재의 경험공간이 끊임없이 유동적인 만큼이나 역사적 진술 역시 변화한다고 말한다면, 어떻게 거기에 반론할 수 있을까? 문제는 해석의 대상인 사료에도 있다. 사료는 역사의 한 부분일 따름이며 사료를 전혀 남기지 않는 역사도 있다. 사료는 결코 역사와 일치하지 않는다. 사료가 이미 역사라면 역사가는 그것을 거울에 비추듯 인식만 하면 될 것이다.[46] 요약컨대, 역사철학적인 운동의 '개념'을 거부했던 이른바 '객관적' 역사학의 방법은 시간의 조건에서 벗어난 관조Anschauung에 기대면서 스스로 이론적 한계를 드러냈다. 랑케 방식의 초당파성Überparteilikeit은 역사적 운동 속에 서 있는 지점을 의식하면서 나아갈 수 있는 인식의 지평을 좁혔다. 객관성의 문제는 오히려 사료의 저편에 있는 역사의 조건들을 판단하는 인식의 전제와 얽혀 있을 것이다.

이러한 비판적 성찰을 매개로 한국 현대 '국사학'의 면면을 보자. "조선사朝鮮史는 곧 조선민족사朝鮮民族史이니 우리는 유사有史 이래以來로 동일한 혈족血族이 동일한 지역에서 ……공동한 역사생활歷史生活을 하여 왔고 ……그러므로 조선에 있어서는 국민國民 즉 민족民族이오, 민족사民族史가 곧 국사國史가 되는 것이다. 이 엄연한 역사적 사실을 무시하고는 조선 역사歷史를 과학적科學的으로 이해理解할 수는 없다."[47] 이렇게 '과학적' 국사를 주장했던 손진태孫晉泰(1900~?)로부터 이야기를 출발할 수 있을 것이다. 그가 전문적인 역사가 수련을 거쳤으며, 역사주의 방법으로부터 깊은 영향을 받았다는 사실이 두드러지기 때문이다. 이러한 학문 계보의 이야기는 손진태가 태어나기도 전인 1880년대로 거슬러 올라간다. 앞서 언급했던 리스의 첫 번째 제자들 가운데 시라토리 쿠라키치

白鳥庫吉라는 인물이 있었는데, 랑케를 이상적 모델로 삼았던 이 학자는 일본식 과학적 역사 연구방법에 크게 기여했다. 와세다대학早稻田大學 사학과에서 손진태를 직접 가르쳤던 츠다 소키치律田左右吉가 바로 시라토리의 제자였다. 손진태는 이 츠다로부터 엄밀한 사료비판과 실증적 분석의 방법을 배웠다. 그리고 손진태는 대학을 졸업한 후 '토요분코東洋文庫'에서 연구원으로 활동할 무렵 당시 연구부장을 맡고 있던 시라토리와 가까운 관계에 있으면서 학문적 후원을 받았으리라고 짐작된다.[48]

손진태가 일찍부터 관심을 기울인 주제는 한국 민족 형성의 역사성이었다. 그는 이미 초반기 논문에서 민족 기원의 문제를 다루었는데, 이는 국조 단군의 전설을 부정하면서 시작한 것이었다. 그가 보기에 그러한 전설은 공상적인 환상이며 미개시대의 산물이었다. 그래서 그는 이렇게 주장했다. "우리는 좀 더 이론적이고 과학적인 방법으로 얼마든지 민족정신을 지도할 수도 있으며, 함양할 수도 있을 것이다."[49] 손진태가 다룬 이 주제는 동시대 한국과 일본의 지식 사회에서 민감한 논쟁의 대상이었다. 우선, 단군 전설의 역사성을 부정하는 논의는 일본인 학자들로부터 시작했는데, 그 가운데 시라토리가 중요한 주역이었다. 그의 주장에 따르면, 고려왕조시대의 역사서에 기록되어 있는 국조 단군의 이야기는 역사적 사실이 아니라 후대의 불교사상으로 윤색된 조작이라는 것이었다. 이때 주요한 논점은 신화 기록의 옳고 그름이 아니라 한국 역사의 고유성과 자주성을 인정할 수 있느냐의 문제였다. 그 무렵 시라토리처럼 아시아에서 일본의 지도적 지위를 옹호했던 역사가들은 한국 고유의 문화 전통과 중국에 맞섰던 대외항쟁을 일부러 왜곡했다. '과학적 역사'의 미명으로 제국주의 침략이 정당화되었던 것이다.[50] 한국 학자들의 반격이 뒤따를 수밖에 없었다. 손진태는 이러한 "역사운동"을 "단군운동"이라고 불렀다. 그러면서 그는 이 "편협한 애국사상"에서 벗어나 보다 '과학적인' 인류학 방법을 이용해 다양한 한국 문화양식의 기원과 계통을 탐구하는 과제에 몰두했으며, 이 분야에서 빛나는 업적을 산출할 수 있었다.[51]

시라토리 방식의 제국주의 정당화가 손진태의 역사 연구에 직접적인 영향을 어느 정도 끼쳤는지 가늠하기 힘들겠지만, 손진태가 물려받은 실증적 사료분석과 과학적 역사서술의 방법은 그의 전체 학술활동을 관통하는 원리와 추진력이었음은 틀림없어 보인다. 그의 후반기 저서에서도 역사학은 여전히 "과학"이었다. 그는 이렇게 주장했다. "역사학도는 역사적 사실事實을 비판할 수 있지만 사실史實을 거부할 수는 없다. 사실史實은 사실史實 그대로 이것을 인식해 거기에 비판을 가하는 것이 진정한 과학자로서 취할 바 당연한 태도이다." 그런데 흥미롭게도 바로 이 주장 다음에 "민족해방, 민족자립운동이 세계적으로 맹렬하게 진전되고 있는 지금에 있어서" 역사가가 지녀야 할 관점이 강조되고 있다. "조선사가 경과經過한 모든 민족투쟁, 계급투쟁, 정치, 문화 등 사실史實은 모두 민족의 입지立地에서 비판되고 가치가 판단되어야 할 것이니, 민족은 실로 조선사의 근본적인 안목이 되는 것이다."[52] 그렇게 그는 한국 민족의 역사성을 재구성하는 가운데 '있는 그대로의 역사'

와 주관적 '안목'이라는 서로 상반되는 인식 범주를 결합했다.

후반기의 손진태는 예나 다름없이 여전히 "오직 진실하고 엄정한 과학"을 옹호하는 역사학자였다.[53] 그러나 그는 이전에 민족시조 전설을 하나의 공상적 환상으로 치부했던 생각을 바꾸어 그 역사성을 적극적으로 인정하는 방향으로 선회했다. 그의 설명은 이렇게 전개된다. "우리가 조선민족사를 편술함에 당하여 시조始祖단군설檀君說을 빼어 버리지 못할 가장 중대한 이유만을 여기에 들고자 한다. 그것은 단적으로 말하면 이 단군신화檀君神話가 우리 전민족全民族의 시조전설始祖傳說로서 적어도 칠백 년 이상 혹은 천년의 전통을 가졌으며, 현재에 있어서는 민족의식의 비약적 앙양昂揚에 따라 민족사상 속에 뽑아버릴 수 없는 근저를 깊이 박고 있는 까닭이다. 다시 말하자면 이것은 우리들이 영위하는 민족생활에 있어 중대한 역사적, 사상적 사실事實의 하나이기 때문이다. 이엄연한 사실史實을 역사학도가 고의로 말살할 수는 없다. 사실은 객관적 존재이다. 그러나 모든 사실을 빼지 않고 역사학에서 취급할 수는 없다. 그러므로 사실을 취사선택하는 것은 역사학자의 주관에 의할 것이다. 만일 불행히 조선의 민족이란 것을 부인하는 학도가 있으면 그 사람은 민족시조의 전설을 그의 역사서에서 뺄수도 있을 것이다. 그러나 나는 나의 이해하는 과학적 견지로서는 엄연히 존재하는 조선의 민족이란 것을 부인할 도리가 없고 따라서 단군 전설을 간과할 도리가 없다. 이 양자는 다 객관적 중대 사실이기 때문이다."[54]

이렇게 손진태는 역사의 이름으로 민족 만들기의 계보를 이었다. 그가 이해하는 신화 복원의 역사적 과제는 절박한 현실인식에 근거한다. 즉, 단군 전설은 조선왕조 말기에 이르러 일본에 맞서는 "독립사상과 아울러 맹렬한 기세로" 민족적 의식 위에 대두할 수밖에 없었다. 그리고 두 차례 세계대전을 거치면서 "민족사상의 세계적 팽배와 함께" 시조를 신성하게 받드는 사상도 "전성全盛을 극極하게 된 것이다."[55] 이 맥락에서 일본의 '과학적' 역사가들은 통렬한 비판의 대상이 된다. "일본의 제국주의의 노예학자들이 조선 민족의 민족적 자존심을 말살하고자 하는 의도에서 의식적으로 단군신화의 역사성과 민족적 사상성까지를 부정한 것은 일고의 가치조차 없는 것이다."[56] 그렇게 그는 '민족의 입지'를 역사서술의 우선적 과제로 앞세우면서 그의 '과학적 견지'와 어긋나는 옛 교훈의 이념을 되새겼다. "우리는 우리가 지내 온 역사를 거울삼아 우리 민족의 처지를 바르게 똑똑하게 알아 다시는 앞날의 실패를 되풀이하지 않게 해야 할 것이다."[57] 이러한 줄기에서 그는 이른바 '신민족주의 역사학'을 주창할 수 있었다. 1947년에 쓴 〈국사교육國史敎育의 제문제〉, 그리고 이듬해에 발표한 〈국사교육건설에 대한 구상─신민족주의新民族主義 국사교육의 제창〉, 《국사대요國史大要》 서문 등의 저술들이 그 예이다. 그의 주장은 이렇게 전개된다. "국사교육은 어떤 방향으로 나아갈 것인가. 그것이 민주주의 방향이어야 된다는 점에는 아무런 이론이 없을 것이다. 그러나 우리는 소련적 민주주의나 영미적 민주주의를 모두 원치 않는다. ……우리는 그들의 장점을 취하고 단점을 버리고 조선민족에게 적절하고 유리한 민주주의 이념을 창조하여야 할 것이다. 그러한 민주주의를 우리는 민주주의적 민족주의라고 하며, 간단하게는 '신민족주의'라고 한다." 이로써 '과학적' 국사와 민족주의 이념이 결합하는 하나의 주요 경향성이 형성되었다.

한편 대부분의 역사학자들은 손진태의 길에서 비켜나 있었다. 그들은 손진태처럼 일본식 '과학적' 역사학을 계승하면서도 민족주의 이념을 멀리하는 "하나의 학파를 형성하고 있었다". 이들은 "일본 역사학계의 '관학 아카네미즘'의 학풍과 그 방법론을 그대로 도입"해 이른바 '실증주의 역사학'을 크게 일으켰다. 해방 이후 '과학적' 국사학의 헤게모니는 실질적으로 이들의 수중에 있었다. 그들 가운데 일부 저명 학자들이 설치했던 '국사학과'에 함께 한 적이 있었던 김용섭은 최근 회고록에서 흥미로운 경험을 전하고 있다. 같은 과의 어느 동료 교수가 '한 번은' 이렇게 말했다고 한다. "김 선생, 김 선생 민족주의는 내 민족주의와 다른 것 같애." "예, 그런 것 같습니다.……"라고 대답하자 "이○○ 선생에 대해 무슨 글을 그렇게 써!"라는 '노발대발의 질책'이 뒤따랐다고 한다. 그리고 다른 동료로부터 이런 말도 들었다고 한다. "김 선생, 우리 이제 민족사학 그만하자."[58]

여기에 나오는 '이○○ 선생'은 아마도 이병도일 것이다. 그는 "실증주의 역사학의 계열에서 중심이 되고 있었던 인물"이었다. 김용섭은 그 '계열'의 역사학자들을 이렇게 평가한다. "이들에게는 민족주의 역사학에서 볼 수 있는 시론적時論的인 성격을 띤 역사서술은 없었다. 민족정신의 앙양이라든가 일제에 대한 민족적 저항이라는 문제가, 이 학파에서는 문제로서 제기되지 않았다. 그것은

한국 인문·사회과학 연구, 이대로 좋은가

여러 가지 이유에서 말미암은 것이겠지만, 기본적으로는 이 학파의 학풍에서 오는 것이었다고 하겠다. '본래 사실은 어떠하였는가' 이것을 추구하는 것은, 랑케사학의 최대의 관심사이고 목표였다. 랑케류의 실증주의 역사학에서는 이러한 학풍을 그대로 받아들였다. 그들은 사실을 사실로서 파악하고 서술할 따름이었다."[59] 이렇듯 이병도는 숱한 역사저술들을 민족주의의 이름으로 치장하지 않았다. 그에게 "객관을 몰각한 주관"은 기피 대상이었을 것이다. "항상 객관을 토대로" 삼는 '공정한 고찰'이 그의 주장 가운데 핵심이었다.[60] 그렇다면 그는 그의 국사에 어떠한 정당성을 부여했을까? 이미 앞에서 보았듯이, 국사의 이름으로 국가주의 경향성이 지나치게 미화되었을 따름이다.

국사에서 역사로?

이병도의 대표적 통사 《국사대관國史大觀》(1952)의 첫 이름은 《조선사대관朝鮮史大觀》(1948)이었는데, 나중에 그것은 《한국사대관韓國史大觀》(1964)으로 개명되었다. 이렇듯 지난 세기의 후반기에 이르면 수많은 개설서들의 명칭이 '국사~'에서 '한국사~'로 바뀌었다. 그러도록 어떠한 시대적 요청이 있었을까? 아니면 처음부터 국사의 이름으로 옹호했던 한국 역사의 특수성에 어떠한 정당성이 없었던 탓일까? 그 이름이 지시했던 의미지평은 이제 사라지고 없는 것인가? 그 누구도 이러한 질문에 제대로 대답한 적이 없다. 오직 추론만이 가능하다면 해석학의 방법을 비판적으로 적용해 보는 길이 남아 있을 것이다. 학술담론의 장에서 국사의 이름이 사라지는 시점에서 오늘에 이르는 한국사학 논쟁의 의미 영역을 살펴보는 과제가 곧 그것이다. 이기백李基白의 저술들이 하나의 주요 사례이다. 일본의 토양에 이식된 역사주의는 그의 형성기의 자양분이었다. 또한 손진태와 이병도는 그에게 큰 영향을 끼친 스승들이었다. 말하자면 '민족주의 사학'과 '실증주의 사학'이 골고루 그의 역사 연구 방법에 스며들 수 있었다는 의미이다. 그리고 그는 스승들의 책들보다 더욱 유명했던 개설서 《국사신론》(1961)을 썼는데, 이 책의 이름 또한 나중에 《한국사신론》으로 바뀌었다. 그러나 무엇보다도 수많은 '사론'의 저술들이 그의 이름을 더욱 빛내고 있다.

이기백은 아쉽게도 '국사'가 '한국사'로 바뀌게 된 의미론을 밝힌 적이 없지만, 그 유명한 책의 목표가 '식민주의 사관'을 극복하는 과제를 지니고 있었다는 점을 여러 차례 밝힌 바 있다. 일본 제국주의 역사학이 강변했던 지리적 결정론과 정체성 이론에 정면으로 맞서기 위해 그는 자연스레 한국사학의 과학성과 민족의 주체성을 하나의 사유체계 안에 통일하는 '신론'을 기획했던 것으로 보인다. 이 줄기에서 그는 비교적 일찍이 '국사' 패러다임에서 벗어나는 계기를 스스로 찾았을 것이다. 그의 초반기 사론을 모은 책에서 다음과 같은 이야기를 들을 수 있다. "……나의 관심은 한국 민족이 세계의 다른 민족들과 마찬가지로 지니고 있는 보편성에 쏠려 있다. 말하자면 민족이 지니고 있는 특수성을 보편성 위에서 이해하려고 노력했다. 이렇게 민족이 지니는 특수성과 보편성의 올바른 이해에 접근해 보려고 노력한 까닭은, 그 점이 지금까지 우리가 민족에 대해 가지고 있던 인식의 결점이라고 믿기 때문이다. 그리고 이것은 침략주의자들이 우리에게 남겨준 사고의 찌꺼기를 청산하는 뜻도 되는 것이다."[61] 그리고 그는 이어서 "어떤 절대적인 가치판단"에 따라 "시대나 장소를 초월"하는 보편적 척도, 그리고 "역사적 진리를 외면하고도 민족은 어떤 신비로운 힘에 의해 발전할 수 있으리라고 생각하는" 오류를 모두 거부한다고 밝혔다.

이처럼 국사 패러다임에만 머물 수 없었던 사유세계는 그의 일본 유학 시절에 형성된 것이었다. 다음에 소개되는 그의 마지막 글은 그 사실을 증언한다.

나는 1941년에 일본의 와세다대학早稻田大學에 입학했는데, 그 때에 읽은 랑케의 《강국론强國論》이 나의 민족주의적인 사고를 더욱 굳게 했다. 랑케는 세계사에서의 민족의 역할을 강조하고, 독자적인 문화적 성격을 지닌 민족 단위의 국가를 강국으로 규정했다. 그러는 한편으로 헤겔의 《역사철학서론歷史哲學緖論》과 마이네케Friedrich. Meinecke의 《역사주의의 입장》(원래 제목은 《역사적 감각과 역사의 의미》)도 퍽 흥미 있게 읽었다. 헤겔은 세계 역사를 자유를 향한 이성의 자기발전으로 보았으며, 마이네케는 역사적 사실들을 상대적으로 보려는 것이었다. 그러니까 이때 나는 내 나름대로 이들을 정리해서 세계 역사란 자유의 목표를 향하여 발전하는 것이며, 그 발전과정에서 일어나는 역사적 사실들은 시대적인 상황 속에서 상대적인 평가를 받아야 한다고 생각했던 셈이 된다.[62]

독일 역사주의가 지적 유산으로 남긴 개체성 이론과 상대성 원리는 헤겔 역사철학의 이성적 보편법칙과 어울려 하나의 사유체계로 결합할 수 없지만, 이기백은 이로부터 절묘하게 '주체적인 한국사관'을 구성할 수 있었다. "인류의 보편성에 입각하면서도 민족의 특수성을 올바로 인식할 수 있는 가장 바람직한 한국사의 이해 방법"이 곧 그것이다. 역사주의의 명제대로 모든 개체는 고유하며 특수한 성격을 지닌다. 거기에 '바람직한' 인식의 방법이란 무엇인가? 그리고 '민족의 특수성'이 접목해야 할 보편성은 누가, 어떻게 구성하는가?

이기백에게 민족주의의 사유양식을 전승했다는 랑케 또한 일찍이 개개 사건들의 배후에 숨어 있는 '보편적인 경향'에 주목했다. "특수한 것이란 그 자체 내에 보편적인 것을 지닌다"고 했듯이 그는 늘 개별적인 사건들을 "전체와 관련지우는 가운데" 파악할 수 있다고 보았다. 그러나 그가 실제 연구에서 이러한 명제를 제대로 실행했다는 증거를 발견하기 힘들다. "개별자는 다른 개별자와 연계성을 가질 뿐이며 전체와 결합하는 관계는 오직 도덕을 매개로 가능하다"고 주장했을 때, 이미 그의 객관적 인식론은 위기에 다다를 수밖에 없었을 것이다. 그러므로 그가 "인류의 모든 시기에는 하나의 특정한 거대 경향성이 표명되고 있다"는 주장과 함께 "모든 시대는 신과 직접적으로 접해 있다"는 명제를 내세우는 방법 외에 객관적 인식을 변호하는 길이 또 남아 있었을까?[63]

랑케가 결국 역사신학의 길을 찾았듯 이기백도 마찬가지로 진리의 신앙으로 회기했다.[64] 그의 마지막 글에 이런 내용이 보인다.

"학문은 진리를 탐구하는 것을 목적으로 한다는 평범한 신념으로 지금껏 한국사 연구에 전념해 왔다. …… 오늘날 민족을 지상至上으로 생각하는 경향이 널리 번지고 있다. 그러나 민족은 결코 지상이 아니다. 이 점은 민중의 경우에도 마찬가지이다. 지상은 진리이다. 진리를 거역하면 민족이나 민중은 파멸을 면하지 못한다."[65] 진리가 지상 과제라는 그의 신념은 다음과 같은 랑케의 경구와 잘 어울린다. "순수한 사료의 비판적 연구, 비당파적 견해, 객관적 서술, 이 모든 방법이 함께 얽힌다. 목표는 완전한 진실을 생생하게 드러내는 데 있다."[66] '무당파의 거울'이라는 오랜 은유를 되새긴 이 말은 역사적 시간을 주관적으로 인식하는 방법을 거부했던 표현이었다. 윤색되지 않은 '벌거숭이 진리'를 찾는다는 목표 가운데는 역사적 사실들을 굴절 없이 드러낼 수 있다는 소박한 실재론이 들어 있다. 19세기 역사주의의 시대에 이르러 정통의 맥을 이룬 사료비판도 시각적으로 확인할 수 있는 증빙으로 되돌아가는 길을 찾았던 방법에서 나왔다. 실제로 일어난 사건을 '객관적으로' 해명하기 위해 역사가가 스스로 인식 대상에서 벗어나야 한다는 요구는 오늘날에도 어느 정도 정당하다. 거짓 없는 진술은 예나 지금이나 모든 역사가들이 스스로 보장하는 방법론적 약속이기 때문이다. 오늘날 역사이론은 그러한 방법이 너무 단편적이라는 점을 밝히고 있다. 즉 사료는 때때로 객관적 진술을 거부하거나 너무 많은 객관적 사실을 숨긴다. 역사가는 어떻게 '진리'를 발견하고 그것을 믿을 수 있을 것인가?

현대적 역사의 의미론에서 '진리'는 믿음의 대상이기보다는 성찰의 대상이다. 그러한 방법은 곧 사료로부터 직접 물려받은 언어들과 매시간 새롭게 구성하는 인식범주들 사이의 괴리나 수렴 과정을 측정하고 탐색하는 과제에 중점을 둔다. 이 모든 전제는 전체 역사의 지평에서 역사가가 자신의 서 있는 지점을 성찰할 때 가능하다. 라인하르트 코젤렉은 이렇게 설명한다. "계몽사상 이래로 역사적 진행의 조건과 그 속에서 이루어지는 행위의 조건, 그리고 그 인식의 조건이 서로 얽히게 된다. 그러나 역사적 운동 한가운데에 서 있는 위치를 분명히 정하지 못한다면 그러한 연관성은 유지될 수 없다."[67] 이러한 변증의 논리는 또한 경험 연구의 장에서 탐색 대상의 이상형ideal type을 명시적으로 옹호할 만한 근거로 작용한다. 그 바탕에서 ① 성찰의 중점은 진리 자체에서 진리의 조건으로 옮겨가며, ② 가설적 역사를 미리 전망할 수 있는 지평이 열리면서, ③ 역사가의 관점이 시간의 전망을 얻을 수 있다. 이러한 전제에서 한국사학을 되돌아보자. 요약해서 보자면, 현재 한국사학에서는 실증사학과 국가주의가 견고히 결합하는 가운데 민족사의 고유성과 개체성이 지나치게 강조되고 있다는 점이 두드러진다. 따라서 다양한 미세 영역의 연구 성과는 여타의 학문 분과를 압도하고 있는 반면, 보편적인 사유의 지평에서 민족사를 대상화하는 인식 관심은 결여되고 있다. 역사주의로부터 물려받은 '원래 있었던 그대로'의 방법이 한국사 발전의 길을 가로막고 있다는 성찰이 절실하다. 보편적인 이상형ideal type과 민족사의 특수한 시간체험 사이의 거리를 가늠하는 새로운 탐색적 방법이 하나의 실험으로 구성될 수 있을 것이다.

1 이병도, 《新修國史大觀》, 보문각, 1959, p. 3.

2 이기백, 《韓國史像의 再構成》, 일조각, 1991, p. 168.

3 같은 책, p. 166.

4 이병도, 《國史와 指導理念》, 일조각, 1955, pp. 9 ff.

5 임지현·이성시 편, 《국사의 신화를 넘어서》, 휴머니스트, 2004. 김기봉, 〈한국 근대 역사개념의 성립―'국사'의 탄생과 신채호의 민족사학―〉, 《한국사학사학보》12, 2005. 12, 217~245. 정구복, 〈전근대 국사의 형성과 그 발전〉, 《한국사학사학보》17, 2008. 6, pp. 40~76. 도면회·윤해동 편, 《역사학의 세기: 20세기 한국과 일본의 역사학》, 휴머니스트, 2009.

6 《三國史記》(이병도 교감본), 권4 신라본기 진흥왕 6년, 을유문화사, 1987, p. 37.

7 정구복, 《한국고대사학사》, 경인문화사, 2008, p. 90.

8 《三國史記》, pp. 182, 221 f.

9 오항녕, 《한국 사관제도 성립사》, 일지사, 2009, pp. 40 ff.

10 신승하, 《중국사학사》, 고려대학교 출반부, 2006, pp. 69 f.

11 高國抗, 오상훈·이개석·조병한 역, 《중국사학사》상, 풀빛, 1998, pp. 281 ff.

12 〈朴泳孝 上疏文(資料)〉, 《亞細亞學報》第一輯, pp. 720~740.

13 永原慶二, 《20世紀日本의 歷史學》, 吉川弘文館, 2003, pp. 13 ff.

14 신채호, 〈大東帝國史叙言〉, 《단재 신채호 전집》3, 단재신채호전집편찬위원회 편찬, 독립기념관 한국독립운동사연구소, 2007, p. 343.

15 박근갑, 〈단재 신채호와 역사의 발견〉, 《역사학보》210호, 2011, pp. 165~197.

16 《史記》卷18 高祖功臣侯者年表第六: 居今之世 志古之道 所以自鏡也. 《詩經》大

雅 蕩之什: 殷鑒不遠 在夏后之世.

[17] 신채호, 앞의 책, p. 367.

[18] 福澤諭吉, 《福澤諭吉著作集》第1卷, 慶應義塾大學出版會, 2004

[19] 정용화, 《문명의 정치사상: 유길준과 근대 한국》, 문학과 지성사, 2004, p. 333.

[20] 유길준, 《西遊見聞》, 경인문화사, 1969.

[21] 박태호, 〈대한매일신보에서 역사적 시간의 개념. 근대적 역사 개념의 탄생〉, 이화여대 한국문화연구원 편, 《근대계몽기 지식의 굴절과 현실적 심화》, 2007, pp. 121 ff.

[22] Reinhart Koselleck, *Vergangene Zukunft. Zur Semantik geschichtlicher Zeiten*, Frankfurt am Main, 1995, pp. 12 f.

[23] Reinhart Koselleck, *Zeitschichten. Studien zur Historik*, Frankfurt am Main, 2003, pp. 323 f.

[24] 유길준, 앞의 책, p. 303.

[25] 신채호, 《단재 신채호 전집》6, 독립기념관 한국독립운동사연구소, 2008, pp. 309 ff.

[26] 신채호, 앞의 책, pp. 682~684.

[27] 신채호, 《단재 신채호 전집》1, 독립기념관 한국독립운동사연구소, 2007, pp. 213~598.

[28] 량치차오는 1915년에 발표했던 〈菲斯的人生天職論述評〉《飮冰室文集》32, pp. 70~88에서 피히테가 밝힌 인간 사명의 철학을 소개했다. 독일어 원전을 읽을 수 없었던 그는 아마도 피히테의 저서들(*Einige Vorlesungen über die Bestimmung des Gelehrten*; *Vom Wesen des Gelehrten*; *Die Bestimmung des Menschen*)을 번역한 일본어 책(杉谷泰山 역, 《人生解決. 人間天職論》, 東京: 博文館, 1906)을 이용했을 것이다.

[29] 조동걸, 《現代 韓國史學史》, 나남출판, 1998, p. 137.

[30] 안확, 《자산 안확 국학논저집》4, 여강출판사, 1994, pp. 219~228.

[31] 안확, 《자산 안확 국학논저집》2, 여강출판사, 1994, p. 135.

[32] 한영우, 《한국민족주의역사학》, 일조각, 1994, pp. 188 ff.

[33] 안확, 《자산 안확 국학논저집》2, 여강출판사, 1994, pp. 445 ff.

³⁴ 안확, 《자산 안확 국학논저집》4, 여강출판사, 1994, pp. 152~1

³⁵ 이태진, 〈안확의 생애와 국학세계〉, 《자산 안확 국학논저집》6, 여강출판사, 1994, p. 45에서 재인용.

³⁶ 안확, 《자산 안확 국학논저집》4, 여강출판사, 1994, p. 392.

³⁷ 안확, 《자산 안확 국학논저집》2, 여강출판사, 1994, p. 271.

³⁸ 안확, 《자산 안확 국학논저집》4, 여강출판사, 1994, p. 387.

³⁹ 고야마 사토시小山哲, 〈'세계사'의 일본적 전유—랑케를 중심으로〉, 도면회·윤해동 편, 앞의 책, pp. 53~129. 누마타 지로沼田二郎, 〈시게노 야스츠구와 역사서술의 근대 도쿄전통〉, W. G. 비슬리·E. G. 풀리블랭크 편, 이윤화·최자영 역, 《중국과 일본의 역사가들》, 신서원, 2007, pp. 389~419. 스테판 다나카, 박영재·함동조 역, 《일본 동양학의 구조》, 문학과 지성사, 2004, pp. 72 ff.

⁴⁰ G. Iggers, *Deutsche Geschichtswissenschaft, Wien/Köln/Weimar*, 1997, pp. 86~119.

⁴¹ H. Berding, "Leopold von Ranke," H.-U. Wehler, ed., *Deutsche Historiker*, I, Göttingen, 1971, pp. 7~24.

⁴² L. v. Ranke, *Sämtliche Werke*, 33/34, Leipzig, 1874, p. VII.

⁴³ Berding, 앞의 글, p. 13에서 재인용.

⁴⁴ L. v. Ranke, *Über die Epochen der neueren Geschichte. Historische-kritische Ausgabe*, München, 1971, p. 66.

⁴⁵ F. Jaeger, J. Rüsen, *Geschichte des Historismus. Eine Einführung, München*, 1992.

⁴⁶ Koselleck, *Zukunft*, pp. 176-207.

⁴⁷ 손진태, 《손진태선생전집》1, 태학사, 1981, p. 291.

⁴⁸ 남근우, 〈손진태학'의 기초연구〉, 《한국민속학》28, 1996, pp. 85~121.

⁴⁹ 손진태, 《손진태선생전집》6, 1981, p. 46.

⁵⁰ 남근우, 《'조선민속학'과 식민주의》, 동국대학교 출판부, 2008, pp. 75 ff. 이영화, 〈일제시대 단군을 둘러싼 한일간의 공방〉, 《한국사학사학보》, vol. 22, 2010, pp. 141~175.

⁵¹ 손진태, 《손진태선생전집》6, 태학사, 1981, pp. 34 ff.; 667 ff.

⁵² 손진태, 《손진태선생전집》1, 태학사, 1981, p. 292.

⁵³ 손진태, 같은 책, p. 3.

[54] 손진태, 같은 책, p. 309.

[55] 손진태, 같은 책, pp. 314 f.

[56] 손진태, 같은 책, pp. 314 f.

[57] 손진태, 같은 책, p. 613.

[58] 김용섭, 《김용섭 회고록: 역사의 오솔길을 가면서》, 지식산업사, 2011, pp. 770 f.

[59] 김용섭, 같은 책, pp. 520 f.

[60] 이병도, 《新修國史大觀》, 보문각, 1959, p. 3.

[61] 이기백, 《민족과 역사》, 일조각, 1971, pp. V~VI.

[62] 이기백, 〈한국사의 진실을 찾아서〉, 《한국사 시민강좌》 35, 2004, pp. 226 ff.
노영필, 〈한국에서의 역사주의 수용: 이기백 한국사학연구의 초석〉, 《한국사학
사학보》 23, 2011.6, pp. 259~297.

[63] 레오폴트 폰 랑케, 이상신 역, 《근세사의 여러 시기들에 관하여》, 신서원, 2011.
이상신, 《19세기 독일 역사인식론》, 고려대학교 출판부, 1989.

[64] 김기봉, 〈민족과 진리는 하나일 수 있는가?—이기백의 실증사학〉, 도면회·윤
해동 편, 앞의 책, pp. 285~317.

[65] 이기백, 앞의 글, p. 237.

[66] L. v. Ranke, "Einleitung zu den Analekten der englischen Geschichte," *Sämtliche
Werke*, vol. 21, p. 114(Otto Brunner et al., *Geschichtlie Grundbegriffe. Historisches
Lexikon zur politisch-sozialen Begriffe in Deutschland*, vol. 2, Stuttgart, 1979, p.
695에서 재인용).

[67] Koselleck, *Zukunft*, p. 182.

韓

학문 후진성에 대한
지성사적 고찰

— 사회학 혹은 사회과학의 역사적 굴레와 출구

國

송호근

人

文

학문 후진성에 대한 지성사적 고찰
─사회학 혹은 사회과학의 역사적 굴레와 출구

학문 후진성 재해석

'한국의 인문·사회과학은 선진국에 비해 낙후된 상태'라는 명제로부터 벗어난 학문은 국사학, 국문학을 위시한 국학 분야 뿐이다. 국학 분야에는 한국학자들에게서 배우려는 선진국 학자들이 스스로 찾아온다. 국학 분야의 몇몇 원로학자들은 세계적 석학이다. 외국어로 논문을 쓸 필요도 없고, 외국저널에 애써 발표할 필요도 없다. 외국 제자들과 동료들이 알아서 해준다. 여타의 인문·사회과학자들은 대부분 외국 대학에서 수학했고, 돌아와서도 외국의 일급학자들 틈에 끼고 싶어 애를 쓴다. 더러는 성공하고 대부분은 실패한다. 이 작업에 성공한 대표적인 학문은 경제학이다. 경제학자들은 지역어를 쓰지 않으며, 지역적 사고를 가뿐히 벗어던졌다. 세계 공통의 시장경제를 분석하는 도구는 세계 공통이고, 데이터 역시 역사성과 지역성을 떨쳐버린 합리적 지표rational indicator들이다. 혹시 이 합리적 지표가 지역성에 의해 오염되기라도 하면 유명저널로부터 게재를 거절당한다. 보편적 언어와 보편적 분석도구로 무장한 경제학에서는 다른 분야에 비해 세계적 석학이 자주 출현하는 것은 이 때문이다. 이공계 분야에서 세계적 학자들이 많이 배출되는 것과 같은 이치이다. 그러나 여타의 인문·사회과학은 후진성을 면치 못한다. 영국 《타임스*The Times*》가 호기 있게 내놓는 학문 수준 평가에서 한국의 인문학, 사회과학은 저 멀리 뒤쳐져 있다. 객관적, 보편적 평가로 치부되는 저 정량적, 도구적 기준에 의하면 명백히 '후진적'이다.[1]

그래서 한국의 인문·사회과학자들은 평생 열등감을 갖고 산다. 평생을 한눈팔지 않고 학문 연구에 바쳐도 후진성의 굴레를 벗어날 수 없다. 마치 후진국에 태어난 어떤 남다른 사람이 아무리 발버둥쳐도 상대적 빈곤을 면치 못하는 것과 같은 이치이다. 역사학자 거센크론Alexander Gerschenkron(1904~1978)은 일찍이 경제적 후진성에 대한 역사적 원인을 규명하는 저서에서 산업혁명에 필요한 요인의 결핍을 지적했다.[2] 결핍요인을 배양하고 보충하면 경제적 후진성을 벗어날 수 있다는 진단이었다. 에릭 홉스봄Eric Hobsbawm(1917~2012)은 산업혁명에 관한 연구에서 왜 기술 수준이 높았던 독일이 아니고 영국에서 산업혁명이 일어났는가를 질문했다. 독일에는 영국이 발전시킨 시장요인이 결핍되어 있었다는 것이다. 사회적 압박social push이 상대적으로 낙후된 영국의 산업기술을 상업화와 연결시켰다는 논리다.[3] 같은 이치로, 한국의 사회과학자들이 외국 유명 저널이 요구하는 기준과 연구문법에 맞춰 사생결단으로 덤벼든다면 피겨스케이팅의 김연아와 같은 대스타가 대량 출현하지 말라는 법도 없다. 최근 그런 처방을 외치는 목소리가 없는 것이 아니다. 한국 사회과학계에 미국적 학문제도와 학문공동체의 행위규범을 도입하면 곧 학문 선진국으로 진입할 수 있다는 단호한 훈계를 내놓고, 인맥과 학맥적 동아리 형태로 유지되는 친족적 한국 사회과학계에 일대 반성을 촉구했다.[4]

맞는 말이다. 인맥과 학맥의 온정적 네트워크를 벗어던지고 냉정한 비판과 토론으로 연구 수준을 높일 수 있을 것이다. 그런데 그것은 학문발전의 제도적 요건일 뿐, 사회과학자들을 짓누르고 있는 역사적 짐, 파토스pathos, 정념passion을 해결해 주는 것은 아니며 무엇보다 이론적, 방법론적 자산의 결핍을 메울 수 없다. '만들면 되지 않는가?' 하고 호기 있게 반박하겠지만, 사회과학은 기술, 경제, 스포츠가 아니다. 보편적 분석도구와 보편적 몸짓으로 '높이뛰기' 하기엔 너무나 무거운, 해결을 기다리는 과제가 선수들을 짓누르고, 결핍요인의 대체물을 찾느라 시간과 노력을 쏟아 부어야 한다. 그걸 찾고 해결하는 과정을 세계 공용어로 번역할 수는 있겠다. 가능한 일이다. 성과도 있을 것이다. 시도할 가치가 있다. 그러나 세계 사회과학계에도 패드fad가 작용한다. 쿤Thomas Samuel Kuhn(1922~1996)의 패러다임이론이 시사하는 바, 세계학계의 주 관심사와 지배적 방법론은 시간과 함께 변화한다. 1980년대 사회과학계를 지배하던 맑스주의는 퇴색했다. 그럼에도 맑스주의에 집착하는 것이 학문정신이라면 할 말은 없겠으나, 선진국에도 패드를 따라잡지 못하고 인식론적 전환을 감행하지 못해 전전긍긍하는 일류학자군이 무수히 많다.

근대성을 제대로 발화하지 못한 대다수 국가들이 겪는 사회과학의 후진성은 일종의 운명이다. 출발선이 다르기 때문이다.[5] 출발선에 선 선수들이 짊어진 역사적 짐의 무게가 다르고, 그들이 활용할 수 있는 이론적 자원에 엄청난 격차가 존재하기 때문이다. 그런 의미에서 인문·사회과학은 일종의 불공정 게임이다. 학문 후진성을 운명으로 갖고 태어난 후진국의 인문·사회과학자! 예외는 있다. 인도 출신의 경제학자 아마르티아 센Amartya Sen, 중동 출신의 인문학자 에드워드 사이드Edward Said(1935~2003), 그밖의 미국에서 활약하는 많은 외국인 출신 학자들 말이다. 그런 그들이 자국의 학문 수준에 얼마나 기여했는지는 미지수다. 일본 출신의 후쿠야마Francis Fukuyama, 중국 출신의 뚜웨이밍杜維明이 일본의 정치경제학, 중국의 유학에 얼마나 공헌했는지도 미지수다. 문제는 소수의 석학이 아니라, 선진국이 아닌 대부분의 국가들은 왜 세계적 석학을 배출하지 못하고, 왜 학문 수준이 뒤쳐져 있는가 하는 것이다.

선진국이라도 학문 선진국이 아닌 경우도 많다. 일본이 대표적이다. 인상적 평가이기는 하지만, 일본의 '사회과학' 수준은 한국과 비슷하거나 한국만 못하다.[6] 학문시장의 폐쇄성이 비교적 높고, 세계와의 접촉·교류빈도가 낮고, 경제대국이라는 사실에 비해 주제가 내향적inward-looking이다. 이에 비하면 강소국에 해당하는 스웨덴은 학문 수준이 비교적 높고 독창적 사회과학 이론을 발전시키는 데 성공했다. 문물의 미국 의존도가 높기는 하지만, 그래도 미국의 정치경제학자들이 스웨덴식 독창성을 배우러 온다. 사민주의를 향한 사회적 혁신이 그렇게 만들었다. '선진국이

아닌 국가에서 인문·사회과학의 학문 후진성은 일종의 운명이다'
는 이 냉정한 사실을 '명제'로 받아들인다고 해서 자포자기에 빠질
필요는 없다. '운명과의 대적' 과정에서 보편성과 맞닿는 출구를
발견하기도 하고, 세계적 수준에 필적할 만한 업적을 만들어 낼
수도 있기 때문이다. 선배 학자들 중 더러 그런 사례가 있다.

인문·사회과학은 개인 취향이자 기질이기도 하지만, 그 저변에
는 항상 문제의식이 깔려 있다. 문제의식이 없는 인문·사회과학은
그냥 지식이지 학문이 아니다. 문제의식은 그 사회의 역사적 짐,
결핍과 부재, 정념과 이해passion and interest, 파토스와 로고스pathos
and logos로부터 분출된다.[7] 그러므로 인문·사회과학은 역사적, 사
회적 거푸집에서 자란다. 항상 지역성과 특수성을 내장한다. 이 정
념passion을 선진국의 인식론과 방법론을 통해 이해interest와 로고
스logos로 번역·해석하는 과정에서 간극이 발생하고, 이 간극이 학
문 수준의 격차로 귀결되는 것이다. 이를 운명이라 해두자.[8]

그 운명의 결정結晶 요소는 세 가지다. 시대정신Zeitgeist, 세대
generation 그리고 지적 유산intellectual legacy. 인문·사회과학자는
시대정신에 갇혀 있다. 시대정신에서 자양분을 제공받고, 시대정
신과 사투를 벌이며 한 발짝씩 나아간다. 행진은 혼자가 아니라
동료들, 동년배집단peer group, 혹은 세대로 불리는 집단과 같이하
는 집합적 행동이다. 만하임Karl Mannheim(1893~1947)이 세대위치
generational location로 불렀던 그 역사적 발전 과정상의 소재所在가
세계관의 윤곽을 그려놓는다. 막스 베버Max Weber(1864~1920)가
말하는 가치개입이 그렇게 결정된다. 그리고 선배집단이 물려준

지적 유산을 유증받거나 아니면 거부한다. 유증과 거부, 어쨌든 당대의 지적공동체와 어떤 식으로든 관계를 맺은 채 출발해야 한다. 인문·사회과학은 이런 구조에서 태어나 그 구조를 탈출하거나, 그 속에 하나의 획을 그려 놓고 차세대에게 물려준다. 이 운명 속에 문제의식, 연구주제가 결정되고, 학문 수준의 점진적 향상이 이뤄지는 것이다. 한국의 사회과학자들이 그런 과정을 밟아 왔다. 이 운명의 총체적 진화 궤적이 지성사다. 이 글은 20세기 한국의 학자들이 시대적 고민과 과제를 어떻게 해결하려 했는가를 추적하는 가운데 사회학이 기여한 몫을 헤아려 보려 한다. 사회학이 기여한 몫, 혹은 담당한 몫이 연구 성과일 터인데, 연구 성과를 종합적으로 조망하는 것에서 학문 수준에 대한 평가가 가능하다. 이런 접근방식은 '학문 수준 이대로 좋은가'라는 제목이 함축하는 부정적 함의를 조금은 긍정적으로 바라보려는 의도를 갖고 있다. 필자 자신을 포함해 평생을 고군분투한 선배 학자들과 앞으로 사투의 시간을 보낼 후배 학자들의 노력과 성과를 '후진성'이라는 굴레로 묶어버리는 우愚를 피하고 싶은 것이다.

사회과학의 시대, 그 정신적 고아들

한국에서 본격적인 사회과학의 시대가 언제 열렸는가를 묻는다면 필자는 서슴없이 1970년대라고 답하고 싶다. 그 이전에 사회과학이 없었던 것은 아니지만, 문학과 역사로부터 지식의 주도권을 양도받았고, 시대적 과제와 고민을 제법 그럴 듯한 인과적 논리로 분석을 시도했던 시대가 1970년대였다. 서울대학교에서 문리대에 혼재되어 있었던 학과들이 사회과학대학으로 재편되고 신규 교과과정을 도입했던 때가 1974년이었다. 신규 교과과정을 지배했던 패러다임은 미국식 사회과학이었다. 사회학을 위시해 정치학, 심리학, 사회복지학, 경제학 등이 교과과정을 세분해서 내부 전공 분야를 확정했고 각 분야에 고유한 이론과 방법론을 도입했다. 그러나 불행히도 그것을 소화하고 자신의 것으로 만들 지적 유산은 없었다.

60년대가 인문학, 특히 문학, 사학, 철학이 지성계를 주도하던 시대였다면, 70년대는 사회과학이 문사철로부터 떨어져 나와 자기의 영토를 선언하고 개척을 시작했던 시기였다. 세대론적으로 그들을 '70년대 세대'라고 부를 수 있을 터인데, '본격적 사회과학의 시대'와 함께 새로운 영토에 던져졌던 이들은 아무 것도 가진 것이 없었던, 그 시대를 헤쳐 나갈 이론적 정신적 무기가 매우 초보적인 그런 상태였다. 이른바 정신적 고아였다. 이에 비하면 문사철이 주도하던 학계에서 빈약하나마 인문학적 자산을 물려받았던 60년대 세대는 상대적으로 행복했는지 모른다. 이런 의미에서 60년대와 70년대는 단절적이다. 종합지綜合知로서의 인문학적 전통에서 분석적 지식이 분리되어 시대적 과제의 해결이라는 임무를 부여받았던 사회과학은 그러나 가용한 지적 자원이 없었다. 사회과학의 길을 개척하려면 성리학적 사고가 지배했던 전통적 학문 유산을 우선 버려야 했는데, 빈 공간을 채울 것이 마땅찮았다.

조선적 학문의 끝자락에서 오랜 전통과의 단절이 발생했지만 새로운 것을 일으킬 자원이 없었던 것이다. 조선의 문文의 전통이 종합 학문이었음은 주지하는 바이다. 시대를 논하면서 문학을 했고, 시詩를 지으면서 역사서를 편했다. 시詩, 부賦, 론論, 책策, 설說이 한몸이었고 다수의 장르가 선비의 인식세계에 동시에 존재했다. 퇴계와 율곡이 전형적일 터이다. 세상의 인식구조를 논하면서 조세, 군사, 토지제도를 논했고, 정치질서와 촌락질서를 구상했다. 그러다가 〈도산십이곡陶山十二曲〉 같은 가사를 짓고 빼어난 시詩를 수십 편 남겼다. 명종, 선조 때 서인의 영수인 정철鄭澈(1536~1593)은 당대의 논객이자 철학자였지만, 두주불사의 기인으로서 〈장진주사將進酒辭〉를 언문으로 썼다. 고산孤山 윤선도尹善道(1587~1671) 역시 마찬가지다. 그는 성질이 매우 급하고 직선적이었는데, 그 성질을 고칠 참이었는지 해남 보길도 앞바다에 배를 띄어놓고 〈어부사시사漁父四時詞〉를 읊기도 했다. 그러다가 인조가 용골대의 군대에 포위되었다는 소식을 듣고 배를 부려 강화도로 진격했다. 다산茶山 선생(정약용, 1762~1836)은 사대부가 음풍농월하지 말고 재도지문載道之文을 지으라고 꾸짖었지만, 정작 자신은 북한강을 오르내리는 뱃길에서, 강진의 다산초당에서 음풍농월했다. 이처럼 조선에서는 시와 논리가 종합적 인식체계에서 서로 얽혀 있었다.

구당 유길준, 단재 신채호는 아마 이런 학풍의 마지막 선비일 것이다. 서양을 두루 섭렵했던 유길준은 1880년대 후반기에 《서유견문》을 집필하는 한편 《조선문전朝鮮文典》이라고 하는 문법서의 초를 잡았다. 왜 문법서인가? 물밀듯이 밀려오는 저 서양문물을 수용하는 정신적 무기를 언어에서 찾고자 했던 것이고, 언문이치言文二致 상태로는 마치 지층이 어긋나듯 문물의 타작이 어려웠음을 간파한 까닭이었다. 그에게는 언문일치言文─致가 문명개화(근대화)의 출발점이었다. 성균관 박사 신채호는 서양은커녕 일본도 가보지 못했던 개신유학자였는데, 역사! 강대국의 침탈 앞에서 그는 역사 개념을 붙잡고 있었다. 조선을 포함한 고대역사를 하나의 관점, 후에 민족으로 개념화한 그 관점의 체계화로 일본제국주의의 침략과 맞서고자 했다. 량치차오로부터 랑케의 역사관을 접했고, 일본문헌, 중국문헌을 통해 일본 민족사가 개조되는 양식을, 중국사가 왜곡되는 과정을 꿰뚫어 보았다. 조선은 어떻게 할 것인가? 그에게는 다행히 대선배의 작품이 있었다. 《삼국사기》! 그는 《삼국사기》의 해석과 서술방식이 얼마나 잘못되었는가를 설파하는 것으로부터 출발했고, 중국 역사서를 섭렵해서 《조선상고사》를 썼다. 역사철학은 독일의 관념론으로부터 빌려 왔다. 역사를 '아와 비아의 투쟁'으로 정의하고 민족혼民族魂, 국혼國魂, 국백國魄의 영속성을 강조해 조선의 역사는 결코 침탈될 수 없음을 입증하려 했다. 여기에 더 나아가 세계영웅소설을 번역하고, 《이태리삼걸전》을 쓰기도 했다. 아무튼 역사, 문학, 철학은 한몸이었고 사회과학적 논리가 학자의 종합적 사고체계 내에 깃들었던 때였다.

그런데, 그때부터, 정확히는 1900년대 초반부터 서서히 문·사·철이 분리되기 시작했다. 신소설의 작가들과 육당 최남선, 춘원이광수가 문학을 분리해서 독자 영토를 구축했다. 문학의 독립이 가장 활발하게 진행된 것은 제국 일본이 문학을 상대적으로 관용했

학문 후진성에 대한 지성사적 고찰

기 때문이기도 하지만, 제국 일본도 문학과 언어의 근대화가 늦어서 본격적인 식민정책에서 언어를 약간 열외로 취급한 탓도 있었을 것이다. 이 시기에 최초로 사회과학이 움을 틔우기 시작했다. 일본 유학에서 돌아온 지식인들이 중심이었는데, 문일평을 필두로 양기탁, 현상윤, 안재홍, 안확, 조소앙 등 초기 사회과학자들의 글이 선을 보였다. 일본에서 배운 것, 더러는 영국과 미국에서 배운 것을 실험하는 수준에 그쳤지만, 종합적 지식에서 분석적 지식을 떼어내 사회과학의 영토를 구축하려 했다는 데 의의가 있다. 사회과학의 이식 과정이 시작된 것이다. 사회과학이 이식되던 식민지 시기를 일관해서 지성계를 주도했던 것은 여전히 역사와 문학이었다. 시대적 고뇌, 독립의 정신적 기반이 주로 역사와 문학에서 만들어졌는데, 초보적 상태에 머물러 있었던 사회과학은 지성계의 변두리에서 보조적 역할을 하는 데 만족해야 했다. 문인과 역사가가 식민지 시기 주요 논객으로 활동하는 동안 신생 학문의 기반을 만드는 데 몰입해야 했던 사회과학자들은 논쟁과 담론을 주도할 여력이 없었다. 이런 상태는 해방 이후에도 지속되어 문사철의 주도권은 1950년대를 거쳐 1960년대까지 유지되었다. 1952년에 창간되어 1970년까지 지속된《사상계》는 인문사회과학 종합지였고,《세대》,《다리》지도 마찬가지였다. 1966년에 창간된《창작과 비평》, 1970년에 창간된《문학과 지성》도 여전히 문학을 필두로 하는 종합학문지였다.

그런데, 1960년대 말에 이르러 인문주의와 사회과학의 분화가 보다 활발해졌고, 급기야 박정희의 유신과 함께 '사회과학의 시대'

가 열렸다. 아니 당시의 정치적, 경제적 상황이 본격적인 사회과학을 요청했다고 하는 편이 옳을 것이다. 산업화와 대중 동원의 시대는 사회과학을 필요로 하기 마련이다. 산업화에 던져진 사회는 오랫동안 지성계를 관할했던 역사와 문학이 감당할 수 없는 속도와 질량으로 내달았다. 대한제국기 이후 한국지성계를 끌어왔던 문학과 역사가 빠르게 분화하는 시대 앞에서 종합적 사유체계로서의 지위를 양도해야 할 시점에 이른 것이다. 1970년대는 그렇게 시작되었다. 역사와 문학이 본연의 영역으로 축소된 그 빈자리에 시대진단과 처방으로서의 담론과 학문체계가 요청되었다. 한국지성사에서 최초로 '본격적 사회과학의 시대'가 열렸다고 말한 이유이다. 권위주의의 억압적 본질과 통치정당성의 문제를 따지고, 현실과 이상과의 괴리를 측정하고, 산업화에 의해 사회질서가 얼마나 급박하게 재편되는가를 분석하고, 도시화가 인간적 가치를 어떻게 황폐화하고 있는지를 고발하기 위해 주관과 감성의 언어가 아닌 객관적 논리와 이론체계를 필요로 했던 것이다. 역사학과 문학도 이런 시대적 요청과 사회과학적 문제의식에 부응했다. 김지하가 사회과학적 문제의식을 냉소적 시어로 형상화하고, 황석영과 신경림이 실천 개념을 앞세운 민중문학의 전위에 섰던 것은 사회과학 시대의 개막에 대한 문학적 반응이었다.

사회과학의 시대가 열리기는 했지만, 1970년대의 지성사적 중추신경이 무엇인지, 시대정신과 사상의 요체가 무엇인지를 가늠하기가 어려웠다. 노동, 착취, 성장, 도시화, 인구집중, 농촌피폐, 저발전 등의 새로운 현상과 개념들이 출현했는데, 사회학자들은 종속이론 또는 마르크스주의에서, 혹은 발전론과 근대화론에서 그 해결의 지혜를 구하고자 했다. 자유주의이론을 배웠지만 그것의 부르주아적 성격 때문에 섣불리 자유주의자임을 자처하지는 못했고, 민족주의이론의 중요성을 터득했지만 북한의 존재에 논리가 자주 막혔다. 혁명론은 매혹적이었지만 그것에 헌신하려면 사찰기관의 잔혹함을 감당할 용기를 갖추거나 아예 인생을 저당 잡힐 각오를 해야 했다. 사회과학의 시대는 열렸는데 그것을 채울 만한 논리와 이론은 마땅치 않았으며, 학문적 정신세계는 서슬 퍼런 권력에 비해 현저하게 초라해졌다. 사회과학적 쟁점이 쏟아졌으나 이론적 자원이 결핍되었던 시대에 사회과학은 이 집 저 집을 기웃거리기가 예사였다. 정신적 고아란 바로 이런 상태를 뜻한다. 발전론과 변동론이 유행했고, 방법론과 인식론을 마치 교본처럼 간직했다. 그것이 싫으면 종속이론에 망명했고 마르크스주의를 흠모했다. 한국적 학문 전통에 대한 진지한 모색이 없었던 것은 아닌데, '본격적 사회이론'을 요구하는 '본격적인 사회과학의 시대'를 감당하기 어려웠다. 사회학자들이 한편으로는 토착화의 필요성을 주장하면서도 서양이론으로 달려 나가지 않을 수 없었던 배경이다.[9] 베버, 마르크스Karl Heinrich Marx(1818~1883), 뒤르케임Émile Durkheim(1858~1917)의 이론을 도입해 사회사, 구조사, 사회 문제, 도시와 인구, 범죄, 개발 등등의 쟁점을 조명했지만 서양 방법론의 적용과 소재주의의 한계를 벗어나지는 못했다. 인문주의와 결별하면서 사회과학 시대를 출범시켰던 이 정신적 고아세대가 한국 사회학의 성장을 위한 토양 닦기에 그다지 성공하지 못한 것은 쟁점의 과잉에 비해 이론적 자원의 부족과 시적 유산의 결핍 때문이었다.

변혁의 시대와 사회구성체론

1970년대 세대의 사회학적 연구를 뒷받침해 주던 지적 유산이 전혀 없었던 것은 아니다. 해방 이후 30년간의 사회학적 성과를 검토한 논문에서 최재석은 1950년대를 사회학의 준비기, 1960년대와 1970년대를 발전기로 분류하고 학자들의 숫적 팽창, 학술지와 저널의 발행, 학회의 설립과 활동, 각 세부 전공의 질적 발전 등을 일일이 점검했다. 이 논문이 쓰인 때가 1975년이었으므로, 1960년대 이후를 발전기로 파악한 것은 당연한 일이었는지 모른다. 실지로 사회학의 발전을 입증할 만한 연구 성과도 그 이전에 비하면 현저하게 늘어났다. 특히 1961년 산업화가 시작된 이후 한국 사회의 가장 중대한 문제로 대두되었던 농촌해체와 인구이동, 계층분화, 가족구조의 변화 등에 대한 연구는 그런대로 활발하게 진행되기도 했다. 동시에, 근대화론에 의거한 근대성 탐구와 경제 성장과 관련된 발전론적 연구가 1970년대 사회학의 주류를 이루었던 것은 사실이다.[10]

그러나 2012년 현재의 시점에서 돌이켜보면, 당대의 사회학은 앞에서 서술한 바와 같이 쏟아지는 시대적 과제를 감당하기에는 역부족이었으며, 특히 억압적 권력에 의해 굴절되거나 파행일로

에 있었던 시민 사회의 비정상적 진화과정을 수정하는 지적 각성
제로서의 역할을 충실히 수행하지는 못했다. 그도 그럴 것이 사회
학과를 설립한 대학이 전국 십여 곳에 지나지 않았고, 사회학자도
소규모에 불과했다. 불과 이백여 명도 안 되는 사회학자들이 압축
성장을 거듭하는 한국 사회의 거시적, 미시적 현상을 분석하기에
는 연구역량이 모자랐으며, 앞에서 지적했듯 이론적 자원도 전적
으로 수입에 의존해야 하는 실정이었다. 사회학자들은 각자의 전
공 영역에서의 쟁점들을 분석하면서도 구조기능론, 갈등론, 상징
적 상호작용론, 민속지적 방법론 등 서양에서 발전시키고 있던 이
론적 전망과 논리를 습득해야 했다. 사정이 그러했던 만큼, 최재
석은 다음과 같은 비판으로 논문을 끝맺었다. "여기서 마지막으로
한국의 사회학이 하나의 경험과학으로서 보다 체계적이고 과학적
인 것으로 되기 위해서는 연구대상의 중요도와 방법론적 문제까
지 동시에 고려되어야 되겠지만 ⋯⋯반성의 여지가 많다고 하겠
다. ⋯⋯ 학회가 발족한 이래 1975년 말께 연구대회가 30회, 학술
토론회가 10회나 개최되었으나 많은 경우 특히 학술토론회는 거
의 전부 타의로 논문 발표자 아닌 사람 가운데서 동원되어 그 결
과도 구두발표로 그치는 형편이었다. 이러한 경향은 하루빨리 시
정되어야겠다."[11] 말하자면 사회학 연구의 영세성과 연구 수준의
후진성을 토로한 것이다.

　김경동의 통계적 연구에 의하면 1960년대에는 총 236편의 논문
과 저술이 발행되었고, 1970년대에는 720편으로 늘어났다.[12] 전공
분야도 현대사회학이라는 명칭에 걸맞을 정도로 팽창해서 1950년

대 준비기에는 전혀 관심을 끌지 못했던 주제들인 청소년, 노인, 복지, 여성 문제까지 연구가 이뤄지기는 했다. 1960년대 사회학의 주요 관심사가 인구, 가족, 농촌이었던 것이 1970년대에 들면서 근대화, 산업, 노동, 도시, 변동 등으로 확대되고 있는 모습이 관찰되기도 한다. 그러나 본격적인 사회과학의 시대를 이끌었던 시대정신은 무엇이었던가? '1970년대 세대'[13]는 강성 권위주의 정권의 산업화 프로젝트와 그 사회적 결과를 어떻게 사회학의 연구지평에 끌어들이고 용해해야 하는지에 대해 뚜렷한 비전을 제시하지 못했다. 비판적 사고가 사회학자들의 인식을 사로잡았지만, 정권과 충돌하는 어떤 언명도 할 수 없는 정치적 상황이 그들의 문제의식에 재갈을 물렸다. '고유한 이론적 자원의 결핍'과 '정치적 억압'은 식민지 시기 근대문학의 정상적 발육을 저해했던 요인들과 닮아 있었다. 임화가 '이식문화론'을 주장할 수밖에 없었던 상황과 1970년대 사회과학자들이 마주친 상황은 동형구조였다.

임화는 1930년대 중반에 쓴 《신문학사》에서 조선의 근대문학이 제대로 발육되지 못한 이유를 개화기 이전 전근대문학의 빈곤과 문학적 전통의 단절에서 찾았으며, 그런 까닭에 식민지 시기에 겨우 발아한 근대문학은 일본에서 이식된 문학의 영향을 다분히 받았음을 토로했다. '조선의 근대문학은 일본문학이다'는 이 간결한 명제가 그의 '악명 높은' 이식문학론인데, 국문학의 연속적 발전 과정을 연구해 왔던 학자들로터 혹독한 비난을 감수해야 했다. 그러나 임화가 원래 의도했던 바는 개화기 이전의 전근대문학에서 근대적 요소를 발굴하고 일제 강점에 의해 단절된 전통을 복원해서 근대문학의 기반을 새롭게 정립해야 할 시대적 과제를 강조하기 위함이었다.[14] 임화는 이식문화론을 말하지 않을 수 없는 이유를 이렇게 말한다.[15]

갑오 이후 근대에 우리 문화가 조선으로 회귀한 데에서보다 더 많이 세계를 향한 전개과정에 영향받고 전혀 모방문화, 이식문화를 만든 데 그쳤음은 무슨 까닭인가? 그것은 일반으로 후진국의 근대화의 당연한 운동이라 할 수 있으나 그 중에서도 조선의 특수한 점은 자주의 정신이 정치적으로만 아니라 문화적으로도 새 문화 형성에 이렇다 할 영향을 남기지 못한 데에 있다. …… 국제관계의 영향과 타력에 의하여 자주화의 길을 걸은 조선의 신세력이 신문화를 고유문화의 개조와 그 유산 위에다 건설하느니보다 더 많이 모방과 이식에 의하여 건설했음은 당연한 일이다.

구문학이 풍부했다면, 그리고 자주 토착 세력이 근대로의 이행과정을 주체적으로 관리했다면 신문학이 자연스럽게 태어나고 이를 자양분으로 자생적 시민세력이 근대문학을 건설했으리라는 것인데, 조선에는 이 모든 필수적 요소들이 결핍되어 있었다는 것이 이식문화론의 요체다. 따라서 이식문화론은 이 결핍요인을 지적하고 그것을 채우는 것, 다시 말해 시민세력의 배양, 단절된 전통의 발굴, 억압되고 잠재된 문학적 자원의 복원을 근대문학의 절박한 과제로 정립하고자 했던 것이다.

이런 관점에서 1970년대 초반 제기된 '한국 사회과학의 토착화'

논쟁은 임화의 '이식문화론'의 1970년대식 재현이었으며 1970년대식 주체성 찾기였다. 시민세력의 결핍, 시민사회의 저발전, 여기에 이론적 자원의 결핍과 외래이론의 수입을 특징으로 했던 1970년대 사회과학의 실정에서 학자들은 임화의 그 '악명 높은' 그러나 부정할 수 없는 질문에 당면하지 않을 수 없었다. 외국이론의 지배하에서 1970년대 사회과학자들은 내내 이 질문과 씨름했다. 그러나 출구는 잘 보이지 않았다. 문학과 역사에 비하면 의존할 만한 지적 유산은 빈약했고, 외국이론은 낯설고 한국 실정을 비껴 갔다. 외국이론은 고도로 세련되었으나 절박성이 없었다. 그런데 권위주의 정권이 빚어 낸 정치적 현실과 국가주도 산업화의 사회적 결과에 대해 구조기능주의론을 갖다 대는 것이 얼마나 어색한 것인가를 알면서도 달리 가용한 이론자원이 없었다. 1900년대 초반 이후 식민지 시기까지 선을 보인 초보적 사회학으로는 개발독재로 일컬어졌던 1970년대의 사회 변동을 설명할 수 없었으며, 그렇다고 겨우 출발 단계에 있었던 1950년대와 1960년대의 연구 성과에서 압축성장이 초래한 파행적 사회현상을 해명해 줄 수 있는 실마리를 찾기도 어려웠다. 1979년 정권의 종말이 갑작스럽게 찾아오자, 일단의 사회학자들은 '사회비판으로서의 사회학', '사회실천으로서의 사회학'으로 급회전을 모색했다. 주체성 찾기의 과격한 변형이었다. 그 이론적 급회전에는 종속이론과 발전론에의 의존을 탈피하고 한국 고유의 사회학을 정립하겠다는 임화 류의 의지가 깔려 있었다. 사회구성체론이 그것이다.

1979년과 1980년에 발생한 일련의 정치적 사태는 사회학을 혁명의 전위로 밀어냈다. 혁명전선에는 학생집단과 노동계급이 배치됐다. 1980년 광주민주화운동으로 인해 민주화 열망이 좌절되자 학생집단과 노동계급은 사회 변혁의 열기를 감싸고 있던 모든 관념론적 외피를 벗어던지고 변혁이론의 무기를 들고 현실세계로 뛰쳐나왔다. 외국이론의 방법론적 제한과 객관성이라는 질곡을 벗어던지자 홀가분해졌던 것이다. 독자적인 사회과학의 길이 보이는 듯했다. 이들은 외세에 대해 '민족'을, 독재에 대해 '민주'를, 독점적 지배계급에 대해 '민중'을 그 대안적 가치로 각각 설정했다. 민족, 민주, 민중의 이른바 삼민주의가 마르크스의 계급론 및 혁명론과 결합하면서 출현한 것이 바로 사회구성체론이다. 마치 50년 전 임화가 카프KAPF(조선프롤레타리아예술가동맹)문학의 기수로 등장해서 문학을 혁명의 지적 창구로 밀고 나갔던 것과 같은 맥락이었다. 실천지향적 사회학자를 필두로 대부분의 사회학자들이 한국 사회 변혁론으로 주저 없이 몰려갔고, 고유한 혁명이론을 만들고자 하는 이론적 열정이 사회구성체론을 1980년대 지배적 패러다임으로 끌어올렸다.

정치민주화에의 요구, 경제적 종속성의 탈피, 그리고 지배계급에 대한 사회적 저항의식의 고조가 1980년대 한국 사회의 변혁열망을 특징짓는 면모라고 할 때, 사회구성체론은 변혁 세력과 긴밀한 관계를 맺으면서 사회적 저항을 일관된 이론의 영역으로 끌어들인 학문적 시도의 결집이었다. 이는 사회과학 영역에서 패러다임의 급격한 변환을 야기하면서 기존의 인식 틀과 학문 태도에 근본적 반성을 요구했다. 현실 변혁에 대한 실천적 긴장을 강조하면서 사회구성체론은 내면 세계의 주체적 성찰을 끌어내기 위한 이데올로기적 충격요법을 구사했다고 할 것이다. 이와 함께 시대정신의 지향과 형식도 급격하게 변화했다. '고유이론'과 '변혁실천'이라는 두 가지 명제에 반기를 든 학자들도 더러 있었으나 혁명으로 방향을 튼 사회학의 흐름을 막지 못했다. 사회구성체론의 시대, 변혁지향의 사회학 시대가 개막되었다.[16]

사회구성체론의 기본 시각은 마르크스의 계급론과 혁명론이다. 계급론을 한국 산업화의 결과에 대입해 자본과 노동의 모순적 관계를 규명하고, 이를 토대로 혁명적 역량을 분출할 노동계급의 역사적 당위성을 강조함으로써 변혁주체를 호명하는 것이다. 1980년대 전반을 통해 대단히 복잡한 양상으로 분화된 사회구성체론의 이론적 구조는 단순했다. 하부구조·상부구조의 본질-양자의 결합에 의한 모순구조-변혁전략이라는 세 개의 요인으로 이뤄져 있는데, 하부구조가 무엇인가에 따라 '자본주의' 대 '식민지 경제'로 분파되어 국가독점자본주의론, 식민지반봉건사회론 등의 거창한 명칭이 부여됐다. 상하부구조의 본질적 차이로부터 기본모순과 변혁전술이 달리 도출되고 따라서 혁명의 주력군이 각각 호명되는 것이다. 예를 들면,[17]

신식국독자에서의 기본 모순은 계급모순이며(노자모순), 주요 모순은 제국주의와 파시즘 및 민중 간의 모순이다. 변혁의 주적이 제국주의와 파시즘이며 동력은 민중이다. NLPDR(민족해방민중민주혁명)은 PDR(민중민주혁명)이라는 이행 형태의 보편성이 민족해방이라는 과제의 특수성 속에서 관철되는 변혁 유형이라 할 수 있거니와, 신식국독자에서의 변혁의 전략 과제는 반제·반독점이 된다. 제국주의의 지배가 내재화된 상황에서 반제 과제와 반독점 과제는 서로 분리될 수 없다. 그리고 이러한 전략 과제의 실현을 위한 전술 방침은 반제·반파쇼가 된다.

이런 식이다. 일인당 국민소득이 일천 달러(1979)에서 사천 달러(1987)로 급성장했던 그 시대는 한국이 중진국으로 한창 발돋움하던 기간이었는데, 독재정권과 경제성장의 결합이 미국 헤게모니 내에서 허용되었다는 관점을 내세워 한국경제를 식민지종속 상태로 규정하고 그것을 뒤엎는 반제국주의적 혁명을 실천의 궁극적 목표로 설정했던 것이다. 이것이 이른바 실천적 주체성이었다. 고유이론과 혁명이론의 두 가지 과제를 동시에 충족시켜야 한다는 시대적 절박감이 낳은 결과였다.

그런데 이론과 실천 간의 긴밀한 결합을 겨냥했던 사회구성체론은 결과적으로는 규범론적, 목적론적 사고를 강화하는 경향으로 흘러 학문과 현실 간의 괴리를 확대시키는 원하지 않았던 비판에 직면해야 했다. 이론과 현실 사이의 격차를 좁히려는 애초의 의도와는 달리 현실세계의 역동적 작용양상을 제대로 담아 내지 못한 원인은 바로 사회구성체론의 이론적 성격에서 찾을 수 있다. 사회구성체론은 계급적 당파성을 기본전제로 하기 때문에 규범론적이며, 변혁의 방향과 단계를 설정하고 있는 만큼 목적론적이다. 역사적으로 나타난 모든 유형의 진보주의 이념에 공통적 요인으로 발견되는 속성이기도 한 규범론적, 목적론적 성격은 그러나 사회구성체론에 과학적 객관성을 담보해주기보다는 단지 저항운동의 이데올로기적 성격을 심화시키는 역할을 했다. 이런 성격은 사회구성체론의 계급론적 분석에 여실히 나타난다. 계급구조의 획정 및 범주화에 경도된 나머지 현실정치에 영향을 미치거나 영향을 받는 실제적 계급 형성과 계급연대의 문제는 도외시된다. 그리하여 이론적으로 재단된 계급의 제범주와 이데올로기 간 기계론적 대응관계를 상정했다. 말하자면 현실을 이론에 뜯어맞추는 식의 범주화를 행하고 있다는 의미이다. 다음의 인용문이 그렇다.[18]

혁명의 주력군이라 할 수 있는 무산근로농민은 ……생산수단과 생산자의 미분리라는 생산조건으로부터 소부르주아지적 속성 또한 내포하고 있기에 프로레타리아트의 지도 없이는 끝까지 혁명을 추진해 나갈 수 없는 계급이다. …… 중소농까지 포함해 대다수 근로 농민(그들은 아직 1000만을 헤아린다)은 그 혁명성이 인정되면서도 반드시 프로레타리아트의 지도를 필요로 하는 프로레타리아트의 '동맹군'이라고 하는 것이 어울릴 것이다.

농민과 노동자를 혁명의 동맹군으로 호명하는 식의 관점이 사회구성체론의 줄기와 가지를 형성했고, 혁명대열에 동참하려는 대중적 의지가 전문학술지와 대중문화지를 통해 분출되었다. 1980년대에 발행된 저널들은 억눌려 있었던 시민 사회 내부에 이데올로기적 참호를 만들었는데, 민중·민주·민족이라는 삼민주의적 가치가 이념적 당파성과 결합하면서 각양각색의 변형물을 쏟아냈다. 본격적인 노동자소설이 처음 선을 보인 것도 이때였으며, 변혁세대의 세대원들은 위치한 현장마다 다른 목소리를 냈다. 예를 들면 이렇다.

우리는 오늘의 내외적 상황이 민족의 자주적 진로를 제약하고 민주의 인간다운 삶을 위협한다는 점에서 민족적 위기의 상황이라고 진단한 바 있다. 이 같은 인식 하에서 우리는 민중들의 절박한 현장에 서서 ······민족운동의 전망을 제시하려 한다[19]

우리는 문화 예술의 각 부문에서 현재 광범위하게 형성되어 있는 변혁운동의 전선, 즉 우리 민중이 적대세력과 마주하고 있는 이데올로기·문화전선에 철저히 민주의 편에 서서 복무해야 한다. ······ 철저히 민중적 당파성을 관철시키되, 우리 시대가 요구하는 전선적 사고의 기본 내용인 '단결과 투쟁'의 원리를 지켜 나갈 것.[20]

민주, 자주, 통일의 상호관계에 대해서는 아직껏 정파마다 해석이 다르고 그 어느 해석도 대중적 호소력이 뚜렷하지 못하다. 그런 점에서 여전히 '나열식'이요, 절충주의라는 비판을 면키 어려운 상태다.[21]

그러나 사회구성체론의 변혁 열기는 1987년 6월 권위주의 정권의 정치적 양보와 1989년 구소련의 붕괴로 급격히 시들기 시작했다. 정치권이 1987년 주도한 민주화 이행은 사회구성체론의 실천 전략의 뇌관을 약화시켰으며, 1989년 촉발된 사회주의권의 붕괴는 혁명의 도달점에 대한 소멸을 의미했다. 환상의 급격한 냉각이 일어난 것이다. 각계각층에 혁명전사들을 배출하는 이론적 지주였던 사회구성체론은 학문공동체 내에서 지배적 패러다임의 지위를 내놓아야 했다. 학문의 혁명도구화를 통해 고유이론을 창안하고 이론과 실천의 결합을 꾀하고자 했던 1980년대 변혁패러다임이 무너지는 데에는 그다지 많은 시간이 소요되지 않았다. 시대정신은 '민주화'로 이행하고 있었으며, 혁명세대는 시민사회 내의 이념적 진지를 포기하고 다시 아카데미아로 돌아와야 했다. 문화세대, 혹은 탐닉세대로 불리는 신세대가 그들의 개성과 취향을 사회학적 상상력의 공간에 쏟아 부을 태세를 갖추기 시작했던 것이다. 이념의 광장으로 나간 사회학은 대중과 호흡하면서 인기절정의 시대를 구가했으나 1990년대 문화소비의 시대로 전환하면서 대중의 시야에서 멀어져야 했다. 현실을 이념으로 재단하고 가치개입적 분석을 학문의 가장 중요한 기준으로 강요하면서 이른바 '이념의 시대'를 주도했던 대가는 쓰라렸다. 사회학에 대한 대중적 관심의 급격한 쇠퇴가 그것이다.

문화, 시민사회, 네트워크

고유이론을 만들겠다는 사회학자들의 시도는 불행히도 무위로 끝났다. 사회구성체론은 마르크스이론의 한국적 변용으로서 매우 거칠고 도식적인 개념과 논리의 합성물이었다. 논리와 개념을 잇대는 과정에서 실체와는 다른 현실이 주조되었고 본질과 멀리 떨어진 민중, 민족, 민주가 설정되었다. 환상의 냉각은 이론을 만드는 데 들었던 시간보다 더 빨리 일어났다. 현실의 국가는 이론 속에서 쉽게 전복되었던 개념적 국가보다 훨씬 강했고, 현실정치는 사회구성체론이 지시했던 것보다 더 복합적이고 미묘한 자율성을 갖고 있었다. 민주화 이행이 시작되자 민중은 이론적 기대와는 달리 혁명적 면모를 전혀 띠지 않았고, 대중은 어떤 계몽도 거부하는 전혀 몽매하지 않은 실체였다. 혁명론의 중심을 차지했던 국가론과 계급론이 쇠퇴하고 대신 시민사회론이 부상했다. 국가와 지배계급에 억눌려 있었던 시민사회가 꿈틀거리면서 범상치 않은 변동의 힘을 분출하는 듯 보였기 때문이었다. '혁명'에서 '시민운동'으로 사회학적 관심이 서서히 이동했다.[22]

1990년대 초반에 발생했던 이 사회학적 관심의 전환에는 두 가지 정서가 엇갈렸다. 혁명론의 포기 이후에 찾아온 극심한 허무주의가 하나였고, 시민 사회 내부에서 발견한 진보의 희망이 다른 하나였다. 무너진 혁명에의 꿈을 '진보'에 대입시킨 것이다. 전자는 광장에서 밀실로의 후퇴를 의미했는데 대중을 등진 사회학자들이 우선 마주친 것은 개인의 문제였다. 그것은 거대담론에 몰입했던 한국의 사회학자들에게는 매우 낯선 존재였다. 소설가 박상우가 90년대 초기 작품《샤갈의 마을에 내리는 눈》에서 리얼하게 묘사했듯이 열정이 식은 광장에서 물러난 80년대 세대는 우선 극심한 허무주의와 싸워야 했다. 사회주의권의 전면 붕괴 앞에 그들은 정체성 위기를 앓았다. 마침 세계체제론의 창시자였던 월러스

틴Immanuel Wallerstein이 사회주의의 붕괴를 예상하지 못한 것을 두고 '세계 사회과학의 실패'를 자책한 때였으므로 한국 사회학자들의 좌절감은 변혁론의 쇠퇴와 더불어 증폭되었다.[23] 박상우는 1990년대 초의 이런 정서를 작품으로 대변했다. 풍경은 이렇다.

혁명전사들의 실어증은 '샤갈의 마을'에서 비롯된다. 해가 바뀌는 겨울에 폭설이 내린다. 폭설을 빙자해 옛 동지들이 만난다. 얘기가 정치 쪽으로 기울지만 일종의 무기력증이 느껴진다. 무슨 주의와 이론에 열을 올렸던 지난날의 정황, 청춘을 삼켜 버린 그 광기가 몸서리쳐진다. 절절 끓어오르던 외침을 억제하고 통제하는 힘의 정체를 그들은 잘 모른다. 갑자기 엄습하는 단절감의 유래도, 옛 동지들과 나누던 연대의 끈끈한 감정이 낯설게 다가오는 이유도 모른다. 폭설을 핑계로 모인 그들의 말은 발설되지 않고 각자의 내면으로 삼켜진다.[24]

어제까지 어깨를 곁고 걷던 길이 오늘 갑자기 낯설게 느껴지는 이유를 우리는 생각하지 않을 수 없었고, 아무런 거리감도 느끼지 못하던 사람들에게서 어느 날 갑자기 숨막히는 단절감을 느껴야 하는 이유를 또한 생각하지 않을 수 없었다. 이미 잃어버린 것과 앞으로 잃어버릴 것, 그리고 다가오는 것과 멀어져 가는 것 그런 것들 속에 우리들이 던져져 있었기 때문이다. …… 이제 내 가슴에 남겨진 건 극단적인 허무뿐이고, 그리고 그 허무 속에서 끝끝내 되찾고 싶은 건 인간적인 낭만뿐이야. 그리고 나머지 아무 것도 없어……

그리곤 자신의 방으로 돌아온다. 그 방에는 80년대 그렇게 냉소해 마지않았던 부르주아의 전형적 표상인 샤갈의 몽환적 그림이 걸려 있다. 문화! 개인으로 귀환한 사회학자들을 위로한 것은 문화였다. 문화는 개인적 취향이기도 하고 집단적 자산이기도 했다. 개인이 자신만의 둥지를 틀 수 있으면서도 집단과의 접속을 가능하게 하는 무형, 유형의 자산이 그 곳에 있었다. 사회학자들은 허무주의의 텅 빈 공간을 채울 수 있는 빛나는 소재들이 문화적 취향이라는 광산에 묻혀 있음을 발견했고, 대중과 민중이라는 텅빈 기표에서 기의를 찾아낼 수 있음을 알아차렸다. 마침 풍요의 시대를 맞아 새로운 세대가 태어나고 있었다. 이른바 '탐닉세대'로 불리는 일인당 국민소득 일만 달러 시대의 소비세대가 문화 변동을 주도할 태세를 갖추고 있었으므로 문화로의 탐색이 곧 사회학의 주요 패러다임으로 등장했다. 미국에서 1950년대 말 《이데올로기의 종언》을 선언한 다니엘 벨Damiel Bell이 1960년대 말에 접어들자 《자본주의의 문화적 모순》을 미국 사회의 변동의 핵으로 지목한 것과 일종의 동형구조였다.[25]

문화는 국가론과 계급론에서 가려진 주제이자, 1960년대에 이미 그 효용성이 소진된 쟁점이었는데 1990년대 '시장과 개인의 시대'를 맞이해 다시금 세계학계의 각광을 받게 되었다. "문화 다시 불러오기Bringing the Culture back In"가 "국가 다시 불러오기Bringing the State back In"를 대체해 사회학 전반에 확산되어 나갔다. 성 문제sexuality, 젠더gender, 가족, 소비, 취향, 생활양식과 같은 미시적 쟁점에서 동아시아 문화, 유교 문화, 이슬람 문화, 종교 같은 거시적 쟁점이 논의의 중심에 자리 잡았다. 이런 관심의 추세는 세계 사회학계의 관심 이동과 밀접히 연관되어 있음을 부인하기 어렵다. 세계 사회학계도 냉전시대가 끝난 이후 자본주의와 사회주의의 대결 대신 문명패러다임으로 옮겨가는 징후가 뚜렷했고, 국가를 대신해 종교와 인종이 세계 변동의 주요 변수로 떠올랐기 때문이었다. 헌팅턴Samuel Huntington(1927~2008)의《문명의 충돌》, 해리슨과 헌팅턴 편저의《문화가 문제다》가 잇달아 출간되어 개인과 집단의 의식구조, 취향, 생활세계의 정서, 가치관 등 연성 요인soft elements들이 연구의 주요 관심사로 부상했다.[26]

국가와 계급을 버린 사회학자들이 민주화의 출범을 계기로 관심을 이동한 다른 하나의 대상은 시민 사회와 시민 사회운동이었다.[27] 권위주의 정치와 국가 주도 산업화에서 동원의 객체였던 시민 사회는 경제 성장과 더불어 변동의 주도권을 이양받을 정도로 성숙해 있었다. 중산층 사회가 논의되기 시작했고, 노동계급 대신 시민층이 민주화의 실행주체가 되어야 한다는 논의가 확산되었다. 국가와 시민 사회의 이분법에 정치 사회political society라는 매개항이 첨가되고 시민 사회의 역량을 한층 고양시킬 행동주체로서 '시민 사회운동'이 정치 사회의 중심에 자리잡았다. 1993년 민선정부의 출범은 한국에서 시민운동의 시대를 알리는 신호였다. 1980년대 변혁운동에 헌신했던 학생운동 세력과 재야 세력이 시민사회의 각 영역으로 뛰어들면서 민주화의 의제설정자agenda setter로 변신했으며 더러는 정치권과의 긴밀한 네트워크를 형성해 민주화 실행프로그램을 주도해 나갔다. 시민 사회의 부상은 노동운동의 중심성을 시민운동으로 전환시키는 계기였고, 민주화 이행과 공고화 단계에서 해결해야 할 정치적, 사회적 과제에 '시민적 권리'를 부각시키는 원동력이었다. 시민권citizenship은 민주화시대에 변혁의 다른 이름이었다.

시민권 개념은 민주화시대에 사회학적 의제를 담는 큰 그릇이었다. 환경, 여성, 성평등, 물가, 소비자 권리, 기업개혁, 조세개혁, 이익분쟁, 평화, 군축, 소수자 권리 등 권위주의에 억눌려 있었던 시민적 의제들과 쟁점들이 공론장에 던져져 활발히 논의되었다. 그중 정치적 비중을 갖는 쟁점들은 곧장 사회운동으로 연결되기도 했고, 대선과 총선의 향방을 가름하는 전국적인 이슈로 발전하기도 했다. 사회학자들의 수도 증가해서 각자의 전공 영역에서 중범위적, 미시적 관심사와 쟁점을 한층 세련된 방법론으로 분석했다. 거대담론의 중심 개념인 이데올로기가 시민들의 가치관으로 대체되었으며, 근대성과 탈근대성, 물질주의와 탈물질주의 가치관이 국가별로 비교분석의 대상으로 떠올랐다. 가치관을 둘러싸고 진보와 보수 간의 이념논쟁이 촉발되었고, 여기에 다시 '좌절된 혁명'에 대한 향수가 덧붙여졌다.

사회학적 관심사의 이런 흐름은 중진국으로 발돋움한 한국경제와 사회적 변화에 대응하려는 학문적 긴장이 그 배경에 놓여 있지만, 미국 사회학계의 관심이동과도 밀접한 관계를 갖는다. 미국 사회학계는 시민들의 정치 참여가 하락하고 민주주의 활력이 쇠락하는 원인을 시민운동의 질적 변화에서 찾고자 했다. 공적 이익 증진에 헌신하는 시민운동의 성격이 전문가 집단으로 이루어진 주창단체advocacy groups로 변질됨에 따라 보편적 이익보다는 특수 이익이 대변되는 결과를 초래했다는 것이다. 그것을 스카치폴 Theda Skocpol은 민주주의의 후퇴diminished democracy로 진단했고, 이와 유사하게 시민운동에의 참여 열기가 식어 가는 사실에 주목해 퍼트남Robert David Putnam은 '혼자 볼링하기Bolling Alone'의 상징성을 우려했던 것이다.[28] 시민운동의 활성화 정도와 참여 양상은 곧 민주주의의 발전 수준을 가늠하는 측정자였다. 한국의 사회학자들도 시민운동과 민주주의의 관계를 다면적으로 분해해 민주주의 공고화 단계에서 반드시 점검해야 할 해결 과제를 학문적, 실천적 영역으로 수용했다.

문화와 시민운동이 결합한 쟁점이 사회적 자본social capital 개념이다. 제임스 콜James Coleman(1914~1991)이 처음으로 개념화하고 프랑스 사회학자 피에르 부르디외Pierre Bourdieu(1930~2002)가 발전시킨 사회적 자본론은 이후 민주주의의 발전 정도, 근대화의 성공 여부, 시민문화의 성숙을 측정하는 무형의 자산으로 각광을 받았다.[29] 사회적 자본은 인적 자본론에서 응용된 개념으로서 사회적 성원 간의 공식적 비공식적 관계로부터 사회발전의 가장 중요한 요인인 신뢰trust가 산출된다고 보는 이론이다.[30] 기존 사회학에서 관계relationship라고 표현한 서술적 개념이 사회적 자본론에서는 사회적 네트워크social network라는 분석적 개념으로 발전했다.

사회적 네트워크 개념의 출현은 한국 사회학이 활력을 되찾게 해준 역동적 계기가 되었음을 지적하지 않을 수 없다. 분석방법론과 이론은 대체로 앞에서 서술한 바와 같이 미국의 사회학자들이

학문 후진성에 대한 지성사적 고찰

개발한 것이지만, IT혁명을 기반으로 한 정보화 사회의 전형인 한국에서 그것은 인터넷 소통의 복합적 구조를 분석하고 사이버 공간의 소통 네트워크가 창출하는 신뢰와 불신의 소재 및 산출구조를 파악하는 데 가장 위력적인 패러다임으로 부상했다.[31]

향후 네트워크 분석과 젠더, 다문화 사회와 같은 소재들이 사회학의 주요 관심사로 부상할 전망이다. 그런데 한국 사회학자들에게 관심의 폭을 확장시켜 준 쟁점과 소재의 풍요함이 서양이론과 방법론을 차용해야 하는 불가피한 관행을 별로 문제시하지 않는 대범함을 선물했다는 사실을 여기서 지적해야 한다. 사회학의 서양 의존성을 탈피했다는 증거는 없다. 그러나 오늘날 한국의 사회학자들은 그 의존성의 탈피를 다른 방식으로 모색하고 있는 것처럼 보인다. '의존성은 주어진 것'으로 인정하면서 미시적 쟁점의 한국적 특성 찾기를 통해 출구를 뚫고자 하는 태도가 그것이다. 한국 사회에도 선진국들에 비해 더 선진적인 현상advanced phenomena들이 더러 발견되자 역으로 선진국 사회학자들의 관심을 끌게 되었다는 역전현상 때문이다. 사이버 공간의 가상커뮤니티가 그렇고, 소셜네트워크 서비스의 소통구조가 그렇다. 인터넷을 통한 정치적 참여political activism 열기에 서양 학자들이 경이로움을 표하고, 가상커뮤니티가 현실세계에 미치는 영향력 연구에서 한국은 세계표준이 될 정도가 되었다. 때로는 이 분야 전공학자들의 연구가 세계적인 주목을 받기도 한다. 세련된 자료와 정교한 분석방법론을 통한 한국적 미시 주체성의 탐색! 이것만으로도 벅찬 한국의 사회학자들에게 '사회과학의 서양 의존성'은 별로 관심거리가 아니다.

한국의 현실세계는 '의존성'을 얘기해야 하는 시점에서 어느덧 멀리 떨어져 나와 서양과의 통합성을 얘기하는 것이 더 친숙한 단계로 접어들었다. 학문적 의존성을 논의하기보다 '통합담론의 구축'을 말하는 것이 더 생산적이라고 생각하는 경향이 확산된 듯이 보인다.

아카데미아로의 복귀와 후진성의 탈피

한국에서 사회학의 전성시대는 갔다. 대중적 관심도 하락했으며, 학생들의 지원율도 줄었다. 사회학은 비판의식을 필요로 하는 사회적 발전 단계에서 수요가 급증하는 경향이 있는 반면, '비판'보다 '적응'이 요구되는 발전 단계에서는 보다 더 전문성을 띤 학문 영역이 각광을 받게 마련이다. 사회학을 여행객들이 모였다가 흩어지는 공항의 로비로 비유한다면, 사회과학의 다른 영역들, 경제학을 위시해 인류학, 복지학, 심리학, 법학은 특정 목적지로 향하는 게이트라고 할 것이다. 저항의 시대에는 많은 여행객들이 로비에 모여 있었다. 어떤 게이트로 가야 할 것인가를 논의하고 공동담론을 만들어내기 위해서는 로비가 회합장소로서 최적이었다. 그러나 민주화가 시작되고 사회적 진로가 어느 정도 결정된 시점에서는 구체적인 항로, 즉 게이트로 나아가는 경향이 점점 짙어지는 것이다. 대중적 관점에서 사회학의 성쇠는 대체로 그렇게 결정된다. 사회학도 항로를 선택했다. 과거에 비해 현저하게 좁아진 길이나 연구 수준은 역으로 향상 일로에 있고 서양과의 담론 영역도 확장되었다고 해도 좋겠다.

인상적 판단이지만, 사회학은 억압적 정치체제하에서 움텄다가 민주화 이행기간에 대중적 관심이 증폭되고, 이후 민주화가 공고화되는 과정에서 대중적 관심은 서서히 감소하는 경향을 보인다고 할 수 있다. 이런 관찰을 뒷받침하는 뚜렷한 경험적 근거를 찾기는 어려우나, 1980년대 한국에서 사회학이 인기 절정이었다가 서서히 아카데미아 내부로 회귀하는 것, 일인당 국민소득 일만 달러 전후에 놓인 중진국들, 예를 들면 BRICs(브라질, 러시아, 인도, 차이나)에서 사회학이 각광받는 현상을 보면 대체로 수긍이 가는 말이다. 미국과 영국, 프랑스와 독일에서도 1960년대와 1970년대가 '사회학 전성시대'였는데 이후에는 점차 학문적 영향력이 쇠퇴했다고 한다면 '경제 성장의 수준'과 사회학은 어떤 함수관계를 갖는 듯이 보인다. '풍요로운 사회'로 가기 위한 사회비판적 논리체계를 만들어내는 데 사회학은 다른 학문 분과보다 월등한 장점이 있다고 한다면, '풍요로운 사회'에 도달한 이후에는 사회학의 인접 영역인 인류학, 심리학, 복지학 등으로 학문적 관심이 이동하는 모습이 일반적으로 나타난다. 미국 사회학 역시 1980년대까지 전성기를 누리다가 현재는 인종, 젠더, 성 문제, 커뮤니티 같은 소재들을 다루는 비교적 작은 영역으로 축소되었다.

이처럼 아카데미아로의 회귀, 대중적 인기 하락, 그러나 연구 주제의 확대 및 연구 수준의 심화가 2000년대 한국 사회학을 특징짓는 전반적 추세이다. 2008년 당시 사회학회에 등록된 사회학자는

1,200명, 단체회원 수도 120여 곳을 헤아리게 될 만큼 양적 팽창을 구가했음에 반해, 학문적 위상은 역으로 축소되었다는 것이 일반적 견해이다. 사회발전과 정치발전의 현안에 대한 어젠더 세터agenda setter로서의 역할을 상실하고 있다는 평가를 받고 있으며, 학부와 대학원에서도 학생 충원에 비상이 걸릴 만큼 후속세대의 재생산에 위기감이 확산되고 있는 중이다. 특히, 향후 진로 및 사회 진출과 관련된 실용성에 관한 질문에 제대로 응답하지 못하는 것이 위기 확산의 주요 원인으로 꼽히고 있다. 학문 후속세대의 재생산과 학생충원의 위기라는 현실적 문제가 커지고 있음에 반해,[32] 사회학의 연구 수준과 연구 경향은 한국 사회학을 괴롭혀 왔던 고질적 운명, 즉 '학문적 후진성'을 벗어날 수 있는 출구를 마련하고 있다는 점에서 낙관적이다. 대중적 관심에서 멀어지자 학문적 수준은 역으로 상승하는 역설이 성립되는 것이다. 미국과는 달리 사회학의 연구소재들도 매우 다양해서 문화소비와 취향, 시민운동, 환경, 인종, 민족, 정책, 인구, 가족과 출산, 인터넷, 사이버커뮤니티, 자살, 정치, 노동과 시장, 기업구조, 복지 등 한국의 중대한 사회 문제가 발생하고 있는 영역들을 활발하게 개척하고 있는 중이다.[33]

대중적 관심의 하락과 연구 수준의 향상이라는 이 엇갈리는 추세를 빚어낸 활차가 바로 '지식생산의 패러다임 변화'이다. 2000년대 초반 이래 도입된 대학평가와 교수업적 평가제도는 지식생산에 획기적인 변화를 몰고 왔다. 국제공인학술저널이 업적 평가의 최고 기준으로 설정되고, 국내 학술저널 역시 엄격한 심사기준이 적용되자 대중적 관심에 호소하거나 이념적 편향성을 재촉하는 주장 성향의 논문들은 자취를 감추게 되었다. 명확한 근거, 세련된 방법론, 조사자료, 이론적 적확성, 그리고 논리의 명증성이 지식 생산의 가장 중요한 준거로 설정되어 아카데미아의 내부 규준이 보다 엄격해졌다. 이런 기준에 입각한 교수 업적 심사가 교수 승진 여부에 거의 절대적인 영향을 미치자 사회변혁을 추구하는 일반론적, 추상적, 관념론적 거시담론이 시들고 점차 미시적, 실증적 연구로 몰입하는 경향이 두드러졌다. 조사자료와 방법론, 구체적 이론을 활용하는 논문의 생존율이 높아졌고, 이외에 문제의식과 자기 주장에 치우친 논문들은 점차 소멸되었다. 사회변혁론의 맥을 잇고자 하는 사회학자들의 모임인 '비판사회학회'가 발행하는 학술저널 《경제와 사회》에 게재된 지난 10년간 논문 추세를 분석해 보면 이런 경향이 확연히 드러난다. 2002년~2012년간 일반논문 268편 가운데 이론 및 문헌 연구가 절대 다수를 차지하고(150편, 56퍼센트), 조사자료 및 통계분석이 54편(21퍼센트)에 달할 정도다. 80년대만 하더라도 주로 이념적 편향성 논의에 집중했던 사회학자들이 통계분석과 조사자료를 활용하는 양적 방법론을 대거 도입해서 질적 방법론을 활용한 논문과 거의 같은 비중을 보이고 있으며, 이런 추세는 증가일로에 있다.[34]

그렇다면, 이 논문의 서두에서 제기한 질문, 한국 사회학은 후진성을 탈피하고 있는가에 답해야 할 시점이다. 대중적 관심의 퇴조, 아카데미아로의 복귀, 그리고 객관성과 수월성의 적용이 사회학 연구 수준과 경향에 어떤 영향을 미치고 있는가? 서두에서 제기한 '정신적 고아상태'를 면하고 있는가, 또는 시대정신이라고 할 거대담론과 개념을 앞장서 만들거나 거기에 응답할 학문적 능력을 갖추고는 있는가? 하는 질문들 말이다. 현재의 상황에서 명확한 답을 내리기는 어렵지만 인상적인 평가는 가능하다고 생각한다. 지난 10여 년간 진행된 지식 생산의 패러다임 변화에 평가의 근거가 어느 정도 내재되어 있다. 한마디로 말하면, 한국 사회학은 여전히 서양 사회학, 특히 미국 주도 사회학에의 이론적 의존성을 탈피하지 못했다.[35] 발신자와 수신자, 창안자와 응용자의 관계가 역전되지는 못했기 때문이다. 한국의 사회학은 이제 비로소 학문 발전의 기초역량이 갖춰지기 시작했다고 해도 과언이 아니다. 한국의 사회적 특성을 비교론적 관점에서 조명할 수 있게 되었으며, 한국적 사회 문제의 특수성을 보편적 차원으로 밀어 올려 논의하는 역량도 현저하게 향상됐다고 보는 편이다. 1970년대 이후 사회학자들이 그렇게 노력하고 시도했던 한국 사회의 고유이론을 만들지는 못했지만, 만들어 가는 과정에 있다고는 말할 수 있다.

한국 사회학의 보편성 문제, 또는 1970년대식으로 '토착화의 시도'가 이제는 그렇게 절박한 사회학적 관심이 아니게 된 이유는 대체로 두 가지로 볼 수 있다. 한국 사회가 특수적 상황에서 벗어나 보편성을 더욱 많이 띤 이른바 선진국형 사회로 진화했다는 사실이고, 다른 하나는 한국 문제에 외국이론을 확대 적용해도 그렇게 예외적 사례가 아니게 되었다는 점, 달리 말하면 선진국적 특성과의 공유 영역이 넓어졌다는 사실이다. 이 두 가지는 상호연관적이다. 경제 성장과 학문의 발전이 반드시 비례하는 것은 아닐 테지만, 그래도 긍정적 효과를 미친다는 점은 부인하기 어렵다. 앞에서 지적한 바, 한국의 경제적 성공은 한국 사회를 선진국형으로 끌어올리면서 사회학 역시 선진국과의 공동담론의 영역을 확장시키는 데 공헌했다. 선진국에 역수출하는 한국적 테제Korean Thesis와 한국형 이론은 없지만, 이식문화론의 운명적 딜레마에 절차부심하지도 않는다. 현대의 사회학자들에게 유증된 지적 유산이 풍요로운 것도 아니지만, 그것 때문에 사회학적 연구 의욕이 저하된다거나 방해받지도 않는다. 한국 고유의 것이라고 할 수 있는 미시적 주체성에 만족하지도 않지만, 거시적 주도권이 없다고 좌절하지도 않는다. 한국의 사회학은 그런 단계에 있다. 선진국과의 통합담론이 구축되기를 기다리면서 한국적 특수성에서 보편성의 파편을 탐색하는 그런 단계이다.

학문적 후진성은 사회적 후진성을 반영한다. 이러한 사정은 이공학과 인문학보다 특히 사회과학 영역에서 더욱 그렇다. 사회의 진화 단계, 발전 단계별로 고유한 사회 문제가 발생하고 거기에 문화적, 역사적 특수성이 개입된다. 선진국형 사회로 진입하면서 한국이 부딪는 사회 문제 내지 사회학적 주제들은 선진국과의 유사성이 증가하는 경향을 보이고 있으며, 여기에 외국이론을 적용할 때에도 별도의 유보사항을 심각하게 고려할 필요성이 역으로 적어짐을 느낀다는 것이 사회학자들의 일반적 지적이다. 또한 서양 사회학이 활용하는 방법론과 조사자료, 분석기법이 동일하게 적용되기에 한국 사회학이 선진국 사회학과 소통할 가능성은 늘어나게 마련이다. 최근 외국 저널에 게재되는 한국 학자들의 논문 수가 급증하고, 세계화의 추세를 타고 한국 사회에 대한 외국 학자들의 연구 관심이 늘어나는 것, 그에 따라 세계 학계가 주목하는 한국 관련 연구가 눈에 띄게 증가한 것은 이런 경향이 점차 현실화되고 있음을 입증한다. 한국의 사회학자들은 여전히 외국이론을 차용해서 한국 사회의 구조적 특성을 분석하고 사회현상의 내부에 존재하는 법칙들을 발견하는 데 주력한다. 그 과정에서 이론적 변용을 시도하고 고유이론을 만들어 낼 수 있는 실마리를 찾아내기도 한다.

1906년 신소설의 선구자인 이인직李人稙(1862~1916)이 사회학이란 신생학문을 소개했고, 1908년 장지연張志淵(1864~1921)이 군학群學이란 명칭으로 사회학을 얘기했고, 식민지 시기 독일 유학파인 김현준金賢準(1898~1950)이 《근대사회학》(1930)을, 미국 유학파인 한치준이 《사회학개론》(1933)을 선보인 이래, 제1세대 사회학자라고 할 수 있는 1950년대 학자들이 사회학의 기초를 깔았으며, 2세대에 속하는 1960년대 학자군들이 인구, 가족과 친족, 농촌, 산업화와 근대화, 도시화와 같은 개별 주제 연구로 나아갔던 것이 초기 사회학의 전반적 면모였다. 그러나 사회학을 발전시킬 지적 유산이 거의 없었고, 학문의 고유이론과 방법론을 모두 외국에 의존해야 하는 상황에서 개막된 1970년대 본격적인 사회과학의 시대에 한국 사회학은 정신적 고아에 다름 아니었다. 후진성은 주어진 운명이었다. 선진국에서 학위를 받고 돌아온 유학파와 국내 대학 학위 취득자들, 이제 1,200여 명으로 늘어난 한국의 사회학자들은 '사회변혁의 시대'와 '문화의 시대', 그리고 '시민사회의 시대'를 거쳐 경제발전과 정치발전, 그리고 사회적 삶의 질적 발전 과정에서 발생하는 현재적, 미래지향적 쟁점 분석과 씨름하고 있다. 한국 사회의 보편적 특성이 점차 증가하는 것, 사회학자들의 역량 제고 등에 힘입어 한국 사회학은 서양 사회학과의 격차를 좁히고 있으며, 연구 주제의 범위 확대와 연구 수준의 향상이라는 점진적 이지만 예정된 결과를 얻고 있다고 생각한다. "토착화 단계를 넘어서 새로운 이론이 창의적으로 형성될 수 있는 그런 사회과학"은 아직 아니며, '정신적 고아상태'를 면했다는 뜻도, 역사적 짐을 완전히 벗어던졌다는 뜻도 아니지만, 분산적 미시 주체성 가운데 보편이론과 고유이론의 원료들을 발견한다는 것은 그런대로 고무적인 풍경이다. 그렇다고 지식 생산의 제도와 아카데미아의 내부 관행이 낙관적 전망을 던지고 있는 것은 아니다. 이 연구에서는 다루지 못했지만 학문 생산의 제도적 결함, 학문공동체에 깊게 뿌리내려 있는 유유상종 관행과 업적평가의 느슨함, 출판과 저널 간행의 용이함, 비학문적 이념적 주장이 세를 얻는 학문시장의 편향성 등이 학문 후진성의 탈피를 방해하는 전통적 장애물임은 분명하다.

[1] 무디스Moody's와 스탠더드 앤드 푸어스Standard and Poor's가 세계 각국의 신용평가 등급을 매기는 행위, 거기에 적용되는 기준, 그 결과의 활용도는《타임스》의 학문평가 행위와 본질적으로 일치한다.

[2] A. Gerschenkron, *Economic Backwardness in Historical Perspective*, Boston: Belknap Press of Harvard University, 1962.

[3] Eric Hobsbaum, *Industry and Empire: The Birth of the Industrial Revolution*, New York: The New Press, 1968.

[4] 김경만, 〈세계수준의 한국사회학을 향하여: 과학사회학적 관점에서 본 몇 가지 제언〉,《한국사회학》, 35(2): 1~28, 2001. 이에 대해서는 후술할 예정이다.

[5] 외국 유학을 경험한 학자들이 느끼는 공통적 정서이겠지만, 동급생들이 미국 학문시장에서 대가로 발돋움하는 장면을 보는 것은 기쁘기도 하고, 서글프기도 하다. 미국 대학 서점가에 진열된 동급생들의 저서 앞에서 필자는 망연자실할 때가 많았다. 코스워크 기간 내내 내가 튜터 노릇을 했던 저자도 있다.

[6] 이 말은 더 신중한 검토를 요한다. 적어도, 인상적으로는, 사회학에 관한 한 그런 것 같다는 추측이다.

[7] 비주류경제학자 허쉬만Albert Otto Hirschman(1915~2012)은 사회사상에서 정념이 이해에 의해 억제되고 제어되는 배경을 검토하면서 때로는 정념의 분출이 사회이론의 혁신을 가져온다고 지적한다. 그러나 보편성과 객관성의 여과장치를 뚫고 나오는 과정에서 대부분 증발한다. A. Hirschman, *The Passion and the Interests: Political Arguments for Capitalison before Its Triumph*, Princetom University Press, 1997.

8 자포자기의 '소극적 운명'이 아니라, 그것을 넘어서려는 의도가 서린 '적극적 운명'이다.

9 '한국 사회과학의 토착화'를 둘러싸고 1970년대 초에 논쟁이 일었다. 어떤 구체적인 방법이 제시된 것은 아니었고 다만 주체성의 확립이 중요하다는 사실을 확인하는 데 그쳤는데, 이런 논의는 1977년에도 반복되었다. 황성모·임희섭 대담, 〈사회과학이론 및 방법의 한국적 수용〉, 한국인문사회과학회, 《현상과 인식》, 4: 47~62, 1977. 임희섭의 다음과 같은 발언이 당시의 정황을 대변한다. "토착화라고 하면 서구이론을 맹목적으로 이 사회에 받아들이지 않고 그것을 우리 사회라는 특수 성격에도 맞추어 수용하는 단계라고 말할 수 있을 것 같습니다. 물론, 서구이론을 충분히 이해하고 도입하는 지적인 작업이 이룩되는 토착화 단계를 넘어서 그야말로 사회에서 새로운 이론이 창의적으로 형성될 수 있는 그러한 사회과학 전개기가 되어야 할 것입니다." 황성모는 이에 대해 주체성 확립이 먼저라고 조건을 달았다.

10 최재석, 〈해방 30년의 한국사회학〉, 《한국사회학》 10집, 1975.

11 위 논문, 46쪽.

12 김경동, 〈1960년대와 1970년대 한국사회학계 동향의 수량적 고찰〉, 《한국사회학연구》 제4집, 1980.

13 1970년대에 새로이 사회과학을 시작했던 청년 세대를 지칭한다. 필자도 여기에 속한다.

14 임화, 임규찬, 한진일 편, 《新文學史》, 한길사, 1976.

15 위 책, 55쪽.

16 이하 글은 송호근, 〈사회구성체론 비판〉, 《시장과 이데올로기》, 문학과 지성사, 1992 참조.

17 서관모, 〈식민지 반봉건사회론과 신식민지국가독점자본주의론의 계급분석〉, 《현실과 사회》 2집, 1988, 194쪽.

18 조희연, 〈현단계 한국 사회구성체 논쟁의 구도와 쟁점에 관한 연구〉, 조희연, 박현채 편, 《한국 사회구성체 논쟁》 II, 죽산, 1989, 72쪽.

19 《현장》, 서문, 1984.

20 《문학예술운동》, 서문, 1989.

[21] 《창작과 비평》, 서문, 1990

[22] 송호근·임현진 편,《전환의 국가, 전환의 시민사회》, 나남, 1992

[23] 이매뉴얼 월러스틴, 성백용 역,《사회과학으로부터의 탈피》, 창작과비평사, 1994.

[24] 박상우,《샤갈의 마을에 내리는 눈》, 세계사, 1991

[25] Daniel Bell, *The End of Ideology: On the Exaution of Political Ideas in the Fifties*, New York: Free Press, 1966; *The Cultural Contradictions of Capitalism*, New York: Basic Books, 1996.

[26] S. Huntington, *The Clash of Civilizations and the Remaking of World Order*, New York: The Touchstone Books, 1997; Laurence Harrison and S. Huntington (eds.), *Culture Matters: How Value Shape Human Process*, New York: Basic Books, 2001.

[27] 당시 시민 사회 관련 저작들이 봇물을 이뤘다. 김성국, 정철희, 임현진, 조희연, 김호기, 조대엽 등의 학자들의 연구업적을 참고하면 좋다.

[28] Theda Skocpol, *Diminished Democracy: From Membership to Management in American Civic Life*, University of Oklahoma Press, 2003. 강승훈 역,《민주주의의 쇠퇴》, 한울, 2010; Robert Putnam, *Making Democracy Work: Civic Tradition in Modern Italy*, Princeton: Princeton University Press, 1993.

[29] James Coleman, *Social Capital in the Creation of Human Capital*, American Journal of Sociology 94: S95~S121, 1988; Pierre Bourdieu and Jean-Claude Passeron, *Reproduction of Education, Society and Culture*, Beverly Hills, CA: Sage, 1977. 한국에서도 사회적 자본에 대한 많은 연구들이 이뤄졌다. 김용학, 이재열의 연구를 참조.

[30] 노무현 정권에서 '사회적 자본'은 사회발전의 중요 지표로 지목되어 국책연구소를 중심으로 많은 연구가 이뤄지기도 했다. 예를 들면, 정부·민간 합동작업단,《함께가는 희망한국, Vision 2030》, 2006.

[31] 장덕진, 이재열, 한신갑의 연구가 그 좋은 사례이다.

[32] 앞에서 지적한 전문연구자들, 즉 사회학회 회원의 수적 증가는 1990년대의 인기에 힘입은 결과이다. 앞으로는 그 규모 확대가 점차 둔화될 전망이다.

[33] 한국사회학회,《한국사회학회 50년사, 1957~2007》, 2007. 그밖에 진승권 외,

《사회학 연구 50년》, 이화여자대학교 한국문화연구원, 혜안, 2004. 홍승직 외, 《한국의 학술연구: 사회학》, 대한민국 학술원을 참조.

34 진보사회학자들이 1984년 '한국산업사회연구회'를 결성해서 1988년부터 발행한 저널이 《경제와 사회》이다. 1996년 이 학회는 '한국산업사회학회'로 개칭했고, 2007년에 다시 '비판사회학회'로 이름을 바꾸었다. 2002년 이후 게재된 268편의 논문을 분석한 결과이다.

35 민문홍은 한국 사회학을 위기로 파악하고 정체성의 모색에 논의를 집중할 것을 권한다. 민문홍, 《현대사회학과 환국 사회학의 위기: 한국 사회의 인문사회학적 대안을 찾아서》, 길, 2008.

한국철학계, 무엇이 문제인가?

김재현

한국철학계, 무엇이 문제인가?

한국철학계에 대한 문제 제기

"한국의 철학 연구 이대로 좋은가? 한국의 철학 연구, 무엇이 문제인가?" 문제problem는 '앞에 놓인 장애물pro+bleme'이라는 뜻이 있다. 그리고 문제는 특정한 상황에서 생겨나는데, 그 '문제 상황' 속에 있는 사람이 문제라고 인식할 때 비로소 문제가 된다. 따라서 특정 상황에 있는 모든 사람에게 객관적으로 주어지는 문제는 없으며 보는 사람의 위치와 관점, 문제의식 등에 따라 다르게 발견되고 구체적인 문제로서 드러나는 것이다. 그리고 문제를 문제로 생각하는 사람은 그 문제를 풀기 위해 노력할 것이며, 진지한 철학자는 자신의 '문제 해결'을 위해 자신의 삶을 살아갈 것이다.

이 글에서는 한국에서의 철학 연구의 문제를 다루되 시각을 조금 더 넓혀서 한국철학계의 문제라는 차원에서 생각해 보고자 한다. 여기서 '한국철학계'라고 할 때 그 범위는 철학과 관련되는 다음 세 가지 영역으로 나누어 보려 한다. 즉 '강단(아카데미) 철학-대학제도로서의 '전문철학' 영역, '문화운동(사상, 비판, 현실적 힘)으로서 철학' 영역, '삶(생활)의 철학과 대중철학 또는 철학의 대중화' 영역이 그것이다. 이 세 영역이 엄밀히 구분되는 것은 아니지만 우리의 문제를 보다 명료하게 하기 위해 필자 나름대로 구분해 이들이 각각 어떤 문제들을 갖고 있는지 또 어떤 역할을 하는지 그리고 그 관계가 무엇인지에 대해서 생각해 보고자 한다.[1]

따라서 이 글에서는 차례대로 철학계의 문제들에 대한 진단을 하고, 이 문제들의 원인이 무엇인지를 해명하며, 이 문제들의 해결을 위해 구체적으로 어떤 실천 방법이 필요한지를 제시하고자 한다.

어떤 문제들이 있는가?

한국철학계의 문제를 파악하기 위한 방법으로 의사의 역할(환자의 어디가 어떻게 아픈가, 원인은? 처방은?)과 불교의 사성제, 즉 고苦, 집集, 멸滅, 도道에 대한 분석 틀[2]을 도입하고, 철학계에서 기존의 여러 논의들을 참조해 필자 나름대로 진단해 보기로 한다. 앞에서 언급한 세 가지 영역의 순서에 따라 우선 한국의 전문 철학계의 현황에 대해 간단히 검토하고 문제점들을 제시하겠다.[3]

대학제도를 중심으로 한 강단철학, 전문철학

한국 사회의 발전과 함께 학계 전체가 발전했듯이 한국철학계도 그동안 매우 빠르게 양적, 질적 발전을 해 왔다. 전국 대학의 철학과가 1980년대 이후 증가하다가 2000년대 들어오면서 정체되고 감소되기 시작한다. 최근 자료에 의하면 2011년 현재 4년제 대학의 철학전공 전임교원이 748명이고 이중 남성교수 672명, 여성교수가 76명이다.[4] 그런데 세대별로 보면 60대 이상이 128명, 50대가 386명, 40대가 210명, 30대가 24명[5]으로 30대의 비중이 현저하게 적다. 이는 한국철학계의 젊은 연구 인력이 대학교수로 자리잡기가 점점 어려워지는 상황을 나타내는 통계로 볼 수 있다.

현재 한국철학계의 외국철학 수용 능력과 연구 능력은 예전의 선배 철학자들과 비교해도 그렇고 수평적으로 다른 국가 철학자들과 비교해도 거의 수준급에 도달해 있다고 볼 수 있다.[6] 그리고 과거에 비해 서구의 철학자들과 자주 교류하면서 현재 논의되는 서구철학의 수준을 실시간적으로 이해하고 논의를 같이할 수 있는 상황이라고 할 수 있을 것이다. 특히 1996년 봄에 하버마스가 방문한 이후 한국철학회, 현상학회 등의 학회와 대학 철학연구소 등을 통해 서구의 여러 철학자들이 수시로 방문해 철학적 담론을 나누고 있다. 다시 말해 한국철학계는 최근 20여 년간 양적, 질적으로 엄청나게 발전했고, 국제화, 세계화 수준도 상당한 정도로 실현되고 있으며 일부 교수들은 이러한 발전을 상당히 긍정적으로 평가하고 있다. 그러나 이러한 발전에도 불구하고 여전히 다음과 같은 문제들이 있다.

첫째, 한국철학의 주체성에 대한 문제가 있다. 2008년 세계철학자대회를 한국에서 개최했는데 이때 한국 전통철학이 아닌 현대 한국철학 분과에서 우리 자신의 한국적 정체성을 드러내는 철학을 발표할 수 있는가 하는 논의 과정에서 '유영모와 함석헌이 한국의 철학자인가?'라는 문제제기와 토론이 있었고 결국 한국철학 분과에서 유영모와 함석헌의 철학에 대한 발표가 있었다. 발표 이후에도 이들이 한국을 대표할 수 있는 철학자인가에 대한 논란이 있었다. 이러한 논란은 서구철학이나 전통 동양철학, 한국철학이 아닌 근현대 한국 사회에서 우리 자신의 문제를 철학적으로 해명한 주체적이고 창조적인 철학자가 있는가, 있다면 어떤 점에서 그렇게 볼 수 있는가? 하는 문제와 연관되어 있다. 이 문제는 철학계에서 여전히 논란거리이며 일본과 중국의 경우와 비교해 본다면 우리는 상당히 늦었고 또 본격적인 논의도 없었다고 할 수 있다. 과연 한국에는 근현대 한국철학자로 꼽을 만한 사람이 있는가? 아쉽게도 한국 사회에서 이제까지 진정한 자신의 철학적 문제를 가지고 대결한 결과를 텍스트로 만들어 낸 철학자는 상당히 드물다. 그런 점에서 한국에서 주체적, 창조적으로 철학한다는 것의 진정한 의미, 이를 위한 방법, 구체적인 결과에 대한 논의가 필요할 것이다. 이와 함께 필자는 대학에서 직업인으로서 철학을 가르치고 전공 논문을 쓰는 보통의 철학교수와 자신의 철학적 문제의식을 갖고 이를 철저히 해결하고자 온몸으로 분투하는 사람인 진정한 철학자의 구별이 필요하리라 생각하면서 한국에서도 진정한 철학자가 나오기를 기대해 본다.[7]

둘째, 한국철학 내의 불통 문제가 있다. "한국철학계가 당면한 가장 심각한 문제 중의 하나는 다양한 전공 분야의 연구가 심화되고는 있으나 서로 다른 철학사조 사이의 대화가 활발하게 이루어지고 있지 못하다"[8]는 사실은 많은 사람들이 지적해 왔지만 아직도 나아지고 있지 않으며 전공 분야의 연구가 심화됨에 따라 대화의 단절은 오히려 깊어지는 것 같다. 오늘날 전국 차원의 한국철학회, 철학연구회, 한국철학사상연구회 등과 지역을 중심으로 한 다양한 철학회가 있고 한국철학회 내에 19개의 다양한 분과학회가 활동하고 있다.[9] 최근에는 전국 단위의 전체학회보다 현상학회 등의 분과학회 활동이 더 활발해지는 경향을 보이고 있다. 따라서 과거에 철학계 내의 소통에 중요한 역할을 하던 한국철학회, 철학연구회의 역할과 비중이 더 약화되어 가고 있는 것 같다. 철학계 내에서의 의사소통, 토론, 상호 언급, 인용이 잘 되지 않을 뿐만 아니라 연관 학문 분야와도 고립되어 폐쇄적인 면이 강하고 현실과의 갭도 상당히 존재한다. "학문적으로는 인문학 내 분과 학문·전공 사이의 단절 및 사회과학과의 단절이 존재하며, 학문 외적으로는 사회 및 세계와의 단절이 존재한다"[10]는 지적은 한국철학계에도 역시 타당하다고 하겠다.

셋째, 한국철학의 전문 연구자들의 재생산 문제가 있다. 최근 들어서 철학 연구자들의 재생산이 잘 되지 않고 있다. 특히 서양철학 전공의 경우 국내에서 대학원 교육을 통해 전문 연구자로 성장하는 것이 현실적으로 더 어려워지고 있다. 그러므로 한국의 현실에 깊이 뿌리내려 연구를 제대로 한 자생적 학자들이 배출되기가 어려운 상황이다. 또한 외국 유학을 통해서도 전문 교수요원이 되기가 쉽지 않은 상황이다. 이 문제는 철학과 졸업생의 취업의 어려움과도 연관되어 있으며, 이와 맞물려 철학과에 지원하는 학생들의 수가 줄어들기 때문에 입학률이 떨어지고, 재학생 재적율도 하락하며 결국 지방 사립대에서는 철학과가 구조조정의 대상이 된다. 이 결과 신임교수를 충원하지 않게 되고 이는 능력 있는 전문 연구자들의 재생산에 커다란 장애가 된다.

넷째, 한국철학의 텍스트 생산 문제가 있다. 철학은 텍스트의 생산과 축적, 텍스트에 대한 새로운 해석과 비판을 통한 새로운 텍스트의 생산이라는 과정을 통해 발달한다. 이 점에서 우리의 근현대 철학의 역사에서는 공유할 만한 텍스트를 제대로 생산해 내지 못했고 또 생산했다 하더라도 이것을 텍스트로 인정하고 활용하는 노력을 소홀히 해 왔다. 이런 까닭에 전문철학계 내에서 연구자들의 텍스트 생산이 제대로 안 되고 있다. 최근에 와서 상당한 저술(텍스트)들이 나오지만 개별 연구논문을 모은 경우가 많고, 한국의 컨텍스트에서 자신의 철학적 문제의식을 토대로 연구한 성과로서의 텍스트들은 드문 편이다. 또한 충실하게 번역된 고전 텍스트도 필요하다.

다섯째, 대학에서의 철학 교육 문제가 있다. 최근에 대학에서 철학 교육이 충실하게 되고 있는지 의문스럽다. 철학과 논리학 과목이 더 이상 교양필수가 아니며, 학생들은 철학 과목이 어렵고 비실용적이며 좋은 학점을 받기가 어렵다고 수강하지 않는다. 이와 함께 전반적으로 취업을 중시하는 경향 때문에 철학 교육이 약화되고 있다.

문화운동으로서 철학

이 영역은 철학의 현실적, 사회적 영향력과 관계가 깊다고 생각한다. 동·서양철학을 연구하고 발표하고, 저술하고 가르치는 것이 사회적 현실에 대해 어떤 의미를 가지며 어떤 영향을 미치는가와 관련해서 논의할 필요가 있다. 철학 연구자들이 현실에 대해 많이 언급하고 한국 현실에 대한 연구와 고찰이 필요하다고 주장하지만 과연 성공적으로 이를 수행하는 연구자들이 얼마나 되는지 알 수 없으며, 전통과 단절되어 있는 한국에서 철학이 현실에 어떻게 개입할 것인지도 상당히 어려운 문제이다.

삶(생활)의 철학, 지혜의 철학 또는 철학의 대중화

철학은 대체적으로 일반 대중들에게 긍정적인 평가를 받지 못하고 있다. 예를 들어 철학은 점치는 것과 관련되며, 어렵고 재미가 없고 비현실적이며, 기초학문이라고는 하지만 별로 실용성이 없고 따라서 배울 필요가 없다는 등의 평가를 많이 받아 왔다.[11] 최근에 와서 철학에 대한 사회적 수요가 조금 늘고 있지만 일반 대중들의 철학에 대한 인식은 여전히 부정적인 면이 많은 것 같다.

이 문제들의 원인은 무엇인가?

여기서는 앞 장에서 다룬 철학의 세 가지 영역에서의 문제점들 각각에 대해 그 원인들이 무엇인지를 순서에 따라 나름대로 분석하고자 한다.

현실과 단절된 아카데미

한국철학의 주체성 문제는 한국의 역사적 현실과 밀접한 연관이 있다. 즉 철학을 포함한 우리의 근대적 학문의 출발에서부터 어긋난 문제인데 이에 대한 간단한 역사적 고찰을 해 보자. 우리는 19세기 말에 서구와 일본의 침입을 극복하고 근대국가를 만들어 내기 위해 많은 노력을 기울였으나 결국 실패하고 일본의 식민지가 되었다. 이 과정에서 전통학문을 제대로 계승하지 못했고 서구의 근대적 학문도 주체적으로 수용하지 못했다. 철학의 경우 서구철학을 직접 이해하고 수용할 수 있는 능력이 거의 없는 상태에서 일본을 통해 서구철학을 수용했으며, 일제의 식민지 정책에 의해 경성제국대학 철학과가 설립(1926)되었고 따라서 일본의 철학 사상과 일본인들의 학문방식(학문 분야, 글쓰기 방식, 학문제도, 교육제도, 보편성과 특수성에 대한 이해 등)이 크게 영향을 끼쳤다.[12] 일본의 영향은 해방 후에도 지속되었다. 경성제국대학 졸업생의 상당수가 남한에서 대학 교수와 행정 관료를 역임했으며, 특히 경성제국대학 출신과 일본 유학생 출신들이 대학 내의 학장과 총장 등의

한국 인문·사회과학 연구, 이대로 좋은가

주요 보직을 역임함으로써 신생 독립국가에서 대학계의 핵심 엘리트로 자리 잡았기 때문이다.[13] 그 결과 해방 후에도 제국주의 시기 일본에서 생산된 지적 체계와 담론구조들은 경성제국대학 출신자들이나 일본제국의 각급 대학 출신자들을 통해서, 그리고 서울대학교의 재편 과정에 남겨진 학적 체계의 흔적들을 통해서 여전히 많은 부분에 영향을 주었다. 즉 해방 후 대학의 틀에는 미국식을 도입했지만 그 세부적인 운영에서는 일본식 잔재가 강하게 작동했다. 이와 동시에 미군정과 이에 공모한 친일 세력의 주도하에 이루어진 좌우 대립의 과정 속에서 선별된 교수진의 구성, 그리고 좌파 지식인들의 배제와 월북으로 자연스럽게 냉전적 지식·담론 체계가 조금씩 배태되기 시작했다.[14]

한국전쟁 후, 인문학 분야에는 전반적인 세대 교체와 함께 미국의 교육 원조 및 교류 프로그램을 통해 새로운 영미 계열의 이론과 방법론들이 적극 수용되면서 해방 직후의 지식·담론과는 다른 새로운 층을 형성해 나가고 이 과정에서 미국의 지적 영향력은 급격히 확대되어 나간다.[15] 한국철학계에서는 다른 학문 분야와 비교해서 독일철학의 영향력이 여전히 강했는데 이는 전후의 황폐한 정신적 상태에서의 실존철학의 도입 그리고 일제 강점기부터의 독일철학의 영향이 교육과 인맥을 통해 힘을 발휘했기 때문으로 볼 수 있다. 이처럼 독일과 미국의 영향하에 서구 중심적, 순수 학문적 철학 패러다임이 지배적으로 발전해 왔다.

그러므로 우리 자신의 현실적, 역사적 발전이나 전통학문과 현실의 관계 등에 대한 충분한 관심과 연구는 부족한 편이었고 남북 분단에 따라 이데올로기적 지형이 협소해지면서 철학의 정치성, 현실성과 역사성에 대한 인식도 거의 사라졌다. 식민지 경성제국 대학에서 서구의 '보편적 학문으로서 철학'에 대한 강조는 아카데미의 철학 연구자에게 식민지 현실을 도외시하게 영향을 미쳤고, 이는 해방 이후 오랫동안 서구 중심적 근대의 보편성을 그대로 수용한 것과도 연관된다. 이러한 수용 과정은 한국의 역사적, 정치적 현실과 밀접한 연관이 있으며 한국의 식민지 경험, 정치적 현실, 해방 후의 분단과 분단국가의 성격이 철학의 기형적 발전에 크게 영향을 주었다고 할 수 있을 것이다.

한국철학의 불통 문제를 들여다보면 국내 학자들 간의 상호소통, 학문적 토론, 상호 읽기, 연구사 검토, 인용 등이 거의 없는 현실과 맞닥뜨린다. 원로 철학교수들의 좌담회에서 손봉호는 "내가 철학 논문을 쓰면 누가 읽겠는가? 하는 생각이 들었습니다. 철학 논문들을 읽어 보면, 국내 학자들이 쓴 논문은 참고서적으로 들어가 있지 않더군요. 그래서 점점 더 학문으로서의 철학에서 관심이 멀어져 갔습니다"[16]고 고백한다. 철학 연구자들의 전공의 장막(폐쇄성), 철학하는 방식의 문제, 현실적 능력의 한계, 대학 제도상의 문제 등이 그 원인이라고 할 수 있다.

연구자의 재생산 문제는 자본의 논리, 시장의 논리가 사회적으로 확장됨에 따라 대학도 시장법칙에서 살아 남아야 하는 상황과 함께, 국가의 신자유주의적 대학정책에 따라 인문학 분야가 겪는 공통의 문제이다. 물론 이 문제는 특정 국가가 자본주의적 세계체제에서 어떤 위상을 갖느냐에 따라 그 성격과 역할이 크게 달라지

한국 인문·사회과학 연구, 이대로 좋은가

듯이 대학도 세계체제에서, 한 국가 내에서의 그 위상에 따라 그 역할, 당면한 문제도 달라진다. 즉 "같은 한국의 대학들 중에서도 서울에 있느냐 지방에 있느냐에 따라, 또한 국가 엘리트의 양성기관인 세칭 일류 대학이냐 그것과 거리가 먼 '하위권 대학' 또는 전문대학이냐에 따라 그 교육의 성격과 당면과제가 엄청나게 다를 수 있는 것과 흡사하다."[17] 그리고 국내에서 외국박사를 선호하는 까닭이 "국내의 지적 재생산구조가 열악하기 때문"[18] 이라는 것은 주지의 사실이다.

한국철학의 텍스트 생산 문제의 경우 원인은 여러 가지이다. 우선 연구자 개인들의 문제의식과 역량의 한계가 있으며, 학계와 대학 내에서의 연구업적(논문, 저서, 번역서) 평가제도와 시스템, 한국연구재단의 평가제도와 시스템의 문제들이 있다. 이와 함께 연구비 지원제도나 시스템의 문제도 지적할 수 있다. 또한 한국학 고전 텍스트의 정본화 작업이 필요한데도 제대로 이루어지지 않은 것은 국가 문화정책의 문제이기도 하다. 이태수 교수는 "정본을 확립하는 일은 인문학의 출발점이다. 그간 우리 학자들이 문구에 매달리는 것을 소인배의 일로, 문자배면의 뜻과 직거래하는 것이 대학자라는 관념을 가지고 외국에서 수입한 문헌의 해석에 더 열중"[19]하느라 우리의 전통 텍스트들을 제대로 다루지 못했음을 지적했다.

대학 철학 교육의 문제는 대학 교과과정의 문제, 철학교재의 문제, 철학교수의 문제와 연관되어 있다. 이는 입시 위주의 교육 때문에 중고등학교에서 철학 교육을 등한시한 상황과 밀접한 관련이 있다. 또한 대학 철학 교육의 내용적 측면에서 교수들과 아카데미 철학계에서의 문제의식과 노력이 부족했음을 인정해야 할 것이다.

그리고 리오타르Jean-François Lyotard가 《포스트모던적 조건》에서 밝힌 바와 같은 사회 변화에 따른 지식 생산과 공급, 소비의 변화에 대한 대응도 부족했다. 우리의 삶에서 생기는 철학적 문제를 가능하면 일상언어로 풀어서 설명할 수 있어야 하는데 철학용어나 개념의 추상성이 갖는 한계 때문에 생기는 철학적, 개념적 해석의 어려움도 있다

현실에 개입하지 못하는 한국철학

한국에서는 철학의 사회적 역할과 영향력이 상당히 낮다. 철학이 한국 사회의 역사와 현실과 밀접한 연관을 갖지 못하고, 서구의 철학적 문제의식을 그대로 우리의 문제인 것처럼 수용했기 때문이다. 바꾸어 말하면 한국 현실이 철학적 '연구'와 '텍스트'의 의미 있는 컨텍스트가 되지 못했다는 것이다. 또한 전통과의 단절, 역사적·정치적 현실, 철학 연구자들의 능력 부족 등 다양한 이유 때문에 현실에 대한 철학(사상)적 개입에도 어려움이 있었다. 그동안 현실 문제를 철학적으로 분석하면서 현실에 개입하려 한 노력들이 《시대와 철학》, 《사회와 철학》의 발간 등을 통해 여러 가지 방식으로 나타났지만 다른 학문 분야에서만큼 성과를 내고 현실적 영향력을 행사했다고 평가하기는 어려운 것 같다.

철학계가 이렇게 된 중요한 이유 중 하나는 전통으로부터 단절,

식민지적 근대성, 분단, 압축성장 과정 등을 통해 변화, 발전한 한국 근현대사에 대한 전체적인 철학(사상)사적 해석이 없었다는 것이다. "철학사는 동일한 문제를 시대적 현실에 따라 다르게 해석하는 철학적 대결의 역사"라는 하이데거Martin Heidegger(1889~1976)의 말처럼 서구철학자들은 자신들의 시대적, 현실적 문제를 철학적으로 해명할 때, 자신들의 철학사를 재해석하는 작업을 통해 현실에 개입하고 그럼으로써 영향력을 확보해 왔지만 우리의 경우는 그렇지 못했다.

대중과 괴리된 한국철학

철학 대중화의 어려움이라는 문제는 바로 앞에서 논의한 것과 밀접한 연관이 있는데 이는 대중들의 삶과 밀접한 한국 사회의 현실적 문제에 대해 철학계가 소홀히 했다는 것이다. 즉 전통과의 단절, 식민지 근대성, 남북 분단, 자본주의적 발전, 과학기술주의, 생산력주의에 토대를 둔 압축 근대화 과정 등에서 오는 여러 가지 문제들에 대해 철학전문가들의 문제의식과 분석 능력이 부족했고, 생활세계의 파괴와 단절에 대한 철학적 진단과 개입도 부족했으며, 일상용어와 철학용어 사이의 갭을 극복하고자 한 노력도 역시 부족했다. 또한 철학 대중화에 대한 전문철학계에서의 무관심과 무능력도 중요한 원인이다. 물론 1960년대와 70년대에 안병욱, 김형석 등의 역할, 최근에 김용옥[20] 등의 역할이 있지만 여전히 부족한 상황이다. 또한 기존 철학계에서 《철학과 현실》의 간행을 통해 대중화를 위해 노력했지만 어느 정도 성과가 있었는지 평가하기 어렵다.

문제 해결을 위한 실천 방법

30년 전에 김여수는 "한국의 철학은 적어도 부분적으로는 지금까지 경시되어 왔던 한국의 철학적 전통에서 영감과 교훈을 찾고자 할 것이다. …… 바라건대 그렇게 해서 성취된 철학적 종합은 서구적인 것도 아니고 동양적인 것도 아니며 한국적이되 미국적인 것은 아니고 한국적이되 중국적인 것도 아닌 '그 중심은 어디에나 있으되 주변은 어디에도 없는' 그러한 것이 될 것"[21]을 기대했다. 그러나 30년 동안 전통철학, 동·서양철학에 대한 연구가 심화되었지만 아직 서구적 보편주의가 아닌 새로운 '문화종합',[22] '철학적 종합', '창의적 통합'이라고 할 만한 중심을 만들어 내지는 못한 것 같고 여전히 서양철학의 주변적 위치에 있는 것이 아닌가 하는 의문이 든다. 이 장에서는 앞에서 해명한 각각의 문제들, 원인들에 대한 처방 또는 실천방법을 나름대로 제시하고자 한다.

한국 사회와 동아시아에 대한 새로운 사유의 추구

먼저 역사적 현실과 철학의 관계에 대한 분명한 자각과 인식이 필요하다. 모든 시대의 위대한 철학자들은 자신의 시대가 가진 문제와 철저하게 부딪치며 사유한 사람들이다. 철학을 초역사적이며 보편적 진리에 대한 탐구로 보는 기존의 관점들에 대한 전면적인 혁신이 필요하다.

> 철학자들은 진공 속에서 사색을 하지는 않으니, 그들의 사색의 결과들은 '기질 × 체험 × 앞서의 철학자들'의 산물로서 기술될 수 있겠다. 바꾸어 말하면 그들의 사색의 결과는 바깥 세계가 그 특정인에게 스스로를 드러내 보일 때, 그것에 대해 보이는 그 특정인의 어떤 기질의 반응인데, 이 반응은 또한 대개의 철학자들의 경우에, 이전의 사상가들이 남긴 저술들에 관한 반성에 의해서 영향을 받고 있다. …… 철학의 궁극적인 물음에 대한 대답이 엄청나게 다르게 주어졌던 까닭이 바로 그것이다.[23]

또한 서양철학 또는 서양철학사에 대한 구체적 해석을 위해 철학적 작업을 모두 '발화 행위speech act'로 그리고 '철학 텍스트'는 발화 행위의 결과로 볼 필요가 있다. 따라서 보편성과 특수성의 관계라는 기존의 막연한 생각이나 발언들은 재고되어야 한다. 김여수, 차인석, 소흥렬, 남경희 등 여러 철학교수들은 '서구적 보편주의'[24]에 대해 비판하면서 철학이 넓은 의미에서 사회철학, 문화철학임을 강조한다.[25] 그리고 우리는 "우리 문화에 바탕을 두고, 우리 문화의 텍스트 안에서" 철학을 하고, 철학 강의를 할 필요가 있으며 "우리가 철학을 이끌어갈 방향은 그런 의미에서 문화철학"[26]이라고 주장한다.

하나의 예로 한국 사회에 대한 정치철학적 모색을 위한 방법론 논의를 "서구적 보편성과 한국적 특수성의 관계 문제 같은 것으로 파악해서는 안 된다. 서구에서 발전한 다양한 개념과 이론은 우리의 현실을 제대로 포착하기 위해서 매우 '불가결'하긴 하지만 또한 동시에 언제나 '부적절'하다. ……문제는 바로 이러한 종류의 불가결성과 부적절성의 긴장이다".[27] 따라서 "우리가 갖고 있는 이론의 보편성에 대한 인식도 전면적으로 폐기되어야 하며 이론의 자기이해 또한 근본적으로 새롭게 사유되어야 한다"[28]는 말은 필자의 주장을 잘 대변하고 있다. "각국에 있어서 사회과학은 예외없이 보편주의적 관점보다는 자신의 사회, 즉 개별 국민국가의 발전을 둘러싸고 나타난 현실적 문제를 해결하려는 현실적 노력의 과정에서 나타났다"[29]는 주장도 이를 뒷받침한다.

이 문제를 해결하기 위한 구체적 방법으로는 세계사의 보편적 과정으로 생각되어 온 서구적 근대화라는 틀을 넘어 전통과 근대, 동양철학과 서양철학의 이분법을 극복하고, 동·서양철학을 넘어 세계체제 내에서의 동아시아적 문제의식이 필요하다. 즉 "근대란 식민주의 시대에 유럽이 세계사의 중심을 자처하면서 진보의 역사라는 단일축 위에 근대-전근대, 문명-야만, 진보-정체停滯, 중심부-주변부를 위계적으로 배치하고 '차이의 지배'를 정당화한 담론의 중핵"[30]이므로 서구적 근대, 서구적 보편주의에 대한 반성과 성찰을 위해서는 새로운 시각과 방법론이 필요하기 때문이다.[31] 이러한 시각과 방법론, 내용을 계발하기 위해서는 그동안 소홀히 했던 일본에서의 철학함, 서양철학 수용 과정, 일본의 근현대 철학사상 등에 대한 연구, 그리고 중국에서의 전통과 현대에 대한 고민, 서양철학 수용과 중국의 근현대 철학사상과 사상사적 작업 등에 대한 연구가 도움이 될 것이라 생각한다.[32]

'비판적 개방성' 필요

철학 연구자 간 상호소통과 상호참조가 필요하고, 또 학제 간 상호소통이 필요하다는 것은 대부분 공감하고 있지만 현실적으로 잘 실현되고 있지 않는 상황이다. 철학계의 논쟁적 소통구조가 활성화되기 위해서 "다른 학자의 말과 글을 진정성을 갖고 듣고 읽는 비판적 개방성"[33]이 필요하며 이를 실현할 수 있는 제도적, 개인적 노력이 뒷받침되어야 한다. 철학논문이나 책을 쓸 경우 논문, 학술서적, 번역서들을 철학 연구자들이 상세히 검토하고 인용할 필요가 있다. 해외에서의 연구사는 차치하고라도 국내에서 연구사를 충분히 검토한 바탕 위에서 새로운 글이 나와야 한다. 번역에 대한 새로운 인식과 정당한 평가가 이루어져야 '믿고 인용할 수 있는' 정본(텍스트) 혹은 결정판을 보다 많이 가질 수 있고, 그것을 바탕으로 동양철학, 서양철학 모두 학문적 축적을 이루어 나갈 수 있을 것이다.

'철학'할 수 있는 사회의 실현

철학 연구자들의 재생산 문제를 해결하기 위해서는 다양한 차원의 변화가 필요하다. 국가의 교육, 문화정책이 바뀌어야 하고, 서울 중심의 중앙과 지방의 격차도 완화되어야 하며, 대학에서의 교수요원 평가제도도 바뀌어야 한다. 한국철학계가 스스로 이 문제를 어떻게 풀어갈 것인지 고민해야 하며 이를 위해 철학 연구자들과 한국철학회의 역할이 필요하다. 인문적 가치나 삶의 가치, 인간의 존엄성에 대한 인식의 전환이 필요하며, 이를 위해 사회 전체적으로 '보다 많은 민주주의'가 실현되어야 한다.

공통적 컨텍스트의 형성 필요

한국철학의 텍스트 생산 문제를 해결하기 위해서는 우선적으로 철학연구자들이 스스로 문제의식을 철저히 하고, 사유하는 방식을 심화시키고, 보다 폭넓고 깊은 연구를 통해 텍스트를 생산하는 노력이 필요하다. 이를 위해 국내 연구 업적에 대한 철저한 조사, 평가를 전제로 한 글쓰기를 권장하고 이를 제대로 평가하는 제도의 도입이 필요하다. 연구 업적 평가, 연구비 지원제도와 시스템도 이런 문제를 해결할 수 있는 방식으로 개선되어야 할 것이다.

또한 철학 텍스트가 제대로 생산되려면 논란이 되는 문제를 공유하는 학문공동체가 있어야 한다. 텍스트란 특정 학문공동체가 지속적으로 조회하고 문의하고 새로운 모색을 할 수 있는 준거인데, 실제로는 학문공동체의 논쟁을 담을 수 있는 컨텍스트가 형성되지 않고서는 진정한 의미의 학술적 텍스트가 성립될 수 없을 것이기 때문이다. 그리고 "한국철학의 정립"을 위해서는 무엇보다도 먼저 동서양을 모두 포괄하는 철학의 주요한 고전 텍스트들이 전부 우리말로 번역되어야 한다. '번역'은 단순히 이 나라 말에서 저 나라말로의 낱말의 옮김이 아니다. 번역 자체가 이미 번역되는 언어로 행하는 주체적인 철학함이고 창조적인 해석인 것이다. 이러한 기본적인 철학함이 없이는 '주체적인 철학함'은 요원한 일이다"[34]라는 주장에서도 볼 수 있듯이 철학 주요 고전 또는 원전에 대한 충실하고도 정확한 번역이 필요하다. 앞에서 지적한 여러 가지 점에 대해서 철학 연구자 개개인, 각 대학 철학과와 한국철학회 등의 새로운 노력이 필요하다.

철학 교육의 강화

한국철학 교육의 문제를 해결하기 위해서는 우선 중·고등학교에서의 철학 교육을 활성화할 필요가 있다.[35] 디지털 사회로의 변화 속에서 창조적 사유의 진작을 위해, 또한 보다 성숙한 사회로의 발전을 위해 다양한 차원의 철학 교육이 강화되어야 하며 따라서 고등학교와 대학의 교육과정에서 철학이 차지하는 위치가 강조될 필요가 있다.[36] 그리고 대학에서의 철학 교육도 사회 변화에 따른 생활세계의 변화, 지식 사회의 변화를 잘 반영하면서 명확한 사고, 비판적 사고, 논증적 사고, 전체적 사고를 할 수 있도록 사고훈련 중심의 교육으로 바꾸어야 한다. 교수들은 가능한 명료한 일상언어를 바탕으로 재미있고도 내용이 충실한 교과과정과 교재를 개발해야 한다. 물론 가르치는 사람들이 다양한 노력을 통해 철학 교육을 향상시켜야 한다는 것은 말할 것도 없다.

현실에 개입하기 위한 사상자원의 확보

한국에서 철학의 사회적 역할과 영향력을 높이기 위해서 우선 전문철학계가 한국 사회의 역사와 현실을 직면하면서 고민할 필요가 있다. 즉 한국 현실을 컨텍스트로 삼아 철학적 텍스트를 만들어 내야 한다. 그러기 위해서 철학 연구자들은 그 사이 축적된 역량을 최대한 발휘할 필요가 있다. 그동안 현실 문제를 철학적으로 분석하면서 현실에 개입하려 한 노력들이 《시대와 철학》,[37] 《사회와 철학》[38] 등을 통해 여러 가지 방식으로 나타났지만 다른 학문 분야에서만큼 성과를 내고 사회적 영향력을 발휘했다고 평가하기는 어려운 것 같다. 철학계가 현실에 이론적·실천적으로 개입하기 위한 새로운 통합적 이론의 창출과 '삶에 대한 비평'을 위한 '사상자원'[39]의 확보가 필요하다. 사상자원의 확보를 위해서는 동아시아적 맥락에서 한국 근현대(철학)사상에 대한 다양한 해석들이 나와야 한다.[40] 이를 위한 기초작업인 한국 근현대철학사상사 서술을 위한 텍스트 생산, 전집 또는 선집의 출판 등 여러 학술적 작업들이 충분히 뒷받침되어야 한다.

삶(생활)의 철학, 철학의 대중화의 측면에서

최근에 철학(인문학)에 대한 사회적, 대중적 요구가 늘어나고 있다. 이는 첫째, 스티브 잡스 등의 예에서 알 수 있듯이 디지털 경제 시대, 융합의 시대에 새로운 생산력과 창조력의 뿌리를 인문학과 기술의 결합에서 찾으려는 시도로 나타났다. 둘째, 황폐화된 삶에 대한 반성과 치유(힐링)에 대한 바람으로 삶의 철학 또는 생활철학, 삶의 지혜에 대한 요구가 증대되었다. 이는 한편으로는 유교철학, 노장사상, 불교 등의 동양전통철학에 대한 요구로, 다른 한편으로는 행복의 철학, 치유의 철학 등에 대한 요구로 나타났다. 셋째, 마이클 샌델의 《정의란 무엇인가》에 대한 열풍에서 확인할 수 있듯이, 사회적 신뢰와 윤리의식의 붕괴, 양극화의 심화, 정치적 부패 등에 대한 반응으로 사회정의와 인간 존엄에 대해 관심이 높아지면서 철학에 대한 요구가 증대되었다고 해석할 수 있다. 한국에서도 그동안 축적된 전문철학계의 성과들을 토대로 철학에 대한 사회적 요구(수요)를 충족시키는 대중철학자 또는 대중철학서의 저자들(김용옥, 황광우, 강신주 등)이 많이 나오고 있다. 이 부분은 최근에 와서 상당히 활성화되고 있다고 생각한다.[41]

'흔들리는 모험'으로의 권유

이제까지 언급한 여러 가지 문제들, 문제들의 원인, 해결방법에 대한 나름의 서술이 충분한 사실적, 논리적 근거가 있는 것인지, 한국철학계가 공유할 만한 것인지에 대해서 검증받을 필요가 있을 것이다. 그러므로 철학계의 여러 전문 연구자들과 토론을 통해

이 논의들이 수정, 보완될 필요가 있고 한국철학회 등을 통해 이 논의가 보다 현실적으로 검토될 필요가 있으리라 생각한다.

어쨌든 '한국철학계, 무엇이 문제인가'라는 문제의식을 토대로 주체적, 창조적, 통합적인 사유를 통해 새로운 철학을 만들어 낼 필요가 있을 것이다. 이를 위해서는 전문철학 연구자에게 철저한 '문제의식의 변형'(하버마스)이 필요하며, 이들은 모험을 통해 창조가 가능하도록 '흔들리는 모험'(에드워드 사이드)을 해야 한다. 그리고 이러한 모험을 통해 이론과 실천 사이에 '반성적 평형'(존 롤스, 마이클 샌델)을 만들어 나가도록 해야 할 것이다. "역사를 사유하는 일은 항상 모험이며, 그것을 잘 알려면 늘 다른 방식으로 생각해야만 한다"[42]

[1] 김태길은 철학을 '학문 그 자체에 중점을 두는 강단(아카데미) 철학'과 '생활인을 위한 삶의 지혜로서의 철학'으로 구분한 적이 있다. 백영서는 학문을 크게 '제도로서의 학문'과 '운동으로서 학문'으로 구분했고(백영서, 〈동양사학의 탄생과 쇠퇴―동아시아에서의 학술제도의 전파와 변형〉, 《창작과 비평》, 2004년 겨울, 96쪽), 박명림은 '순수인문학', '사회인문학', '대중(상업, 시장)인문학'으로 구분한다(박명림, 〈왜 그리고 무엇이 사회인문학인가〉, 김성보 외, 《사회인문학이란 무엇인가: 비판적 인문정신의 회복을 위하여?》, 사회인문학총서 1, 한길사, 2011, 70~73쪽).

[2] 에리히 프롬, 김진홍 역, 《소유냐 삶이냐》, 홍성신서, 1978, 204~209쪽. 프롬은 마르크스의 사회분석과 프로이트의 치유방법도 불교의 사성제의 문제 틀과 유사하다고 본다.

[3] 김석수는 해방 이후 서양철학 연구의 문제점을 여덟 가지로 거론하는데 중첩되는 측면이 있다. 김석수(연구책임자. 공동연구자는 김교빈·신주백·이명원) 외, 《한국 인문학의 자기성찰과 혁신》, 경제·인문사회연구회, 2008, 77쪽. 이 책은 인문정책총서(2008년 1월)로서 문학, 역사, 철학 분야의 기존 연구와 여러 학자들의 다양한 견해를 토대로 한국 인문학의 역사와 문제를 전체적으로 분석, 기술하는 자료집의 성격이 강한 보고서이다. 한국 사회철학의 전개 과정과 역사에 대해서는 김재현, 《한국 사회철학의 수용과 전개》, 동녘, 2002를 참조.

[4] 한국연구재단, 《2011년 대학연구활동실태조사》, 2011년 11월, 101쪽.

[5] 같은 책, 106쪽.

[6] 백종현, 《독일철학과 20세기 한국의 철학》, 철학과현실사, 1998. 이화여자대학

교 한국문화연구원,《철학연구 50년》, 2003. 한국철학회 편,《한국철학의 회고
와 전망》, 철학과현실사, 2010 등을 참조.

7 백종현은 하버마스가 방문했을 당시의 한국 철학교수들의 행태를 비판하면서
"한국에는 하버마스 문헌 연구가는 다수 있지만 사회철학자는 없다고 평할 수
밖에 없다"고 말한다(백종현,《독일철학과 20세기 한국의 철학》, 철학과현실
사, 1998, 239쪽).

8 이남인,〈한국현상학회〉, 한국철학회 편,《한국철학의 회고와 전망》, 철학과현
실사, 2010, 438쪽.

9 한국철학회와 분과학회에 대한 상세한 내용은《철학》100집 출간기념으로 한
국철학회 편집위원회가 엮어 낸《한국철학의 회고와 전망》, 철학과현실사,
2010을 참조.

10 박명림,〈왜 그리고 무엇이 사회인문학인가〉, 김성보 외,《사회인문학이란 무
엇인가: 비판적 인문정신의 회복을 위하여?》, 사회인문학총서 1, 한길사,
2011. 79쪽.

11 한국갤럽조사연구소,《한국인의 철학: 여론조사로 생생하게 밝힌 한국 최초의
철학 탐구서》, 2011에서 〈제1장 철학에 대한 인식〉을 참조.

12 김재현,〈한국에서 근대적 학문으로서 철학의 형성과 그 특징; 경성제국대학
철학과를 중심으로〉,《시대와 철학》18권 3호, 2007.

13 정선이,《경성제국대학연구》, 문음사, 2002, 164~167쪽.

14 윤영도,〈탈식민, 냉전 그리고 고등교육〉,《냉전 아시아의 문화풍경 1: 1940~
1950년대》, 현실문학, 2008, 173쪽.

15 윤영도, 같은 글, 172쪽.

16 한국철학회 편집위원회 엮음,《한국철학의 회고와 전망》, 철학과현실사, 2010,
46쪽.

17 백낙청,《분단체제 변혁의 공부길》, 창작과 비평사, 1994, 233~234쪽.

18 한국갤럽조사연구소,《한국인의 철학: 여론조사로 생생하게 밝힌 한국 최초의
철학 탐구서》, 2011, 160쪽. 손동현은 일본의 경우 국내박사를 선호하며 일본
내의 지적 재생산 구조가 완결되었다고 본다.

19 〈교수신문〉, 2012년 6월 25일자.

20 김용옥을 대중철학자로 구분하는 데에는 논란이 있다. 이에 대해서는 교수신문 편, 《오늘의 우리 이론 어디로 가는가: 현대 한국의 자생이론 20》, 생각의 나무, 2003, 76~89쪽을 참조.

21 김여수, 〈한국철학의 현황〉(1982), 심재룡 외, 《한국에서 철학하는 자세들: 철학연구 방법론의 한국적 모색》, 집문당, 1987, 377~378쪽. "그 중심은 어디에나 있으되 주변은 어디에도 없는"은 로티의 말을 인용한 것으로, 이 말은 니체에게서 나온 것으로 보인다.

22 김여수, 〈문화보편주의의 새로운 모습〉, 《해방 50년의 한국철학》, 철학과현실사, 1996, 244~250쪽.

23 거드리, 박종현 역, 《희랍철학입문》, 종로서적, 1981, 26~27쪽, 이태수는 철학과 철학사의 관계에 대한 중요성을 강조한다. "철학과 철학사의 관계는 특별하다. 예를 들어 의학을 연구하는 일과 의학사를 연구하는 일은 서로 뚜렷하게 구분될 수 있다. 그러나 철학의 경우는 그 구별이 원칙적으로 그렇게 뚜렷하지 않다. …… 철학적 문제에 대한 이해는 그 문제가 제기된 맥락과 전수, 전승을 통한 변용의 과정을 함께 이해함으로써 비로소 가능해지고 깊이를 얻어가는 것이다"(이태수, 〈장욱 교수의 논문에 대한 논평〉, 《철학》 제39집, 1993 봄, 109쪽). 철학자들의 문제의식이나 철학방식의 차이, 그 결과는 맥락에 따라 다르다. 칸트는 흄의 회의적 입장에 대해 뉴턴 물리학, 유클리드 기하학이 어째서 과학인가를 정당화하려고 했다. 마르크스, 비트겐슈타인, 존 롤스, 로티 등 모든 철학자에 대한 이해는 이러한 철학사적 맥락에 대한 이해를 전제해야 한다.

24 남경희, 〈한국현대철학의 방향정위와 새로운 언어관〉, 이화여자대학교 한국문화연구원, 《철학연구 50년》, 2003, 71~73쪽.

25 "동서고금을 막론하고 모든 중요한 철학들은 이론언어 또는 추상언어로 표현된 문화종합이었다." 그리고 "문화종합을 토대로 한 공동체는 각 사회의 현실적 삶에 뿌리를 박고 있으면서도 핏줄이나 지리의 우연성, 역사나 언어의 특수성을 뛰어넘을 수 있고 이념의 공동체가 될 수도 있다. 문화보편주의란 그 이상도 그 이하도 아니다." 그리고 이러한 '문화보편주의'는 "칸트적 의미에서 규제이념"으로 볼 수 있을 것이다(김여수, 1996, 〈문화보편주의의 새로운 모습〉, 《해방 50년의 한국철학》, 철학과현실사, 245~247쪽).

26 한국철학회 편, 《한국철학의 회고와 전망》, 철학과현실사, 52~53쪽.

27 장은주, 《정치의 이동》, 상상너머, 2012, 54~55쪽.

28 같은 책, 56쪽.

29 박상섭, 〈근대 사회의 전개과정과 사회 과학의 형성 및 변천〉, 소광희 외, 《현대의 학문체계》, 민음사, 1994, 208쪽.

30 김흥규, 〈식민주의와 근대의 특권화를 넘어서〉, 《창작과 비평》 153호, 2011 가을, 477쪽.

31 국학에서 동아시아학으로, 나아가 세계학으로의 발전을 제시하는 조동일의 '학문론'은 처음부터 보편성을 강조하는 기존 철학적(인문학적) 담론에 대한 비판으로서 큰 의미가 있다고 생각한다. 또한 송호근의 《인민의 탄생: 공론장의 구조변동》(민음사, 2011)도 '서양산 사회과학'의 한계를 극복해 보려는 매우 중요한 시도라고 할 수 있다.

32 야마무로 신이치山室信一, 임성모 역, 《여럿이며 하나인 아시아》, 창비, 2003. 왕후이汪暉, 송인재 역, 《아시아는 세계다: 아시아의 근현대를 심층 탐사하여 유럽판 '세계 역사'를 해체하고 신제국 질서를 뚫어보다》, 글항아리, 2012 등을 참조.

33 이진우, 〈'창의적 통합'으로서의 한국철학〉, 《우리 학문이 가야할 길》, 아카넷, 2010, 142쪽.

34 이기상, 《서양철학의 수용과 한국철학의 모색》, 지식산업사, 2002, 79쪽.

35 최근에 경기도 교육청에서 중학교에 철학 교육을 도입하려는 시도를 하고 있으며 이를 위해 교사들과 홍윤기 교수 등이 주관해 《더불어 나누는 철학》이라는 교재를 간행했다.

36 백도형, 〈문화와 언어: 인문교육의 '지평'〉, 인제대학교 인간환경미래연구원, 《인간 환경 미래》 2010. 봄 제4호, 71~91쪽 참조.

37 김재현, 〈한국철학사상연구회와 시대와 철학에 대한 비판적 고찰〉, 《시대와 철학》 23권 1호, 2012. 권보드래 외, 《지식의 현장, 담론의 풍경: 잡지로 보는 인문학》, 사회인문학총서 3, 한길사, 2012에 재수록.

38 나종석, 〈학회를 통해 본 공공성과 학문성의 결합 가능성—한국 사회와철학연구회를 중심으로〉, 연세대 국학연구원, 《동방학지》 제149집, 2010. 《지식의 현

장, 담론의 풍경: 잡지로 보는 인문학》, 사회인문학총서 3, 한길사, 2012에 재
수록.

[39] '사상자원'이라는 말은 쑨거孫歌가 《아시아라는 사유공간》(창비, 2003,
120·159쪽)에서 사용했다. 그는 복잡한 현실에서부터 '사상과제'를 추려내 사
상과제에 맞는 '사상자원'을 통해 현실을 해석하면서 역사에 진입할 수 있다고
본다. 그는 "나는 다케우치 요시미를 따라 일본의 근대로 들어갈 수 있었으며,
그로부터 루쉰에 들어갈 수 있는 새로운 시각이 계발되어 다시 중국의 근대로
들어갈 수 있었다"(같은 책, 51쪽)고 고백하고 더 나아가 "다케우치 요시미는
중국과 루쉰을 가장 풍성한 사상의 자원으로 바꿔 놓았다. 나는 역의 방향에서
다케우치 요시미를 아시아의 사상자원으로 삼고 싶다"(쑨거, 윤여일 역, 《다
케우치요시미라는 물음》, 그린비, 2007, 22쪽)고 말한다. 우리의 경우 우리 자
신의 '사상자원'을 어디서 어떻게 확보해 역사와 현실에 개입할 것인가가 매우
중요한 문제라고 생각한다.

[40] 최근에 출간된 이규성의 《한국현대철학사론》(이화여대출판부, 2012, 976쪽)은
최제우, 최시형, 이돈화, 김기전, 전병훈, 나철, 이기, 서일, 신채호, 이회영, 이
건창, 박은식, 박종홍, 함석헌, 신남철, 박치우의 철학사상을 아우르는 최초의
한국 근현대 철학사상사에 대한 방대한 저술이라 할 수 있다.

[41] 철학교수들이 주축이 되어 간행하고 있는 대중잡지 《철학과 현실》에 대한 고찰
과 한국철학사상연구회에서 운영하고 있는 전자메거진인 〈E-시대와 철학〉에
대한 평가를 비롯해 철학 대중화를 위한 다양한 노력들에 대한 분석 및 평가도
필요할 것이다.

[42] 박근갑, 〈근대의 의미론〉, 한림과학원, 《개념과 소통》 9호, 2012, 143쪽에서 코
젤렉의 말을 재인용함.

강영안, 《우리에게 철학은 무엇인가》, 궁리, 2002.

강정인·정승현, 〈정치학 입문서에 나타난 서구중심주의의 완화·극복 방안〉, 《한국과 국제정치》 제28권 2호 통권 77호, 2012.

교수신문 편, 《오늘의 우리 이론 어디로 가는가: 현대 한국의 자생이론 20》, 생각의 나무, 2003.

권보드래 외, 《지식의 현장, 담론의 풍경: 잡지로 보는 인문학》 사회인문학총서 3, 한길사, 2012.

김석수, 《한국현대실천철학─박종홍부터 아우토노미즘까지》, 돌베개, 2008.

김석수 외, 《한국 인문학의 자기성찰과 혁신》. 경제·인문사회연구회, 2008.

김성보 외, 《사회인문학이란 무엇인가: 비판적 인문정신의 회복을 위하여?》, 사회인문학총서, 한길사, 2011.

김여수, 〈한국철학의 현황〉(1982), 심재룡 외, 《한국에서 철학하는 자세들: 철학연구방법론의 한국적 모색》, 집문당, 1987.

김여수, 〈문화보편주의의 새로운 모습〉, 《해방 50년의 한국철학》, 철학과현실사, 1996.

김우창·박명림, 〈대담: 대학과 학문의 회복을 위하여〉, 《역사비평》 봄 94호, 2011.

김재현, 《한국 사회철학의 수용과 전개》, 동녘, 2002.

김재현, 〈해방 이후 한국 사회철학의 전개과정〉, 《철학연구 50년》, 이화여자대학교 한국문화연구원, 2003.

김재현, 〈철학 원전 번역을 통해 본 우리의 근현대〉, 《시대와 철학》 15권 2호, 2004.

김재현, 〈번역과 철학〉, 《인문학연구》 13집, 한림대인문과학연구소, 2007.

김재현, 〈한국에서 근대적 학문으로서 철학의 형성과 그 특징: 경성제국대학 철학과를 중심으로〉, 《시대와 철학》 18권 3호, 2007.

김재현, 〈함석헌의 초기사상 형성에서 기독교와 사회주의〉, 《시대와 철학》 21권 1호, 2010.

김재현, 〈철학의 제도화, 해방 전후의 연속성과 단절〉, 《한국인문학의 형성: 대학 인문교육의 제도화 과정과 문제의식》, 사회인문학총서 2, 한길사, 2011.

김재현, 〈한국철학사상연구회와 《시대와 철학》에 대한 비판적 고찰〉, 《시대와 철학》 23권 1호, 2012(《잡지로 보는 인문학: 지식의 현장, 담론의 풍경》, 한길사, 2012에 재게재).

김재현, 《〈한성순보〉, 〈한성주보〉, 〈서유견문〉에 나타난 '철학' 개념에 대한 연구—동아시아적 맥락에서〉, 《개념과 소통》 제9호, 한림과학원, 2012.

김재현 외, 《한국인문학의 형성: 대학 인문교육의 제도화 과정과 문제의식》, 사회인문학총서 2, 한길사, 2012.

나종석, 〈학회를 통해 본 공공성과 학문성의 결합 가능성—한국 사회와철학연구회를 중심으로〉, 연세대 국학연구원, 《동방학지》 제149집, 2010(《잡지로 보는 인문학: 지식의 현장, 담론의 풍경》, 한길사, 2012에 재게재).

나종석, 〈교양으로서의 실존주의〉, 《한국인문학의 형성—대학 인문교육의 제도화 과정과 문제의식》, 한길사, 2011.

남경희, 〈한국현대철학의 방향정위와 새로운 언어관〉, 《철학연구 50년》, 이화여자대학교 한국문화연구원, 2003.

리영희·임헌영 대담, 《대화: 한 지식인의 삶과 대화》, 한길사, 2005.

문성원, 〈철학의 기능과 이념—1980년대 이후 한국사회철학에 대한 반성〉, 《시대와 철학》 2009년 가을호, 2009.

문현병, 〈쁘띠 부르조아 이데올로기로서의 비판이론의 한국적 수용〉, 《철학연구》, 천지 1988 겨울호, 1988.

박근갑, 〈근대의 의미론〉, 한림과학원, 《개념과 소통》 9호, 2012.

박명림, 〈왜 그리고 무엇이 사회인문학인가〉, 김성보 외, 《사회인문학이란 무엇인가: 비판적 인문정신의 회복을 위하여?》 사회인문학총서 1, 한길사, 2011.

박상섭, 〈근대 사회의 전개과정과 사회 과학의 형성 및 변천〉, 소광희 외, 《현대의 학문체계》, 민음사, 1994.

박영균, 〈철학 없는 시대 또는 시대 없는 철학〉, 《시대와 철학》 2009년 가을, 2009.

백낙청, 〈학문의 과학성과 민족주의적 실천〉, 송건호·강만길 편, 《한국민족주의론 2》, 창작과 비평사, 1983.

백낙청, 《분단체제 변혁의 공부길》, 창작과비평사, 1994.

백낙청 회화록 간행위원회 편, 《백낙청회화록》 1~5, 창비, 2007.

백도형, 〈문화와 언어: 인문교육의 지평〉, 《인간 환경 미래》 제4호, 인제대학교 인간환경미래연구원, 2010.

백영서, 〈동양사학의 탄생과 쇠퇴─동아시아에서의 학술제도의 전파와 변형〉, 《창작과 비평》 2004 겨울호, 2004.

백종현, 《독일철학과 20세기 한국의 철학》, 철학과현실사, 1998.

백종현, 〈한국철학계의 칸트 연구 100년(1905~2004)〉, 한국칸트학회, 《칸트연구》 제15집, 2005. 6.

소광희 외, 《현대의 학문체계》, 민음사, 1994.

송호근, 《인민의 탄생: 공론장의 구조변동》, 민음사, 2011.

심재룡 외, 《한국에서 철학하는 자세들: 철학연구 방법론의 한국적 모색》, 집문당, 1987.

윤사순·이광래, 《우리사상 100년》, 현암사, 2001.

윤영도, 〈탈식민, 냉전, 그리고 고등교육〉, 《냉전 아시아의 문화 풍경 1: 1940~1950년대》, 현실문화, 2008.

이기상, 《서양철학의 수용과 한국철학의 모색》, 지식산업사, 2002.

이광래, 《한국의 서양사상수용사》, 열린책들, 2003.

이광래·후지타 마사카쓰 편, 《서양철학의 수용과 변용─동아시아의 서양철학 수용의 문제》, 인하대학교 출판부, 2010.

이규성, 《한국현대철학사론》, 이화여대 출판부, 2012.

이진우, 《한국 인문학의 서양 콤플렉스》, 민음사, 1999.

이진우, 〈'창의적 통합'으로서의 한국철학〉, 한국학술협의회 편, 《우리 학문이 가야 할 길》, 아카넷, 2010.

이태수, 〈장욱 교수의 논문에 대한 논평〉, 《철학》 제39집 1993년 봄호, 1993.

이태수 외, 〈우리 학문의 현황(대담)〉, 한국학술협의회 편, 《우리 학문이 가야 할 길》, 아카넷, 2010.

이화여자대학교 한국문화연구원, 《철학연구 50년》, 혜안, 2003.

임대식, 〈지식인과 이념의 분화〉, 《지식변동의 사회사》, 문학과지성사, 2003.

장은주, 《생존에서 존엄으로: 비판이론의 민주주의 이론적 전개와 우리 현실》, 나남, 2007.

장은주, 《인권의 철학: 자유주의를 넘어 동서양 이분법을 넘어》, 새물결, 2010.

장은주, 《정치의 이동: 분배의 정의를 넘어 존엄으로 진보를 리프레임하라》, 상상너머, 2012.

정문길, 〈진보주의의 수용과 전개—1970년대 이후 한국에서 마르크스주의 운동과 연구동향〉, 김병익·정문길·정과리 편, 《오늘의 한국지성, 그 흐름을 읽는다 1975~1995》, 문학과지성사, 1995.

정선이, 《경성제국대학연구》, 문음사, 2002.

철학연구회 편, 《해방 50년의 한국철학》, 철학과현실사, 1996.

한국갤럽조사연구소, 《한국인의 철학: 여론조사로 생생하게 밝힌 한국 최초의 철학 탐구서》, 2011.

한국연구재단, 《2011년 대학연구활동실태조사》, 2011.

한국철학회 편, 《한국철학회 50년: 역대 회장의 회고와 전망》, 철학과현실사, 2003.

한국철학회 편, 《한국철학의 회고와 전망》, 철학과현실사, 2010.

한국철학회, 《한국 현대철학 100년의 쟁점과 과제》, 1999년 춘계학술대회보.

한국학술협의회 편, 《우리 학문이 가야할 길》, 아카넷, 2010.

허남진·백종현·차인석·김남두·성태용, 〈특집: 서구 철학사상의 유입과 그 평가—한국철학 근 백년의 회고와 전망〉, 《철학사상》 제8호, 서울대철학사상연구소, 1998.

홍영두 외, 《한국근현대윤리사상》, 현실과 과학, 2008.

거드리, 박종현 역, 《희랍철학입문》, 종로서적, 1981.

리오타르, 이현복 역,《포스트모던적 조건》, 서광사, 1992.

리처드 로티, 〈문화정치로서의 철학〉, 한국학술협의회 편,《지식의 지평》5, 아카
넷, 2008.

마이클 샌델, 이창신 역,《정의란 무엇인가》, 김영사, 2010.

미야가와 토루·아라카와 이쿠오, 이수정 역,《일본근대철학사》, 생각의 나무,
2001.

쑨거, 류준필 외 공역,《아시아라는 사유공간》, 창비, 2003.

쑨거, 윤여일 역,《다케우치 요시미라는 물음》, 그린비, 2007.

야마무로 신이치, 임성모 역,《여럿이며 하나인 아시아》, 창비, 2003.

왕후이, 송인재 역,《아시아는 세계다: 아시아의 근현대를 심층 탐사하여 유럽판
'세계 역사'를 해체하고 신제국 질서를 뚫어보다》, 글항아리, 2012.

에드워드 W. 사이드, 김정하 역,《저항의 인문학: 인문주의와 민주적 비판》, 마티,
2008.

에리히 프롬, 김진홍 역,《소유냐 삶이냐》, 홍성신서, 1978.

위르겐 하버마스, 윤형식 역,《진리와 정당화》, 나남, 2008.

한국 정치학,
자아준거적 정치학은
영원한 숙제인가

박상섭

한국 정치학,
자아준거적 정치학은 영원한 숙제인가

이 글의 목적

이 글은 1945년 해방을 기준으로 하면 67년, 유길준의 《정치학》을 기준으로 하면 100년이 넘는 한국의 근대식 정치학의 발전 과정을 되돌아보면서 보다 바람직한 방향을 모색하기 위한 것이다. 한국 정치학은 전공 학자의 수, 발표되는 논문과 저서 등 양적 측면에서 볼 때 실로 대단하다는 표현을 사용할 수밖에 없을 정도로 성장해 왔다. 이러한 양적 지표만을 두고 본다면 아마도 미국 다음의 정치학 대국이라는 표현이 무방할 정도로 크다고 여겨진다. 그러나 이러한 정치학이 과연 한국 사회의 지적 풍토 형성에 어느 정도의 영향력을 발휘해 왔는가, 질문을 약간 바꾸어 정치학이 그러한 양적 규모에 비견할 만한 지적 영향력을 발휘해 왔는가 또는 정치학이 한국 사회의 발전 방향의 설정에 그에 비례하는 지적 지침을 제공해 왔는가 하고 물을 경우 자신 있게 그렇다고 할 수 있는 정치학자의 수가 얼마나 될지 궁금하다.

이러한 문제의식은 필자에 의해 처음 제기된 것은 아니고 지난 수십 년간 여러 차례에 걸친 한국 정치학에 대한 '반성' 작업들[1]을 통해 지속적으로 제기되어 온 의문이기도 하다. 그럼에도 그러한 문제에 대한 정확한 요인이 제시되지도 않았고, 또한 그에 대한 어떤 실효성 있는 대책이 마련되었던 흔적도 보이지 않은 채 동일한 회한 내지는 개탄만 반복적으로 제출되어 온 것이 한국 정치학계의 현실로 보인다. 이 글도 다분히 그러한 작업들의 개정판 내지는 반복이 될 가능성이 적지 않다. 이러한 문제의 근본적인 요인은 정치학자 개인들의 학문적 의지로써 해결되기 어려운 어떤 거대한 구조에 있는 것으로 보이기 때문에 사실 쉬운 해결책을 내놓기가 대단히 어려울 것이다. 그리고 그러한 의문의 제기에 적지 않은 수의 학자들이 동감을 표하지만 이들이 바로 그러한 문제시되는 구조의 중요한 버팀목을 이루고 있다는 역설적 또는 자기모순적인 현상이 현재의 상황이다.

그동안 여러 학자들이 제기한 한국 정치학 문제의 논지는 미국 정치학의 영향을 압도적으로 받으며 형성된 데 따른 한국 정치학의 주체성 상실 문제를 빨리 회복함으로써 한국인 자신의 문제를 한국 정치학이 독자적으로 설정하고 그 해결책을 찾아야 한다는 것이었다. 이러한 반성의 논의는 1996년 한국정치학회장에 취임한 당시 신정현 경희대학교 교수의 취임사 〈한국 정치학의 과제: 토착화와 실학화〉에서 잘 요약되어 있다:

첫째로 한국 정치학은 그의 학문적 구성을 위한 독자적 기틀을 갖지 못하고 우리 학계에 도입될 수밖에 없었다. …… 그 결과 우리 정치사회의 문제를 일정한 가치기준과 준거 틀에 따라 분석하고 해결할 수 있는 정치학의 내적 역량이 부족할 수밖에 없었다. 둘째로 한국 정치학은 ······학문으로서의 ······목적 자체가 불투명했기 때문에 우리의 정치현실을 정확히 분석하고 이해할 수 있는 자아준거적 탐구가 깊이 있게 행해질 수 없었다. 특히 대부분의 이론들이 외국학계에서 도입된 것들이었지만 이들을 한국 정치현실에 적용해서 분석하고 설명할 수 있는 창조적 준거들이 개발될 수 없었다. 한국 정치학이 건국과 그 이후 우리 사회가 직면한 문제들을 해결하는 데 실질적으로 기여할 수 없었다는 일부 비판도 여기에 기인되었던 것이다.[2]

위와 같은 문제를 제기한 신정현 당시 한국정치학회장은 자신의 취임사의 결론으로서 취임사의 제목대로 '한국 정치학의 토착화와 실학화'를 제안하고 있는데 그 자세한 내용은 선택된 말 자체에서 잘 설명되고 있고 그 내용의 타당성 또한 많은 사람들이 동의하기 때문에 굳이 부연 설명을 할 필요는 없을 것이다. 그러나 이렇게 제기된 문제의 요인에 관한 분석이 충분치 않은 것으로 여겨지기 때문에 정치학의 시작 단계에서부터 그 발전 과정을 되짚어 보면서 어디에서부터 무엇이 잘못되었는가를 검토하는 것이 필요하다고 생각된다.

한국 정치학의 시작

한국에서 '정치학'이라는 특정의 이름을 갖는 최초의 저술을 말하자면 1896년 아관파천과 김홍집 친일 내각의 붕괴에 따른 정치 위기를 맞아 일본에 망명했던 유길준이 1906년을 전후해 저술했던 미완성 원고 《정치학》을 들 수 있을 것이다.[3] 《정치학》은 형식상 서양식 근대 정치학 교과서의 틀을 갖춘 최초의 저술로 평가되며, 특정 지역의 특수한 사정을 소개하는 것이 아니라 정치 일반의 보편적 양상과 문제를 다룰 것을 목적으로 한다는 점에서 한국인 최초의 근대식 '정치학'의 저술로 보기에 무리가 없을 것이다.

아마도 유길준의 저술 의도는 서양의 유기체 정치이론에 입각해 근대식 정치 개념을 한국인들에게 소개하고 나아가 개화와 부강 실현의 필요성에 대해 말한다는 지극한 선의를 바탕으로 두었을 것이라고 짐작된다. 그러나 실제 내용은 당시 일본에서 정치학, 행정학 및 경제학을 강의했던 라트겐Karl Rathgen이라는 독일인 학자의 강의 내용을 번역한 것으로서[4] 어쩌면 한국에서의 서양 학문을 도입하는 초기의 전형적인 모습, '한국 정치학의 외래의존적 성격의 원형'[5]을 보여 주는 듯한 인상을 주기도 한다. 그러나 이러한 번역/번안을 통한 조급한 서양 정치이론과 학설의 소개도 1910년의 한일병합과 함께 봉쇄되었고, 정치학이 다시 중요한 사회적 담론의 양식으로 부활된 것은 1945년 해방 이후의 일이었다. 해방에 따라 발단이 주어진 '정치학'은 학문 그 자체보다는 서양식 대학의 설립에 따른 (정치)학과의 설립과 함께 시작되었다.

정치학과가 처음 창설된 곳은 해방 후 처음으로 1948년 8월에 설립된 국립 서울대학교의 문리과 대학이었고 같은 해에 대학교로 승격된 고려대학교와 연희대학교에도 정치학과가 창설되었다. 서울대학교 또는 다른 대학에서 정치학과의 설립에 관한 문헌은 곧이어 발생된 1950년의 전란으로 현재 남아 있는 것이 없다고 알려져 있다. 학과 창설 당시의 관련자의 구전을 바탕으로 김영국 교수는 "해방이 되고 건국을 준비하는 마당에 있어 정치학 교육과 연구의 목적에 관한 문제가 별로 거론되지 못했다"고 추론하면서 이 점은 정말 놀라운 일이 아닐 수 없다고 말한다.[6] 이렇게 정치학을 받아들이는 목적과 기준도 불명확했고 또한 당장 특별히 정치학 교육을 위한 준비된 인력도 없는 상황에서 교육의 내용은 당분간 일본의 영향에서 크게 벗어나지 못하고 있었다. 일본의 전통에 포함되는 것은 헌법, 행정법 등의 공법과 역사학이었는데 이것들을 아우르는 독일의 국가학의 전통이 여전히 강한 영향력을 발휘했다.

독일의 국법학 또는 국가학 전통과도 구별되고 전통적인 역사학과도 별개로 취급되는 독립 분과학으로서의 정치학의 전통이 일본 학계에는 없었기 때문에 해방 직후 대학에 정치학과가 설치되었어도 정치학을 전공한 학자가 없었던 것은 당연한 일이었다. 따라서 대학의 강의는 공법학 전공학자나 역사학자들이 담당할 수밖에 없었다. 예컨대 국사학자로 잘 알려진 이선근 교수가 정치학과 교수로 초빙되었고 이선근 박사의 추천으로 정치학과 교수에 임용된 이용희 교수의 경우도 그가 원래는 사학史學 전공자였

다는 점이 가끔 특기되기도 한다.[7]

정치학과가 여러 대학에 설치되면서 이러한 일본의 영향력으로부터 벗어나려는 노력도 시작되었다. 그러한 전통에 비견할 수 있는 학문적 권위를 갖춘 서유럽적 자유민주주의 계통의 작업으로, 정치학의 정의, 범위 및 방법을 종합적으로 조망해 줄 수 있는 대안으로 떠오른 것이 영국의 라스키, 매키버Robert Morrison Maciver 또는 콜George Douglas Howard Cole 등 다원주의 계열의 학자군이었다.[8] 이 당시 한국 정치학계에서 가장 중요한 과제는 서양 민주주의 사상과 제도를 소개하고 국민들에게 이해시키는 일로 여겨진다. 즉 특별한 준비 없이 주어진 해방을 맞아 서양식 모델에 따른 "국가 건설 과정에 있어서 이념과 제도를 정립하려는 노력으로서 또는 정치적 사회화를 위한 계몽으로서"의 역할 수행에 어느 정도 기여했으나 연구의 초점이 한국 정치에 두어져 있지 않았기 때문에 "민주 정치의 정착에 요구되는 정치, 경제, 사회적 여건을 고찰하는 데는 시각을 돌리지 못했을 뿐더러 정치발전을 위한 국민적 능력을 개발하는 데도 관심이 미치지 못했다"고 한국 정치학의 역사를 추적해 온 한 원로학자는 애정과 비판적 감정을 동시에 토로한 바 있다.[9]

한국전쟁을 계기로 좌우 이념 대립의 문제가 자연적으로 해소됨과 동시에 자유당 정권에 의한 잦은 개헌과 정치파동을 계기로 정치권력, 리더십 및 정치과정에 관한 일반적인 관심이 높아졌다. 이러한 추세에 따라 정당, 의회, 선거, 여론, 투표행태 등에 관한 저서 및 번역서들이 많이 출간되었다. 이 과정에서 민주주의의 기원 또는 철학적 기초 등의 문제와 관련해 많이 읽혔던 영국의 다원주의 계열의 저서를 대신해 권력과 정치과정을 많이 다루던 미국 정치학이 소개되기 시작했다. 대표적인 학자로는 메리엄Charles Edward Merriam으로 《사회변동과 정치》, 《정치학서설》 및 《체계적 정치학》 등 모두 세 종의 책이 1955~1956년 사이에 번역 출간되었다. 그리고 라스웰Harold Dwight. Lasswell의 저서도 자주 번역되었는데 여기에는 《권력과 인간》(1958), 《현대정치분석》(1958), 《정치동태의 분석》(1960), 《권력과 사회》(1963) 등이 포함되었다.

미국 정치학의 영향

한국에서 정치학 교육과 연구가 어느 정도 안정성을 바탕으로 시작된 것은 1953년 환도 이후의 일로 여겨진다. 그러나 새로운 조류의 정치학의 연구 전통이 깊지 않았던 까닭에 주로 이루어진 작업은 저명 도서의 번역과 교재용 개론서의 출간이었다.[10]

정치과정의 분석에 대한 관심 제고는 1950년대 전반기까지 강세였던 정치제도의 역사적 분석으로부터 거리를 두고, 개인의 행동에 대한 미시적 분석에 초점을 맞추는 이른바 과학주의적 분석 경향에 대한 관심이 증가한 것과 발을 맞추면서 이루어진 일이었다. 대표적 과학주의 정치학 이론가였던 메리엄의 서적이 한국에 여러 종 번역 소개된 것은 단순한 우연이 아니라 이러한 변화를 반영한 것이었다. 메리엄의 애제자로 심리분석을 정치학에 도입해 메리엄의 과학주의가 행태주의 정치학으로 발전하는 데 결정적 기여를 한 라스웰의 저서도 여러 종 번역되었는데 역시 같은 맥락에서 이해될 수 있다.[11]

정치학의 경우 경제학이나 사회학 같은 인접 사회과학 분과학과 달리 독립 분과학으로서의 출발은 미국에서 처음 이루어진 일이다. 물론 한국에서 대학의 독립 학과로 설치된 정치학이 미국과는 다른 현실의 맥락에서 (아마도 별다른 이론적 고려 없이, 보다 정확히는 별다른 고려의 시간적 여유를 전혀 갖지 못한 채 미국의 학제를 모델로 했기 때문에) 출발된 것이지만 사후에라도 독립 분과학으로서의 존립에 대한 이론적 정당화는 별도로 필요한 작업이었던 것으로 여겨진다. 1950년대 초반까지는 새로운 정치제도에 대한 이해의 제고라는 관점에서 그 정당성 또는 존립의 타당성이 굳이 설명되어야 할 필요가 느껴지지 않았으나 전통적 방식의 논의를 중심으로 하는 개론서의 출간만으로 계속 충족될 수 있는 사안이 아니었다. 이러한 상황에서 법과 제도의 기술記述을 바탕으로 하는 사회적 계몽안내서 이상의 학문적 지위를 획득하기 위해서 노력한 한국 정치학에게 미국 정치학은 대단히 유용한 모범이 되었다고 여겨진다. 미국 정치학은 독립 분과학으로서 정치학의 존립 의의를 사회 기여와 함께 과학적 성격을 획득한 데에서 찾음으로써 상당한 성공을 자신했기 때문이다.

1950년대에 집중적으로 소개된 영국 정치학은 주로 국가의 의미와 역할을 상대화하는 다원주의의 이론적 논의들에 한정되었다. 그런데 미국 학계도 기본적으로는 유사한 자유주의 전통에 서

한국 인문·사회과학 연구, 이대로 좋은가

있었기 때문에 미국 정치학이 방법론적으로는 차이를 보였으면서도 큰 마찰 없이 수용될 수 있었다. 다만 관심의 대상은 이론적 정당화나 해명 쪽보다는 경험적 현상의 기술과 설명 쪽으로 옮겨가게 되었다. 즉 미국 정치학에 대한 관심 증가는 경험과학으로서의 정치학에 대한 관심 증가와 비례하는 것이었다. 또한 한국 학계의 전반적 관심이 영국에서 미국 쪽으로 바뀌면서 과학주의적 경향 또는 행태주의 정치학의 수용은 개별 학자들의 의식 여부와 무관하게 이미 대체로 방향이 정해진 것이나 다름없다고 볼 수 있다. 행태주의 또는 과학주의적 방법이 필요하다는 점이 명백하게 의식된 것은 대체로 1950년대 말의 일로 여겨진다. 1958년 9월에 있었던 미국정치학회 54차 연차대회에 참관했던 윤천주 교수는 이때 받은 인상기를 겸해 1959년 처음 발간된 《한국정치학회보》 1집에 〈"행태과학Behavioral Science"적 정치학의 역할〉이라는 제명의 글을 기고해 미국 학계 동향에 대해 보다 많은 관심을 가져야 될 이유를 피력했다.[12] 이러한 분위기 속에서 반드시 행태주의적 방법 그 자체를 염두에 둔 것은 아니지만 1950년대 후반부에는 정치 과정으로 정당, 선거, 의회 등에 관한 저술들이 다수 출판되었다.[13]

국제관계론 연구의 발전

잘 알려져 있듯이 국제관계에 대한 이론적 관심은 세계 정치를 주도하는 국가들의 정책 수립과 관련해 크게 자라났다. 이와 관련한 연구는 국제법, 외교사, 지정학 및 주요 정책결정자들의 개인 전기 등에 초점이 맞춰져 왔는데 하나의 독립된 분과학으로서 발전한 것은 2차 세계대전 후 명실상부한 세계지도국으로 등장한 미국에서였다. 한국의 경우는 정반대로 국제관계에 의해 수동적으로 국가와 국민의 운명이 결정되었기 때문에 국제 문제에 깊은 관심을 갖게 되었다. 그리고 이러한 관심은 해방과 더불어 대중적 수준으로 확대되었고 이러한 지적 호기심은 주요 잡지들을 통해 발표된 지식인들의 해설 및 논평으로 충족되었다.[14]

이러한 상황에서 국내 최초의 국제관계론 교과서로 조효원 교수의 《국제정치학》이 1954년에 출간되었다. 서문에서 밝히고 있듯이 이 책은 "저자가 [미국에서] 교재로 연구하던 제 참고저서 중에서 가장 중요하다고 믿는 부분만을 체계화한" 것인데 소개되는 중요한 학자들로는 모겐소Hans Morgenthau, 슈만Frederick Schumann 등의 현실주의 이론가, 랑거 같은 외교사학자, 매킨더Halford John Mackinder 같은 지정학자, 한스 콘Hans Kohn 같은 민족주의 역사학자, 브라이얼리James Leslie Brierly 등의 국제법 학자 등이 포함된다.

1955년에는 이용희 교수가 《국제정치원론》을 출간하는데 그는 이 책에서 주체적 입장에 선 정치학으로서의 국제정치학을 시도한다는 분명한 문제의식에서 집필했다고 밝힌다. 이용희 교수는 이미 해방 직후부터 《신천지》 등을 중심으로 국제 문제를 논의해 왔는데 이 책은 그동안의 저술 과정에서 제기된 문제에 대한 이론적 해명이라는 구체적 목적을 갖고 있다. 그의 말에 따르면 (일본을 제외한) 동양 전체에서 찾을 수 있는 취약성의 까닭을 알기 위해서는 유럽에서 발단한 근대정치의 성격과 내용을 알아야 하며, 유럽 정치 및 그것을 중심으로 하는 국제정치의 연구는 곧 우리의 현재 상황을 이해하는 것을 의미한다. 그가 궁극적으로 의도한 바는 서양적 가치와 서양적 제도가 외국으로 전파되는 과정을 포착하는 것이었는데 그 구체적인 작업은 그가 1962년에 출간한 《일반국제정치학》(上)에서 이루어지고 있다. 그는 이 작업을 바탕으로 그가 《국제정치원론》에서 언급한 바를 다시 기술하려 할 생각이었으나 실제로 결실은 맺어지지 않았다.[15]

1960년대: 정치발전 또는 근대화의 정치학

해방 이후 1950년대까지의 시기를 두고 시각에 따라 둘로 나누기도 하고(김계수, 김운태 1978) 한 시기로 묶어 보는 학자도 있지만 (민준기 1982), 한국 정치학이 본격적인 궤도에 올라 성장하기 시작한 시기가 1960년대라는 데에서는 대체로 견해가 일치한다. 1960년을 전후한 시기에 이르기까지의 중요한 변화를 보면 다음과 같다. 우선 정치학자의 수가 많이 증가했다는 점을 꼽을 수 있다. 정치학과가 처음 수립될 때만 해도 정치학으로 훈련받은 인원이 전무한 상태였는 데 비해 1950년대를 전후해 대학에 입학한 사람들이 1950년대 말에 이르러 대학에서 강의를 하기 시작하면서 정치학자라고 할 수 있는 전문인력의 수가 늘었다. 또한 박사학위 취득자의 수도 증가하기 시작하고 동시에 정치학 교과목이 팽창하고 또한 세분화되었다. 즉 국제정치, 비교정치, 지역 연구, 정치이론 및 사상, 행정학 등이 세부 분과로 점차로 정착하기 시작했다. 또한 미국의 영향으로 짐작되는 것으로 정치학 방법론에 대한 관심이 높아지고 행태주의의 도입이 빠르게 이루어졌다.[16]

1960년대 한국 정치학의 가장 두드러진 특징은 아마도 새로운 학자군의 등장일 것이다. 이들 일련의 학자군은 일제 강점기에 교육을 받았던 원로 정치학자들의 제자로, 1950년대 말 무렵부터 학자 경력을 시작했으며 장단기 유학을 통해 미국의 정치학을 직접 접하고 돌아왔다. 이들은 공통적으로 종래의 법률적·제도적 연구 방법을 벗어나고자 하는 의욕을 보였는데 당시 1집을 발간한 지 8년이 지난 1967년에 2집이 출간된 《한국정치학회보》에 필진으로 참여한 바 있다.[17]

이 시기 한국 정치학의 또 다른 특징의 하나로 비교정치 분야에 대한 관심이 급증했다는 것을 들 수 있다. 당시 미국 학계에서는 비교정치 분야에 대한 관심이 높아졌는데, 이는 미국의 대외정책의 영향을 받아 정치발전론 또는 근대화론과 관련해 진행된 현상이었다. 한국 정치학자들에게 특히 많은 영향을 주었던 작업으로는 알몬드Gabriel Almond와 콜먼James S. Coleman이 편찬한 《The Politics of the Developing Areas》였던 것으로 지적된다. 알몬드의 논의는 사회에 관한 일반이론의 제시를 목적으로 하는 파슨스Talcott Parsons의 사회체계론과, 이것을 정치 영역에 적용해 심화시킨 이스턴David Easton의 정치체계이론을 바탕으로 했다. 이러한 작업은 '국가'의 개념을 중심으로 역사적 전망 위에서 전개된 전통적 논의가 갖는 한계를 극복하고 방법론적으로 보다 엄밀한 정치학 이론의 수립이라는 '정치중립적이고 과학주의적' 목적을 기치로 내걸었다. 그러나 실제 이러한 가치중립성의 주장은 당시까지의 미국 정치가 완성된 민주주의를 구현하게 되었다는 엄청난 정치적 자만심과 이를 바탕으로 한 낙관론의 발로였다는 점이 비판적으로 지적되었다(Seidelman, 1985: 317).[18]

1960년대 한국 사회는 정치적으로는 군사안보 및 통일이라는 상시적 쟁점 외에 근대화, 산업화, 경제발전 및 정치발전이라는 새로운 쟁점을 둘러싸고 활발한 논쟁과 정치적 대결이 전개되고 있었다. 따라서 정치발전 또는 근대화의 주제는 피해갈 수 없었을 뿐 아니라 정치학의 존재 이유를 제시해 주는 적실성 있는 논의 주제가 되었다. 이와 관련한 연구 작업도 여러 종 발간되었는데 대부분 신생국 정치론, 후진국 정치론 등의 제명하에 교과서의 형태로 나왔다.[19] 정치학의 다른 분야도 마찬가지겠지만 근대화 정치론의 문제는 넓게는 비교정치론의 문제인데 이 연구 작업이 제대로 진행되기 위해서는 무엇보다도 주제와 관련된 지역들의 현황에 대한 역사 연구 및 현황 파악에 관한 경험적 작업이 선행되어야 한다. 그러나 이것은 역사가 짧은 한국 학계에게는 벅찬 작업이었다. 그러다 보니 주로 미국 학계에서 자신들의 시각에 맞게 처리된 자료에 의존할 수밖에 없었으며, 사실상 미국에서의 연구를 소개하는 이상의 작업이 나올 수 없었던 것은 불가피했던 일로 여겨진다. 따라서 당시 한국 정치학에서 비교정치론의 주요한 작업은 번역에 의존할 수밖에 없었는데 이러한 맥락에서 그때까지 진행된 정치발전론을 비판적으로 다룬 헌팅턴Samuel Phillips Huntington의 작업과 상기 정치발전론 시리즈를 반성하는 여섯 권의 작업 등이 번역·소개되었다.[20] 정치발전 또는 근대화에 관한 초기의 낙관론과는 달리 정치발전의 문제는 정치 및 사회 구조 전체의 변동에 관한 문제이며, 상당한 정치적 사회적 갈등을 수반하는 문제이다. 따라서 이 문제에 대한 심층적인 논의는 정책 입안 및 집행자, 즉 정부와의 심각한 갈등을 내포한다. 바로 이러한 이유 때문에 한국 정치학계에서 종합적으로 시도된 근대화에 관한 종합적인 논의는 비판적인 내용을 담고 있다는 이유 때문에 기록물(학회 논총) 배포가 금지되기도 했다.[21]

1950년대의 '준비기'에 비하면 한층 더 성장한 모습을 보이기 시작했기 때문에 일부 학자들에 의해 '성장기'라는 이름이 붙은 1960년대 한국 정치학은 외국, 특히 미국의 이론을 도입하는 노력이 현저했던 시기로 보인다. 그러나 연구 대상 자체에 대한 심층적인 기술이나 이해 없이 방법이나 이론만으로 정치학이 되는 것이 아니기 때문에 1960년대도 여러 가지 미흡한 면을 많이 보였다. 이러한 점은 한 원로 학자의 다음과 같은 술회를 통해 잘 요약되고 있다.

……첫째는 선진국에서 개발된 접근 방법을 소개하는 데 그치고 그것을 이용해 한국 정치 현상을 설명해보려는 노력이 철저하지 못했다. 또 한편 외국의 정치이론이나 모형의 소개는 많이 하고 있지만 이러한 이론이나 모형을 한국 정치 현상을 설명하는 데 적합한지 그 타당성을 반성적으로 고찰하는 데 노력이 부족했다. 둘째 잡다한 접근 방법을

소개만 했을 뿐 접근 방법에 관한 정치학자간의 공통적 이해와 합의가 결여된 까닭에 방법론상의 다소의 혼란이 있었던 것도 사실이다.[22]

서양, 특히 미국의 정치이론에 대한 소개가 집중적으로 이루어지면서 동시에 한국의 정치 문제에 대한 탐구가 상대적으로 경시되는 듯한, 즉 본말이 전도되는 듯한 경향에 대한 반우려도 적지 않게 이루어졌던 것으로 여겨진다. 아마도 이러한 점에 대한 강한 의식이 바탕이 되어 《한국정치학회보》 3집(1969)은 한국정치사에 관한 논문들만을 중심으로 특집호로 발간되었다. 이 논문집의 〈권두언〉에서 당시의 학회장인 민병태 교수는 이 점을 분명히 밝히고 있다. 이 권두언 전체를 관통하는 문제의식은 '독자적 정치학' 및 '토착적 정치학'이라는 두 개의 구절을 통해 요약되는데 민병태 회장은 정치학 연구가 역사 연구에 머물러 있을 수는 없으나 일단은 역사 연구를 출발점으로 할 수밖에 없으며 정치학은 앞으로 이러한 단계를 넘어서서 법칙정립적인 단계로 나아가야 함을 강조하고 있다. 대단히 타당한 지적으로 여겨지는데 1970년대 이후 이루어진 한국정치학의 실적이 그의 희망이나 기대에 부응했는지에 대해서는 의문의 여지가 있어 보인다.

1970년대: 한국 정치학의 정체성에 대한 물음의 시작

한국의 1970년대는 유신시대라는 말로 표현할 수 있다. 대한민

국 헌정사에 있어 가장 폭발적 요소를 품고 있던 시대였지만 대학을 중심으로 하는 제도권 정치학의 세계는 상당히 소극적인 반응을 보였던 것으로 여겨진다. 물론 정치학자 개인들로서는 여러 가지 다양한 입장을 견지하고 있었겠지만 정치학회나 국제정치학회의 공식 출판물을 통해서 볼 때 당시 긴박했던 바깥 사회의 상황이 쉽게 엿보이지 않는다. 물론 그 이유는 일체의 비판적 논의에 대해서 억압적이었던, 즉 지적 암흑기로 말할 수 있는 당시의 정치 분위기 때문인 것으로 여겨진다. 상식만으로는 쉽게 설명되지 않는 폭압적인 분위기에 대해서는 대부분의 정치학자들도 반감을 갖고 있었을 것이다. 그러나 그러한 정치적 탄압을 통해 지키고자 한 당시의 사회적 정치적 기성질서에 대해서 비판적이었는지 아니면 그러한 질서 자체에 대해서는 어느 정도 우호적 태도를 갖고 있었는지는 확실하게 말할 수 있는 어떤 증거도 없는 것으로 보인다.

이러한 문제를 제기하는 까닭은 다음과 같다. 당시 한국 정치학계는 폭압적인 정치 분위기에 대해서 큰 반감을 가지고 있었지만, 한편으로는 남북한의 심각한 군사적 대결이라는 정치 상황하에서 자유민주주의 질서를 보장해 줄 군사안보와, 지속적인 경제 성장을 위해 자유민주주의의 부분적 또는 일시적 제약은 불가피하다는 정당화 논리에는 암묵적으로 동의하는 견해가 지배적이었다. 그리고 바로 이것이 학계의 학문적 활동을 통해 당시의 정치 분위기가 잘 드러나지 않는 까닭이라고 여겨진다.

1970년대 전체에 걸쳐 발표된 단행본이나 논문을 검토할 때 미국의 이른바 과학주의적 이론의 영향이 두드러지게 보이는 작업이 의외로 많지 않았다는 특징을 찾을 수 있는데, 이를 흥미로운 사실로 부각시킬 수 있을 것이다. 그러나 관찰의 각도를 약간 달리해 보면 미국 정치학이 나름대로 한국 정치학에 대해 상당한 기여를 하고 있음을 찾아 볼 수도 있다. 당시 미국 정치학의 주류를 이루던 체계이론적 논의 방식은 현실세계에서 발견되는 중요한 현상이나 과정을 전부 추상적인 용어로 바꿈으로써 모든 정치 분석이 탈정치적, 탈역사적 또는 탈이데올로기적인 방식으로 진행되도록 만들었다. 따라서 정치현실이 갖는 갈등적이고 투쟁적인 측면을 회피할 수 있게 했다. 주어진 현실에 대한 비판은 가치판단이 개입된, 따라서 '비非과학적인 것으로 취급되어 학술적 논의의 틀에서는 적합하지 않는 대상이 되는 경향이 강했다.

　실제 미국 정치학의 과학주의 경향은 미국 정치발전에 대한 자유주의자들의 자신감과 발전의 결과에 대한 급진주의적 비판론을 동시에 반영하는 논의로서 해석된다.[23] 이러한 관점에서 볼 때 미국에서 제기된 가치중립적 과학주의 방법의 강조는 아직 사회발전 또는 정치발전과 관련해 자신감도 생기지 못하고 그 방향에 관해 기초적인 합의조차 마련되지 않은 사회에서는 원론적 논의를 넘어서는 적실성을 갖지 못한다. 따라서 과학주의적 정치학의 필요성이 강하게 주장되면서도 그러한 방식을 바탕으로 한 한국 사회의 연구 결과가 많이 나오지 못한 것은 자연스러운 일로 보인다. 실제 과학주의 운동을 강조한 사람들이 반드시 현실호도의 목적을 노리고 그리한 것은 아니지만 '과학적' 정치학 논의가 강조하는 가치중립의 논지는 현실의 갈등적인 양상이 활발하게 논의되는 것을 막는 중요한 이데올로기적 역할을 수행했던 것으로 보인다.

이해를 돕기 위해 실례를 바탕으로 이러한 논지를 검토할 필요가 있다. 앞서 지적되었듯이 전후 미국 정치학의 일관된 노력 가운데 하나는 '국가' 개념의 추방이었다. 모든 사회적, 정치적 갈등과 투쟁의 현장인 국가는 가치중립적 '체계'의 개념으로 치환되었고 그 안에서 전개되는 여러 가지 갈등들은 과학의 요구에 따라 중립적, 즉 탈이데올로기적 개념으로 바뀜으로써 실제 정치과정이 포함하는 각종 갈등적 요소는 정치학 논고 과정에서 원천적으로 봉쇄되었다. 그러한 과학주의적 입장은, 정치와 국가는 현존하는 (사회적) 지배 구조와 직접적인 연관을 갖지 않다고 보는 다원주의적 입장에 의해 보완되었다. 방법의 측면에서는 과학주의, 이데올로기적으로는 다원주의를 바탕으로 만개한 1960년대까지의 미국 정치학은 1960년대 후반까지 미국 대학가를 강타한 학생운동 및 각종 사회적 저항운동을 통해 한계를 드러낸다. 이러한 분위기 속에서 미국 정치학의 한계는 정치학 용어로서 국가의 적절성에 의문을 제기한 과학주의적 정치학 운동의 선구 이론가 중의 한 명인 데이비드 이스턴에 의해 고백될 수밖에 없었다.[24]

그러나 방법과 이론 문제에 관심을 갖는 비교적 소수 외의 대부분 정치학자들에게 그러한 방법을 둘러싼 논쟁은 크게 문제되지 않았던 것으로 보인다. 학계의 대표적 학술지인 《한국정치학회보》에 게재된 논문들만을 놓고 볼 때 정치학 이론 또는 연구방법에 관한 논문의 수는 그리 많지 않다. 미국의 과학주의를 대표하는 체계이론 또는 구조기능분석이론의 적용을 의식하면서 저술된

한국 인문·사회과학 연구, 이대로 좋은가

작업의 예로는 한배호의 《비교정치론》(법문사, 1971)과 《정치학방법론—경험적 접근을 중심으로》(법문사, 1979), 최명의 《비교정치학서설》(법문사, 1979) 등이 있는데 책의 내용의 대부분은 이론의 소개에 할애되고 있고 실질적인 문제에 대한 기술이나 분석이 부족하다는 평가를 받고 있다. 이로 미루어 볼 때 과학주의적 정치학 이론과 관련된 한국 정치학계의 기여는 비교적 초보 단계를 벗어나 더 크게 발전했던 것으로는 보이지 않는다. 어쩌면 비교정치학 또는 정치학 일반과 관련된 학계의 관심은 실질 문제에 대한 지적 호기심 때문에 자극된 것이 아니라 미국에서 만들어진 '세련된' 이론과 방법을 익히기 위한 재료에 불과하지 않았던가 하는 의심을 들게 한다.[25]

이러한 움직임에 대해 학계가 대체적으로 무관심하게 본 것은 아니었다. 미국 학계의 '세련된' 이론이 많이 소개될수록 그에 대한 반발 또한 적지 않았던 것으로 보인다. 비록 다수가 의견을 제시한 것은 아니지만 '주체적' 또는 '자아준거적' 정치학의 필요성에 대한 주장도 제기되기 시작했다. 이러한 문제가 학술논문을 통해 공개적으로 제시된 첫 번째 작업으로는 문승익 교수가 〈자아준거적 정치학—그 모색을 위한 제안〉(《한국정치학회보》, 1974)이라는 제명으로 발표한 글을 들 수 있을 것이다. 문 교수는 자아준거적이라는 말을 다음과 같이 설명하고 있다. "학자들이, 자기 필요의 만족을 염두에 두고 학문적 문제와 과제를 선정하고, 또 그러한 문제와 과제를 해결해 나아갈 때, 그 학문을 우리는 자아준거적 학문이라고" 할 수 있다는 것이다. 문승익 교수의 의견에 따르면 행태주의적 접근법은 미국의 고유한 필요에 맞게 고안된 것으로 미국인의 입장에서는 자아준거적인 것이지만 미국 학자들이 주장하는 행태주의이론의 보편성을 한국 학자들이 액면 그대로 받아들여 자신의 필요성에 우선하는 이론으로 받아들이면 그것은 자아준거적이 되지 않는다는 것이다(116쪽).

한국 정치학계가 외래이론의 소개에 치중하고 있다는 점을 지적했는데, 좀 더 깊이 관찰한다면 그 소개가 고르게 되지 않고 대단히 선택적이었던 것임을 알 수 있다. 당시 미국과 유럽에서는 1960년대 사태를 계기로 1970년대에 들어서면서 기성 사회과학 내지 사회이론에 비판적인 논의들이 다수 제기되었다. 우선 정치발전론 또는 근대화이론을 비판하던 종속이론 및 세계체제론 그리고 전통적인 자유주의 정치이론을 비판한 신마르크스주의 국가이론 등이 크게 유행하고 있었는데 이러한 새로운 조류에 대한 언급이 지극히 미미하게 이루어졌었다. 물론 이러한 일은 학계 자체보다는 당시의 억압적인 정치환경 때문이었던 것으로 여겨진다.[26] 이 점에서 한국 정치학계가 (물론 이러한 점은 다른 인문사회학계도 마찬가지였겠지만) 정치환경에 대단히 민감하게 반응할 수밖에 없었던 사정을 읽을 수 있다. 물론 억압적인 정치환경이 큰 몫을 했다는 점을 부인할 수는 없다. 그러나 한국 정치학계가 본래 압도적으로 갖고 있던 자유주의 성향 때문에, 자유주의 자체에 비판적인 급진적 이론에 대한 반감 내지는 압도적인 정치환경에 비판적 자세가 가려졌던 것이 아닌가 하는 생각도 들게 한다.

1980년대: 새로운 패러다임의 정치학의 시작

한국 정치학의 정치적 민감성은 1980년대에 다시 한 번 증명되었는데 이번에는 1970년대와는 상당히 다른 모습으로 표출되었다. 1981년에 새로이 들어선 군부정권의 수립과정이 드러낸 너무나 분명한 불법성과 반민주성은 당시까지 간신히 유지해 온 자유민주주의에 대한 희망과 기대를 크게 무너뜨렸던 것으로 보인다. 정치학이 가치중립이라는 이름 아래 유지해 온 현실 외면으로 인해 정치학의 적실성과 현실적 의미에 대한 의문은 더욱 고조되었고, 이러한 한국 정치학의 태도는 적지 않은 수의 사람들이 환멸감을 갖게 하기에 충분했다. 따라서 자유민주주의의 가치는 불신의 대상이 되기에 이르렀고 그것을 바탕으로 하는 정치학은 한국 정치의 현실을 설명하는 것이 아니라 현실정치의 부정적 양상을 호도하는 이른바 제도권 학문으로 치부되기에 이르렀다. 이러한 분위기 속에서 기존의 정치체제 그리고 사회경제 질서를 비판하는 소위 '재야 학계'의 활동이 급성장하게 되었다.

이러한 '급진적' 지적 상황의 성숙과 함께 1960년대, 즉 5·16군사정권 시절에 대학에 입학해 한일회담 반대, 부정선거, 정권 연장을 위한 3선 개헌 그리고 유신 체제에 대한 심각한 반대운동 등을 경험한 세대의 인물들이 외국 유학을 마치고 귀국하거나 아니면 국내에서 박사 학위를 취득하고 대학 강단에 서게 되었다. 이들 가운데 적지 않은 수가 유학 중 1970년대 초반까지 한국 학계를 통해서는 공부할 수 없었던 새로운 조류의 이론들을 접했고 그동안 학계에서 진행되었던 토론들이 한국 정치의 현실과 상당히 거리가 있음에 당혹감을 느끼면서 새로운 조류의 학문을 소개하고 또한 이러한 이론들을 바탕으로 한국의 정치 문제를 논의하려는 시도를 시작했다.

새롭게 소개된 이론들에는 근대화 또는 발전이론에 반대되는 저발전 또는 종속이론, 의존적 발전이론, 신마르크스주의 국가이론 등이 포함되는데 특히 중요한 것으로는 그동안 정치적으로 금기시되어 왔던 노동운동과 이에 대한 국가적 탄압 내지는 회유 작업의 문제 등이 본격적으로 거론되기 시작한 것을 꼽을 수 있다. 이 문제를 논의하기 위해 필수적으로 다루어져야 할 국가의 계급성 또는 자율성 문제들과 관련해 마르크스주의 국가이론이 대학의 틀 안에서 많이 다루어졌는데 정치학과보다는 사회학과에서 더 많은 관심을 보였다.

1980년대 초 한국 정치학계에 던져진 대단히 중요한 쟁점 가운데 하나로는 한국전쟁의 기원과 관련된 문제를 들 수 있다. 이 문제는 단순히 한국전쟁의 기원 그 자체로 그치는 것이 아니라 남북 분단, 남북한에 있어서의 국가 형성 과정, 또한 그 과정에서의 미국과 소련의 역할, 해방 직후에 전개된 다양한 정치적 혼란 등 실로 많은 문제들을 포함하는 것이다. 이 논쟁에 불을 지핀 것은 미국의 수정주의 계열의 정치사학자인 브루스 커밍스Bruce Cumings 교수였다. 그는 한국전쟁의 발발 원인cause을 기원origin의 문제로 바꾸어 새로운 각도에서 문제를 구성해 전쟁의 발단이 군사행동의 시작에 있는 것이 아니라 해방 정국에서 '민족주의적이고 민주주의적'인 사회운동을 억압한 미국의 역할에 있다는 수정주의 계열의 주장을 전개했다.

이러한 논의는 어쩌면 남한 정부의 정통성과 그 위에 성립한 한국 정치학의 근저를 흔드는 일로 한국 학계를 당분간 대단히 곤혹스럽게 만들었다. 그러나 그의 주장은 당시 갓 기밀 해제된 미국 정부 문서에 대한 심층적인 조사를 바탕으로 하고 있기 때문에 이러한 방식과 관련된 준비가 되지 않은 한국 학계에서는 심층적으로는 동의할 수 없는 논지에 효과적인 대응책을 마련하지 못했다. 최소한 커밍스 교수의 작업에 견줄 만한, 자료에 대한 깊은 검토를 바탕으로 한 비판작업은 커밍스 교수의 작업이 나온 지 15년이 지난 1996년에서야 등장했다.[27] 이러한 사실 하나로 우리는 한국 정치학계 또는 사회과학계 전체가 갖고 있는 결정적 취약점을 발견할 수 있다.

1980년대의 변화된 정치권과 정치학계의 모습을 일별할 수 있는 작업으로는 변화된 정치학계의 모습을 보이기 위해 정치학회가 기획 편집한 세 종의 책을 소개할 수 있다. 1986년에 발간된 《현대 한국 정치와 국가》, 1987년에 발간된 《현대한국정치론》 그리고 1989년에 발간된 《한국정치의 민주화: 현실과 과제》가 그것들이다. 정치학계 여러 세대의 학자들이 동원되어 집필된 총 51편의 논문은 그동안 학계 활동에 가해졌던 일체의 외부적 제약 없이 다양한 입장, 시각 및 학문 세대의 학자들에 의해 이루어진 중요한 업적으로 어떤 의미에서는 당시까지의 한국 정치학계의 '재고조사'라고 할 수 있다.

그러나 다양한 급진적 시각과 이론의 범람에 대해 비판이 전혀 없었던 것은 아니었다. 비판적인 입장에서 볼 때 이들 급진이론들은 학문활동을 "현실 정치활동과 지나치게 밀착시켜 정치화하려는 유혹과 폐단을 배태할" 위험도 있고 또한 다양한 급진이론들의 도입도 과거의 근대화 이론이나 과학주의 경향을 무비판적으로 받아들일 때 겪었던 시행착오를 반복할 위험이 있다는 점도 지적되고 있다.[28] 즉 1970년대 한국 정치학의 부족한 자기성찰 작업에 대한 비판들도 여전히 한국적 정체성 확립 문제와 관련해서는 미흡하다는 지적이다. 이러한 의미에서 한국 정치학과 관련해서 1980년대는 전환기라는 평가를 내릴 수 있을 것이다.

1990년대 이후: 비약적인 양적 성장

1987년의 정치 변화 이후 한국 정치학계는 처음으로 정치권으로부터 오는 일체의 학문 외적 제약에 아무런 구애를 받지 않으면서 이른바 정상적인 활동을 전개할 수 있었다. 그러나 (필자의 개인적 관찰에 따르면) 1980년대까지의 위기적 상황 때문에 정치학을 위시한 사회과학의 여러 분야에 대한 학문적 또는 이론적 관심이 크게 증가한 점도 부인하기 어려울 것이다. 이러한 관찰은 학부 과정을 마치고 대학원 진학을 희망하는 학생 수의 급속한 증가를 기초로 한다.

정치적 또는 사회적 위기감을 바탕으로 제반 사회 문제에 민감한 관심을 가졌던 많은 수의 학생들의 경우 국내외의 상급 교육기관으로 진학했는데 연령별로 보면 70년대 중반 이후에 대학에 입학해 80년대 후반에 학위를 취득한 세대의 학자들이 이에 속한다. 이들 대부분은 1980년대 후반부터 대학에 자리를 잡고 본격적인 학자로서의 활동을 시작했다.

1990년대 이후 한국 정치학계의 변화는 이 세대 학자들의 수적 증가에서 우선 찾을 수 있다. 1953년 한국전쟁이 막 끝난 뒤인 10월 부산에서 20여 명의 학자들이 모여 발기인 총회를 가진 한국정치학회는 2011년 현재 정회원만 1,644명이고 기관회원 및 기타 준회원 등을 합하면 모두 1,900명의 회원을 거느린 맘모스급 단체로 성장했다. 이러한 수적 성장은 학문활동의 양적 성장으로 바로 반영되고 있는데 이 점은 학회에서 학술지로 발간하는《한국정치학회보》에 게재되는 논문 수를 통해 잘 드러난다.[29] 1953년 창립했으면서도 여러 가지 사정으로 인해 1959년에 창간된《한국정치학회보》 창간호에 게재된 논문은 서평 한 편을 포함해 모두 일곱 편에 불과했다. 그나마도 2집이 발간된 때는 7년의 공백기를 거친 1967년이었는데 이때 게재된 논문의 수는 아홉 편에 불과했다. 이 중에서도 개인의 독자적 연구논문은 세 편이었고 나머지는 학회에서 기획한 한국 정치학의 상황에 관한 것이었다. 이 이후로 학회보의 발간은 매년 이루어져 매년 10~15편 정도의 논문이 발표되었다. 1976년부터 논문 게재 수는 매년 20회를 넘었으며 비슷한 추세가 1980년대 초반까지 이어져 1985년에 이르면 25편 전후가 되었다. 이러한 양적 증가는 교수들의 승진과 임용에 일정한 논문 편수가 의무화되면서 논문 발표의 수도 함께 증가했기 때문인 것으로 이해된다. 이에 따라 1986년부터는 논문집 발간을 연간 2회로 늘렸는데 발표 논문 수는 연간 30회 전후가 되었다. 논문 발표장의 수요는 계속 늘었는데 당연히 학자들의 수적 증대를 반영한 현상이었다. 연간 2회에서 4회로 발간 회수를 늘린 1995년 이후로 게재되는 논문의 수는 연간 80편에서 100편에 이르는데 심사 합격률 50퍼센트를 감안하면 게재 신청 논문의 수는 두 배임을 짐작할 수 있다.

매년 생산되는 학술 논문의 증가 추세는《한국정치학회보》의 논문 수만으로 평가하기 어렵다.《국제정치논총》의 경우 발간의 역사가《한국정치학회보》와 비슷하기 때문에 증가 추세를 평가할 때 특별한 요인으로 생각될 수 없지만 전공별 학회모임, 연구소 등에서 발간되는 학술지를 고려한다면[30] 그 증가 추세는 실로 대단하다고 할 수 있다. 정치학회의 경우 연간 4회 발행의 학술지 외에도 기획 단행본을 발행하고 있는데 1965년부터 2003년에 이르기까지 총 30종이 발간되었다.

단행본의 발간 수도 역시 증가 추세에 있다. 초창기의 경우에는 발간된 저서나 국내에 번역된 외국 저명학자의 저서가 얼마 되지 않아 전부 소개할 수 있었지만 2000년대에 들어와서는 기록은 고사하고 전체 발간 수도 파악하기 어려울 정도로 증가했다. 상기 정치학회 50년사에 게재된 한배호 교수의 작업을 인용한다면 2000년에서 2002년 사이 3년간 정치학자들에 의해 저술 발간된 단행본이 약 50권이 되었다.

양적 성장의 또 다른 예를 들기로 한다. 대한민국학술원은 매년 우수 학술 도서를 20~30권씩 선정해 공공 도서관에 공급하고 있다. 이를 위해 각 출판사는 자사가 발간하는 도서 중에서 수상이 유망한 저서들을 추천 제출한다. 이들 가운데 정치학으로 분류되어 제출되는 수는 매년 100종에서 200종 사이가 된다. 이는 추천된 것에 한정되는데 굳이 추천에 오르지 않은 것까지 포함한다면 실로 엄청난 양이 될 것으로 짐작된다.[31]

한국 정치학의 바람직한 방향을 위한 소견

연구자의 수나 연구 결과로 생산되는 논문 및 저서의 양을 기준으로 판단할 때 정치학의 성장은 그동안 우리 사회의 다른 분야에서 이루어진 성장에 발맞추지 못했다는 평가는 피할 수 있을 것으로 보인다. 그러나 그러한 양적 성장이 과연 사회가 기대하는 만큼의 성과를 거두었는지 또는 개별 정치학자들이 이만하면 어느 정도의 수준에는 도달했다고 자평할 만한 정도는 되었는지에 대해 평가하라고 한다면 이에 대해 쉽게 답할 수는 없을 것이다. 이 글의 모두에서 지적했듯이 근대 서양식 정치학이 우리 학계에서 시작된 이래 계속적으로 반성과 비판작업이 이어져 왔지만 정치학의 현실에 대해 대부분의 정치학자들이 여전히 부족함을 심각하게 느끼고 있는 것으로 보인다. 최소한 양적 측면에서는 크게 비판할 점이 쉽게 보이지 않게 되면서 한국 정치학은 "주변부 지식인의 '허위의식'"의 표출로서 질적인 측면에서 혹독하게 비판되고 있고 이에 대한 공감도 적지 않다.[32] 실제 이 비판자의 글이나 이 자리에서 발표하고 있는 이 글도 우리 학계에서 지속되어 온 비판작업을 잇고 있으며, 아마도 멀지 않은 시기에 다른 누군가에 의해 다시 비슷한 작업이 반복될 것으로 보인다.

이러한 비판은 과거 타국의 학계에서 있었던 이데올로기적 관점이나 연구방법에 관련된 이론적 논쟁과는 사뭇 다른 성격의 것으로 보인다. 실제 이러한 종류의 글은 1970년대 말이나 1980년대 말 정도까지는 그런대로 상당한 의의를 가질 수 있었던 것으로 보인다. 당시에 이르기까지 연구를 위한 환경이 대단히 열악했고 정치학이 시작된 지 얼마 되지 않았기 때문이다. 그러나 그러한 점들이 이제 거의 제거된 시점에서 이러한 종류의 논의가 반복될 필요가 있다는 사실 자체는 정말로 큰 문제가 아닐 수 없고 따라서 그동안 우리 정치학이 갖고 있던 한계점이나 부족한 점을 심각히 따져 볼 필요가 있다.

한국에서 정치학은 미국 정치학의 모방으로 시작했다. 그러나 실제로 모방된 것은 대학에 독립 학과로서 정치(외교)학과가 설치된 것에 불과했다. 당연히 미국에서의 정치학이 독자적 분과학으로 발전하게 된 역사적 요인, 또는 필연성이나 계기 없이 이루어진 것이었다(필자가 과문한 탓인지 모르지만 실제 미국식 정치학이 급박한 행정적 필요성 때문에 도입되고 대학에 자리 잡은 곳은 한국을 제외한다면 어떤 나라에서도 없었던 것으로 알고 있다). 그러다 보니 정치학을 통해 실제 연구해야 할 대상에 대한 심각한 고려 없이 이론이나 연구방법에 관한 주장이 그대로 이식되었다. 실제로 미국에서 정치학은 역사학과를 통해 연구 대상과 관련한 방대한 기반 지식이 마련된 이후 그것을 바탕으로 이데올로기적 갈등과 방법에 관한 고민을 거쳤고 사회적 인정을 받은 후에 정착된 것이었음을 기억할 필요가 있다. 정치학이 미국식 이데올로기와 방법에 의해 연구 방향과 방식이 결정되기 이전의 우리의 당시 상황을 살펴 보면 오히려 해명하고 해결했어야 할 역사적 문제들은 미국보다 우리에게 더 많았었다. 한국 정치체제의 역사적 성격, 식민지화의 이유, 분단의 배경, 새로운 서양식 국가 형성의 성격과 방식, 정치권력에 대한 적절한 견제 등 실제 문제가 넘쳐날 정도로 많았지만 이러한 문제들은 정치학이나 사회학 같은 미리 담과 벽으로 잘 구획된 분과학들을 통해 (비록 협업이라는 형식을 취한다고 할지라도) 쉽게 해명되거나 해결될 수 있는 성격이 아니었다.

한국에 정치학이 처음 도입되면서 방향이 정해질 당시의 상황을 돌이켜 보면 두 가지 다른 방식이 일종의 각축 내지는 경쟁 관계에 놓여 있었다고 여겨진다. 하나는 정치학이라는 방법이나 이데올로기 면에서 미리 정해진 이론 틀이었고 다른 하나는 보다 넓게 이해된 정치학으로서 역사 연구를 바탕으로 우리의 정치학이 과연 어떤 성격의 것이 되어야 할 것인가를 정해 나가고자 하는 것이었다. 역사학을 전공한 교수들이 정치학을 전공하지 않았다는 이유로 그 임용에 대해 약간이나마 문제가 제기되었다는 사실이 이를 말해 준다.

사실 어떤 관점에서 본다면 비록 식민지시대에 일방적으로 교육된 데 따른 반감이 컸기 때문에 우리 학계에서 수용될 수 있지는 않았겠지만 독일식의 국가학 전통이 건국 당시 한국 실정에 맞는 정치학이 될 수 있었을 것이라는 생각도 든다. 독일의 국가학은 서유럽에 비해 뒤늦은 국가 형성을 경험하게 된 독일이 자신의 필요에 따라 국가 형성사를 바탕으로 발전시킨 정치학이었기 때문이다. 필요에 의해서 연구와 교육의 내용과 방향을 주체적으로 정하게 되는 정치학보다는 '학學'으로서의 세련도, 즉 세련된 개념과 이론 틀로 무장된 '정치학'에 대한 큰 기대감 앞에 적실성에 대한 생각은 뒷전으로 밀렸던 것으로 여겨진다.

그리고 이러한 태도의 이면에는 해명해야 할 현실의 문제와 그 해명의 작업을 위해 동원할 개념과 이론 사이에 대한 오해가 놓여 있는 것으로 보인다. 실제 모든 이론과 개념은 주어진 문제를 설명하고 이해하는 작업 속에서 만들어져야 한다. 그러나 적지 않은 사람들이 설명하고자 하는 문제와 별도로 개념과 이론이 만들어지고 또한 도입되어 사용될 수 있다고 믿는 것 같다. 그렇기 때문에 적지 않은 수의 정치학자들은 적실성 있는 이론의 개발과 관련해 "한국 정치의 분석과 설명에 적절히 적용될 수 있는 개념 및 분석 방법을 적극 개발할" 것을 강조하는데 실제 그러한 개념과 분석방법은 따로 개발될 수 있는 것이라기보다는 분석하고자 하는 문제를 바탕으로 수집되는 다양한 자료와 연구자의 문제의식이 상호작용하는 과정에서 개발될 수 있다고 여겨진다. 바로 그러한 오해에서 제기되는 중요한 개념의 하나로 우리는 '토착화'라는 개념을 지적할 수 있을 것이다. 토착화라는 말 자체는 이미 외래이론이나 프로그램을 가져다가 설명하고자 하는 현장에 적용시킨다는 것을 의미하는데 실제로 외래의 이론이나 개념은 자신의 문제를 해명하는 작업의 단서로서 이용할 수는 있지만 그 이상의 작업은 어디까지만 해명하고자 하는 문제 그 자체에서 이루어져야 할 것이다.[33]

한국 정치학을 처음부터 이론적으로 세련된 미국 정치학을 본받아 완성된 분과학으로 성장시키겠다는 순수하지만 동시에 순진한 야심은 주어진 문제의 설명과 해결이라는 사회적 기능을 뒤로하고 세련된 외양을 갖추어야 한다는 본말이 전도되고 실제 현실화될 수 없는 희망이었다. 실제 우리가 알고 있는 (학문 선진국에서 제출된) 완성도나 세련도 면에서 높은 수준에 이른 학술적 작업은 실은 현실 문제에 대한 투철한 인식을 바탕으로 한 것이었는데 현실 문제를 잠시 뒤로 하고 높은 완성도를 획득한다는 것은 불가능한 꿈이기 때문이다.

주어진 문제를 바탕으로 그것을 해명하고 해결의 실마리를 잡고자 하는 작업은 그 문제를 구성하고 있는 자료들을 해명 작업의 대상으로 만드는 일부터 시작해야 하며, 이 작업은 정치학이나 사회학 같은 사회과학의 분과학에 앞선 기초학문적 작업에 속한다. 따라서 제대로 된 정치학이 있기 위해서는 개념 구성과 방법을 설정하기 위한 철학, 자료를 선별하고 모으는 역사학, 그리고 다양한 언어로 구성된 자료들을 독해할 수 있는 어학 같은 기초학문의 선행작업을 필요로 하지만 우리는 선진국의 정치학이나 사회학에 숨어 있는 이러한 기초작업을 알지 못했다. 실제로 제대로 된, 즉 사회적 요구에 부응하는 정치학의 작업은 결코 정치학에서 시작될 수 없다는 점을 잘 인식할 필요가 있다. 물론 기초학문 분야에서의 작업이 완성된 후에 정치학을 시작하자는 주장은 아니다. 사실 정치학자들의 작업을 위해 별도로 작업하는 기초분야의 연구자가 따로 있는 것도 아니다. 그렇기 때문에 정치학 전공자들의 최소한 일부는 정치학과 연결되는 기초분야의 작업을 수행해야만 하는 것이다.

예컨대 비교정치학을 위해서는 연구 대상이 되는 국가나 사회들에 관한 기초지식의 습득이 선행되어야 한다. 그러나 그동안 정치학에서는 이론적 틀에 관한 논의에 몰두함으로써 본말이 전도된 작업에 치중했다. 이는 특히 후진국에서 더 심하게 나타나는 현상이다. 각국의 사정에 관한 자세한 기술의 작업이 우리에게는 더 필요하고, 그러한 기술이 가능하면 현장에서의 실제 연구를 바탕으로 해야 하는데 실제 우리 정치학계에서는 지금까지는 그러한 작업이 거의 이루어지지 못했다. 이러한 문제점은 사회적 수준에서 그러한 지식의 구체적 필요가 없었다는 것과 관련된다. 현재 그러한 필요가 생겨나기 시작하고 있는데 우리 학계에서는 미리 준비된 것이 없기 때문에 외국의 업적을 번역해 그 수요에 따르고 있다. 그조차 현지어의 지식이 부족한 관계로 주로 영미권의 작업을 이용하는 경우가 많은데 책에 실린 지식과 현실의 사정 사이에 상당한 편차가 생기는 일은 어쩔 수 없는 것처럼 보인다. 이러한 지식의 제공은 현지에 파견된 기업의 직원이나 또는 현장 연구를 수행 중인 인류학자들에 의존하는 편이 더 빠를 듯한데 그렇다면 과연 비교정치학은 왜 있는지에 대해 반성할 필요가 있다.

정치학을 할 때 필요한 기초작업이 제대로 되어 있지 않은 상황에서 지금까지의 정치학 범위 속에 포함될 수 없는 새로운 첨단적 현상의 출현으로 국내정치와 국제정치의 구분과 정치학과 인접 사회과학 분과학들의 경계가 모호해짐으로써 정치학자들이 다루어야 할 범위가 더 늘어나고 있다. 첨단 무기로 무장한 초국경적 테러리스트의 활동에 대한 설명의 필요성을 예로 들어보자. 우선 전통적 폭력 개념의 확장이 필요하고 정당성 개념에 대한 재고가 필요하다. 그리고 다음으로 첨단 무기와 관련된 과학기술 계통의 지식이 필요한데 재래의 정치학 개념과는 거리가 멀지만 최소한의 기술적 지식이 없이는 제대로 이 문제를 다룰 수 없다. 또한 무기 거래와 관련된 국제관계의 내용도 검토해야 한다.

이 글에서 얘기하고 싶은 바는 한국 정치학의 상황이 재래적인 정치학의 이해도 아직 충분하지 않아 기초지식의 교육과 함양을 필요로 하는데 덧붙여 첨단적 현상에 대한 이해가 필요하게 됨으로써 적실성 높은 또는 완성도 높은 정치학의 작업은 갈수록 어려워지고 있다는 사실이다. 동시에 외국에서의 연구 현황이 거의 동시적으로 국내에 소개되는 세계화 시대를 맞아 이론적 세련도와 완성도 면에서 한국의 정치학자들에게 주어지고 있는 경쟁은 갈수록 엄해지고 있다.

필자의 주장은 학문 선진국에서 생산되는 완성도 높은 학술적 생산품에 비견할 만한 결과는 그 완성도라는 외양만을 모방하거나 흉내 내는 방식으로는 결코 따라 잡을 수 없다는 것이다. 완성도 있는 작품을 만들어 낸 학문 선진국이 그러한 결과를 얻기까지 직접 행한 과정을 (기반지식의 축적을) 그대로 따르지 않으면 안 된다는 것이다. 그러나 그동안 수십 년간 우리 학계에서 행해진 작업의 적지 않은 부분은 기초 분야에 대한 투자를 외면한 채 화려한 결과물에 현혹되어 외양에만 치중해 오지 않았나 하는 강한 의구심을 갖지 않을 수 없다. 문제는 기초 분야에 보다 많은 관심을 갖고 기초작업을 하는 동안에는 학문 선진국에서 이미 이루어 놓은 성과를 반복하는 것 같다는 인상을 많이 받게 되리라는 것이다. 이러한 점을 과연 스스로 그리고 사회를 향해 어떻게 설명할 수 있는가 하는 점을 깊이 고민하지 않을 수 없다. 그럼에도 사회적으로 인정받을 수 있을 작업들이 양산될 수 있을 때까지는 여러 가지 어려운 사정을 감내하며 외로운 작업을 계속하면서 스스로 자부할 수 있는 결과물을 만들어 내는 것 외에 다른 어떤 방법이 있을 것으로 여겨지지 않는다.

1 필자가 참고문헌에 소개한 한국 문헌은 대부분 한국 정치학에 대한 자아비판
  적 또는 반성적 성격의 글이다. 이외에도 다른 많은 학자들이 다양한 책이나
  학술지를 통해 비판적인 글을 기고한 바 있다. 더 많은 글의 소개는 김석근,
  〈주변부 지식인의 '허위의식'과 '자기정체성'〉, 한국정치학회 편, 《한국의 정치
  학—현황과 전망—》, 법문사, 1997, 105쪽을 볼 것.

2 신정현, 〈한국 정치학의 과제: 토착화와 실학화〉, 《한국정치학회보》 30-1,
  1996, 11쪽.

3 유길준, 한석태 역주, 《정치학》, 경남대학교 출판부, 1998. 이 글의 작성 시기에
  관해서는 여러 가지 주장이 있었으나 최근에 와서는 1906년 망명 직후였다는
  주장이 가장 유력한 것으로 평가된다. 이에 대한 보다 자세한 논의로는 김학
  준, 《한말의 정치학 수용연구》, 서울대출판부, 2000, 61~62쪽을 볼 것.

4 이 점에 관해서는 김용구, 《세계관 충돌의 국제정치학》, 나남출판, 1997, 247
  쪽을 볼 것.

5 이홍구, 〈근대한국정치학 백년: 그 한계성의 극복을 위한 자성〉, 《한국정치학
  회보》 20-2, 1986, 6쪽.

6 김영국, 〈한국에 있어서의 정치학의 발전〉, 《한국정치학회보》 11, 1977, 40~41쪽.

7 한승조, 〈한국정치연구의 경향과 평가〉, 《한국정치학회보》 12, 1978, 174쪽.

8 대학교재로 사용된 것은 아니지만 1945~46년간에 출판된 정치 관련 단행본들
  을 보면 당시 치열하게 전개되고 있던 좌우 이념논쟁을 반영해 좌익 계통의 논
  객들에 의해 집필된 이념서적들이 압도적이었다. 1947년에 이르면 학술서적
  들이 출간되기 시작했는데 번역서가 압도적인 비중을 차지했다. 당시 가장 많

이 번역된 저자는 영국의 대표적 정치학자인 라스키Harold Joseph Laski였는데 번역된 저술들은 다음과 같다. 《공산주의론》, 《서구 자유주의의 발전》, 《정치학 개론》, 《근대국가의 자유》, 《정치학 강요》 그리고 《국가론》 등이 포함된다. 1945년에서 1955년간에 출판된 정치학 관련 서적(번역 포함)의 목록은 김계수 교수가 국회도서관, 고려대학교 도서관, 부산시립도서관 및 공군 도서관의 목록을 바탕으로 정치학 또는 정치학에 밀접히 관련된다고 생각되는 도서들을 조사해 총 305권을 뽑은 것이다. 이 목록 전부는 김계수, 《한국과 정치학》, 일조각, 1987, 182~193쪽에 실려 있다.

9 김운태, 〈한국정치학의 연구경향과 전망〉, 《한국정치학회보》 12, 1978, 155쪽.

10 이때 출간된 개설서들에는 다음과 같은 것들이 포함된다. 尹世昌, 《정치학개론》, 1952. 립맨M.H. Lipman · 제이콥슨G.A. Jacobsen, 박학수 역, 《정치학개요》, 1953. 白尙健, 《정치학입문》, 1954. 姜尙雲, 《新稿정치학개론》, 1954. 李鍾恒, 《정치학》, 1954. 鄭仁興, 《정치학》, 1954. 韓太壽, 《정치학개론》, 1954. 게텔R.G. Gettel, 김경수 역, 《정치학개론》, 1954. 라스키, 민병태 역, 《정치학강요》, 1954. 吳泰星, 《최근정치학대요》, 1955. 金敬洙, 《정치학개론》, 1955. 메리엄, 김운태 역, 《정치학개론》, 1955.

11 메리엄의 과학주의 정치학에 대해서는 Raymond Seidelman and Edward J. Harpham, *Disenchanted Realists: Political Science and the American Crisis, 1884~1984*, Albany: State University of New York Press, 1985, ch. 4; Bernard Crick, *The American Science of Politics: Its Origins and Conditions*, London: Routledge and Kegan Paul, 1959; 보다 간략한 논의로는 Dorothy Ross, *The Origins of American Social Science*, Cambridge: Cambridge University Press, 1991, pp. 449~458. 라스웰에 관해서는 Dwaine Marvick, "*Introduction: Context, Problems, and Methods*," in D Marvick(1977) ed., *Harold D. Lasswell on Political Sociology*, Chicago: University of Chicago Press, pp. 1~72를 볼 것.

12 《한국정치학회보》 1, 1959, 108~129쪽. 윤천주 교수는 당시 갓 출판되었던 D. E. Butler, *The Study of Political Behaviour*, 1958를 《정치행태의 기초 이론》(일조각, 1960)이라는 제명으로 번역 출간했다. 또한 그는 행태주의적 방법의 적용을 염두에 두면서 《한국정치체계》(고대출판부, 1961)를 집필했다. 당시 한국

정치학계의 동향의 변화는 정치학 교수들을 상대로 실시한 학계 공헌도 조사
결과를 통해 반영되었다. 즉 김계수 교수가 한 조사에 따르면 (김계수,《한국정
치학: 현황과 경향》, 일조각, 1969, 52쪽) 1950년대 중반에는 민병태 교수가 1
위였으나 1950년대 말에서 1960년대 초에 이르면 행태주의 소개에 앞장을 섰
던 윤천주 교수가 1위로 꼽혔었다.

[13] 이때 출간된 주요 작업으로는 김성희,《정당론》(1957)과《현대정당론》이라는
제명으로 민완기·오병헌·양호민에 의해 번역된 노이만*Sigmund Neumann*의
Modern Political Parties, 1960. 최요환,《의회제도론》, 1954. 윤세창,《의회제도
론》, 1955. 신현경,《선거제도론》, 1957 등이 있다.

[14] 당시의 기록에 따르면 1947년 6월 기준으로 최고 144종에 이르는 월간지가 발
간되었다고 한다. 김창집,〈출판계의 4년〉,《출판문화》 7호, 조선출판문화협회,
1949, p. 5. 이때 외국 사정 및 국제관계 사정을 집중적으로 소개했던 잡지들
에는《新天地》,《民聲》,《開闢》등이 있었는데 아직은 국제관계에 대한 체계적
연구의 모습을 보이지는 못했었다.

[15] 많은 사람들이《일반국제정치학》(下권)의 내용에 대해 궁금해 했는데 이 교수는
사석에서 내용적으로는《국제정치원론》과 대체로 일치한다고 밝힌 적이 있다.

[16] 1960년대의 전반적인 특징에 대한 좋은 요약으로는 김학준,《한국정치론: 그 현
황과 방향》, 한길사, 1983, 46쪽을 볼 것. 행태주의의 도입은 엄밀하게는 소개
로 언급되어야 할 것이다. 굳이 이 새로운 방법론을 적용한 실제의 연구작업을
언급하기 어렵기 때문이다. 이러한 점은 새로운 방법의 도입을 둘러싸고 학계
에서 어떤 심각한 논쟁이나 토론이 없었다는 점을 통해서도 잘 나타나고 있다.

[17] 한국정치학회가 창립된 것은 1953년이었지만 학회의 학술지인《한국정치학회
보》가 처음 발간된 것은 1959년이었다. 재정적인 이유와 학술 논문을 생산할
수 있는 기본 여건이 마련되지 않은 탓이었다. 창간호가 나온 뒤 8년이 지난 다
음에야 비로소 2집을 발간하게 된 것은 아마도 같은 사정 때문이었을 것으로
짐작된다. 필자들의 명단을 보면서 짐작되는 또 다른 이유로는 충분한 연구 인
력의 확보의 문제를 언급할 수 있다. 참고로 이때 참여한 집필진에는 구범모,
이정식, 손제석, 박동서, 한배호, 김계수, 백상건, 김규택, 김성희 교수 등이 포
함되었다.

[18] Seidelman and Harpham, *Disenchanted Realists*, p. 317. 이러한 뜻에서 폿지는 "……정치학의 경우는 지난 30년이 [1979년을 기준으로] 넘는 기간 동안 국가를 잊으려는 노력이 믿을 수 없을 정도로 오랫동안 이루어"졌다고 개탄하고 있다. 폿지Gianfranco Poggi, 박상섭 역, 《근대국가의 발전》, 민음사, 1995. p. 17. 미국 정치학의 전통에서 국가의 문제가 지속적으로 경시되어 온 점에 대한 상세한 논의로는 Farr and Seidelman, 1993, pp. 63~79을 볼 것. 또한 Theodore J. Lowi, "Foreword," in Seidelman and Harpham, 1985, pp. vii~xvii. 후진국 또는 신생국의 정치발전에 관한 미국적인 논의는 경제발전이 정치발전, 즉 안정된 민주화로 이어진다는 단순한 낙관론을 딛고 있는데 이러한 낙관론은 역사와 국가가 배제된 미국의 독특한 과학주의적 정치학의 바닥에 깔려 있는 조류로서 말할 수 있는 것이다. 1960년대 들어 마치 유행처럼 번지기 시작한 신생국에서의 잦은 정변들은 미국 정책 자체의 실패는 아니더라도 미국의 정치발전론의 단순한 낙관론의 부적절성을 일러 주는 좋은 증거로서 언급되었다.

[19] 단순한 교과서의 한계를 벗어나 다양한 근대화 이론들을 조감하려는 시도로서 차기벽 교수가 1969년에 발간한 《근대화 정치론》(박영사)은 당시까지 제출되었던 다양한 근대화 또는 정치발전이론을 일목요연하게 정리하고 있다.

[20] 헌팅턴, 배성동·민준기 공역, 《政治發展論: 變革社會에 있어서의 政治秩序》, 을유문화사, 1971. 바인더Lenoard Binder, 민준기·신정현 공역, 《近代化와 政治發展: 政治危機의 克服》, 법문사, 1974. 한국 정치학계가 집합적으로 정치발전의 문제를 다룬 첫 번째의 작업으로는 총 12편의 논문이 게재된 《한국정치학회보》 11집(1977)을 볼 것. 전부는 아니지만 다수의 논문들이 정치발전의 문제를 비판적으로 보고 있다.

[21] 한국국제정치학회 편, 〈한국근대화의 조화와 갈등〉, 《국제정치논총》 8집, 1969. 흥미로운 것은 이 논문집에서 발표된 대부분의 글과 토론은 당시까지 이 분야의 '권위'로 알려져 있던 구미의 학자들과 이론을 최소한으로 언급하고 있다는 일이다.

[22] 김운태, 1978, p. 163.

[23] Raymond Seidelman, "Political Scientists, Disenchanted Realsits, and Disappearing Democrats," in James Farr and Raymond Seidelman, eds, *Discipline*

한국 인문·사회과학 연구, 이대로 좋은가

and History: Political Science in the United States, University of Michigan Press.
1993, pp. 317~318.

[24] 1969년 미국 정치학회 회장에 취임한 데이비드 이스턴은 지금까지의 미국 정
치학의 주류인 행태주의를 반성하면서 post-behavioral revolution을 언명하고
있는데 이것은 바로 미국 정치학의 한계에 대한 고백에 해당하는 것이었다.
David Easton, "The New Revolution in Political Science," *American Political
Science Review* 63, 1969.

[25] 앞서 한국 정치학계에서 과학주의적 방법을 둘러싼 논쟁이 별로 없었다고 지
적했는데 그 예외의 경우로 윤근식 교수의 몇 편의 논문들은 행태주의에 대해
날카로운 비판론을 제시한 바 있다. 윤근식, 〈한국정치학에서의 정치발전연
구: 하나의 자체 평가〉, 《한국정치학회보》 11, 1977, 11~26쪽. 〈사회비판적인
정치분석과 한국정치학〉, 《한국정치학회보》 13, 1979, 13~24쪽. 《(서평) 정치
이론—한국정치학의 방법과 대상〉, 《한국정치학회보》 13, 1979, 267~271쪽.

[26] 물론 우리는 이러한 정치환경의 요인을 가볍게 다루어서는 안 될 것이다. 당시
까지의 정치발전론의 비역사성과 다른 이론적 한계를 통렬히 '우파적' 시각에
서 비판한 헌팅턴의 *Political Order in Changing Societies*는 민준기·배성동 공역
으로 바로 번역본인 《정치발전론 : 변혁사회에 있어서의 정치질서》가 나왔다.
그러나 당시까지의 미국 사회이론이 갖고 있던 비역사성을 '좌파적' 시각에서
극복한다는 의미를 갖는 무어Barrington Moore의 *Social Origins of Dictatorship
and Democracy*의 번역은 1980년대까지 기다려야만 했다.

[27] 박명림, 《한국전쟁의 발발과 기원》, 나남, 1996.

[28] 한국정치학회 편, 《한국정치학회50년사》에 수록된 한 좌담에서 제기된 안청시
교수의 지적, 438쪽.

[29] 《한국정치학회보》에 게재된 논문의 총 목록은 2003년에 발간된 《한국정치학회
50년사, 1953~2003》, 712~779쪽에 수록되어 있다. 이 책에는 정치학회에 발간
된 단행본 목록과 각종 학술회의에서 발표된 논문 목록이 전부 수록되어 있다.

[30] 한국학술정보㈜Korean Studies Information라는 기관은 모든 분야에 걸친 국
내 학술 연구기관의 학술지를 전산망을 통해 열람하는 서비스를 제공하고 있
는데 여기에 등록된 정치·외교학 분야에 해당하는 연구기관의 수는 모두 61곳

이 된다.

³¹ 여기에는 번역서도 포함된다. 그러나 번역도 학술활동의 일부로 생각한다면
군이 국내 학술활동에서 제외할 이유는 없는 것으로 생각된다.

³² 김석근, 〈주변부 지식인의 '허위의식'과 '자기정체성'〉, 1997, 104~145쪽 및 이
러한 논지에 대한 공감의 글로는 강정인, 《서구중심주의를 넘어서》, 아카넷,
2004를 볼 것.

³³ 이 점에 대해서는 황성모, 〈사회과학의 토착화에 대하여〉, 한국사회과학연구소
편, 《현대사회과학방법론》, 민음사, 1977, 238~249쪽을 볼 것.

강정인,《서구중심주의를 넘어서》, 아카넷, 2004.

김경동·안청시 편,《한국사회과학방법론의 탐색》, 서울대학교 출판부, 1986.

김계수,《한국과 정치학》, 일조각, 1986

김석근,〈주변부 지식인의 '허위의식'과 '자기정체성'〉, 한국정치학회 편, 1997,
《한국의 정치학─현황과 전망─》, 법문사, 1997.

김영국,〈한국에 있어서의 정치학의 발전〉,《한국정치학회보》11, 1977.

김용구,〈국제정치학사〉, 한국정치학회(편),《한국정치학회50년사 1953~2003》, 2003.

김운태 외,《한국정치론》4판, 박영사, 1999.

김학준,《한국정치론: 그 현황과 방향》, 한길사, 1983.

김홍우,〈정치행태론 비판〉1977, 한국사회과학연구소 편,《현대사회과학방법론》,
민음사, 1977.

문승익,《主體理論: 序文》, 아인각, 1970.

민준기,〈정치학: 절충 혼합의 이론과 뒤진 국내정치 연구〉, 조요한·변형윤 편,
《한국의 학파와 학풍》, 우석출판사, 1982.

박상섭,〈한국국제정치학 40년: 현황, 방향, 및 가능성〉,《한국정치학회보》21-2,
1987.

─────,〈근대사회의 전개과정과 사회과학의 형성 및 변천〉, 소광희 외《현대의
학문체계》, 민음사, 1994.

신정현,〈한국정치학의 과제: 토착화와 실학화〉,《한국정치학회보》30-1, 1996.

안청시,〈한국정치학의 발전과제와 방향〉, 김경동·안청시 편,《한국사회과학방법
론의 탐색》, 서울대학교 출판부, 1986.

유네스코한국위원회-한국사회과학연구협의회, 《한국사회과학의 토착화—연구 방법을 중심으로》, 1979.

윤근식, 〈한국정치학에서의 정치발전연구: 하나의 자체 평가〉, 《한국정치학회보》 11, 1977.

윤근식, 〈사회비판적인 정치분석과 한국정치학〉, 《한국정치학회보》 13, 1979.

윤근식, 〈(서평) 정치이론—한국정치학의 방법과 대상〉, 《한국정치학회보》 13, 1979.

이홍구, 〈근대한국정치학 백년: 그 한계성의 극복을 위한 자성〉, 《한국정치학회 보》 20-2, 1986.

한승조, 〈한국정치 연구의 경향과 평가〉, 《한국정치학회보》 13, 1978.

한승조, 〈한국정치 연구의 발전현황 (1976~1987)〉, 《한국정치학회보》 21-2, 1987.

한국 사회과학 연구협의회 편, 《사회과학 방법론》, 박영사, 1983.

한국 사회과학 연구협의회 편, 《한국사회의 인식논쟁》, 1990.

한국 사회과학연구소 편, 《현대사회과학방법론》, 민음사, 1977.

한국정치학회 편, 《한국의 정치학—현황과 전망—》, 법문사, 1997.

한국정치학회 편, 《한국정치학회50년사 1953~2003》, 2003.

한배호, 〈한국정치학사—총론〉, 한국정치학회 편, 《한국정치학회50년사 1953~ 2003》, 2003.

황성모, 〈사회과학의 토착화에 대하여〉, 한국사회과학연구소 편, 《현대사회과학 방법론》, 민음사, 1977.

Crick, Bernard, *The American Science of Politics: Its Origins and Conditions*, London: Routledge and Kegan Paul, 1959.

Farr, James and Raymond Seidelman, eds. , *Discipline and History: Political Science in the United States*, Ann Arbor: University of Michigan Press, 1993.

Seidelman, Raymond, with Edward J. Harpham, *Disenchanted Realists: Political Science and the American Crisis, 1884~1984*, Albany: State University of New York, 1985.

한국 경제학계의 과제

― 연구의 질적 도약과 자생적 토대 구축

양준모

한국 경제학계의 과제
―연구의 질적 도약과 자생적 토대 구축

문제 제기

'한국 인문·사회과학 연구, 이대로 좋은가'라는 문제의식을 가지고 경제학계의 발전 과정을 검토하고 우리의 연구수준을 점검하고 과제를 도출하고자 한다. 한국의 경제학은 19세기 말에 시작된 이래 100년이 넘는 역사를 가지고 있다. 미국의 하버드대학에서 경제학과가 개설된 해가 1897년이기 때문에 역사성에 있어서는 차이가 나지 않는다. 이러한 오랜 역사를 가진 경제학계이지만 아직도 세계적인 연구 결과를 발표하는 연구자는 많지 않다.

외국에서 활동하는 한국계 교수 중 일부는 세계적인 수준의 연구 결과를 내놓고 있지만 해외에서 가능성을 보인 학자들도 국내에 들어오면 연구 성과가 현저하게 줄어드는 것이 현실이다. 세계 200위 안에 들어가는 경제학 관련 연구기관이 없다는 것이 현재 한국의 위상을 단적으로 말해준다.

향후 인구 고령화 및 인구 증가의 둔화로 경제학계의 양적 팽창도 기대할 수 없는 상황에서 학계의 발전은 오로지 연구의 질적 향상에 달려 있다. 해외 유학을 가서 선진 교육을 받고 그것을 전수하는 것에 안주하는 관행은 더 이상 유효하지 않다. 우리도 자체적으로 세계적인 학자를 만들어 낼 수 있는 역량을 갖추고 세계적인 연구 결과를 생산해 낼 수 있는 시스템을 만들어야 한다.

이 글에서는 경제학의 발전 역사와 논란을 정리하고 다양한 자료를 이용해 현재 경제학계의 수준을 점검하고 이를 통해 경제학계의 문제점과 발전방안을 제시하고자 한다.

한국 경제학계 태생과 성장 과정

한국 경제학의 태동

우리나라는 100년이 넘는 경제학 교육과 연구의 역사를 가지고 있다. 이기준(1982)은 우리나라 경제학 교육사를 체계적으로 잘 정리하고 있다. 이기준(1982, 90)에 의하면, 1898년 이후 관립학교를 비롯해 각급 학교에서 일본에서 유학을 마친 사람들에 의해서 경제학 교육이 실시되었다고 한다. 1898년에서 1900년의 기간 동안 한성의숙漢城義塾에서 지승준池承浚과 김대희金大熙, 광흥학교光興學校에서 신해영申海永 등이 '경제론' 또는 '경제' 과목을 가르쳤다. 법관에게 필요한 법률 전문교육을 위해서 관립으로 1895년 4월 19일에 법관양성소가 설립된다. 이후 1906년 3월 30일 개정된 법관양성소규칙에 경제학과 재정학이 학과 과목으로 등장했다. 이헌창(2005)에 의하면 1905년 이후 한성법학교, 보성전문학교, 양정의숙, 숭실학교, 대동법률전문학교, 중경의숙, 돈명의숙 등의 사립 전문학교에서 경제학 교육이 시작되었다고 한다.[1]

1905년 설립된 보성전문학교의 이재학과는 우리나라 최초로 전문학교 수준에서 개설된 경제학과로서 이후 고려대학교 경제학과로 이어진다. 이헌창(2005)에 의하면 보성전문학교의 설립자 이용익이 일본의 교육제도를 시찰하고 신해영에게 학교체제를 일임했는데, 신해영이 1905년 법학, 이재학, 농업학, 상업학, 공업학 5개 전문과로 구성된 2년제 전문학교로 설립하기로 결정했다고 한다. 이후 1907년 이재학과는 경제학과로 개명된다.

윤기중(1997)의 기술에 따르면 보성전문학교는 상학과 법률학 교육을 위한 전문학교 과정이었으나 총독부의 전문학교규칙에 의거, 1922년까지 전문학교라 부를 수 없었고 정식 명칭은 '사립보성법률상업학교'였다. 또한 1915년 이전 사립보성법률상업학교 시절의 교수진은 대부분 일본 게이오기주쿠慶應義塾 보통과를 졸업하거나 센슈각코專修學校를 졸업한 관비 유학생 출신인 것으로 알려져 있다. 따라서 이헌창(2005)의 주장과는 배치된다. 국가기록원의 홈페이지www.archives.go.kr에 게재된 해방 이전의 고등교육에 관련된 진술에 의하면 1905년에는 한성법학교, 경성전문학교, 양정의숙, 숭실학당 대학부 등이 설립되어 있었으며, 1908년에는 대동전문학교, 이화학당 고등과, 배재학당 대학과, 경신학교 대학과 등이 설립되었다고 한다. 또한 중경의숙과 돈명의숙도 전문학교 수준의 과정을 설치하고 학생들을 모집하고 있었다고 한다.

이기준(1982, 13~14)에 의하면, 전문학교와 관련된 논란은 일제의 규제 변화에 따른 것임을 알 수 있다. 일제 관리들이 1915년 전문학교규칙을 정하고 사립학교규칙을 개정했다. 이에 따라 1915년 4월 이후 보성전문학교는 전문학교의 지위를 인정받지 못하고 학교의 명칭이 바뀌었다. 1917년 4월 연희전문학교가 인가되었고 5월에 세브란스 연합의학전문학교도 인가되었다. 반면 관립전문학교로서 1916년 4월 경성전수학교를 전문학교로 승격시키고 경성의학전문학교와 경성공업전문학교도 승격되었다. 이들 관립전문학교들은 일본인과 한국인을 모두 교육시킬 수 있는 학교이고 사립학교들은 한국인만을 대상으로 교육했다.

윤기중(1997)에 따르면 대학에서 경제학 과목이 최초로 개설된 곳은 평양의 숭실학교였다. 숭실학교 대학과에서 경제학을 대학과정 2학년과 3학년에서 주 세 시간씩 강의했고, 과목은 미국경제사와 근대경제사로 편성되었다. 담당강사는 윌링스B. W. Willings 였다고 한다. 숭실대학교 홈페이지에 의하면 "1897년에 개설된 중학 과정의 숭실학당은 그후 발전을 거듭해 3년 후인 1900년에는 수업연한 5년 과정의 정식 중학교로 발돋움하고, 1904년에는 첫 졸업생 세 명을 배출하게 된다. 그러나 숭실은 숭실중학 졸업생을 대상으로 대학교육을 시작했고 마침내 1906년 9월 15일 대학부를 설치하며 한국 최초로 대학교육을 실시, 1908년에는 첫 졸업생을 배출하게 되었다"고 한다. 이러한 차원에서 윤기중(1997)의 주장은 설득력이 있으나, 앞서 언급한 바와 같이 비슷한 시기에 한성의숙과 법관양성소에서도 경제학 교육은 시작되었다.

또한 윤기중(1997)에 의하면 우리나라에서 고등교육기관에서 경제학 강의를 담당한 최초의 인물은 연희전문학교 상과의 백상규白象圭(1880~1957)였다고 한다. 백상규는 미국 브라운대학에서 정치경제학 학부 과정을 마치고 공무원 생활을 하다가 1917년에 연희전문에 부임해 경제학, 영어, 철학을 강의했다고 한다. 백상규는 이후 보성전문학교로 옮겼다. 관립전문학교에서는 경제학과가 없었고, 보성전문학교가 전문학교로서의 인가를 받지 못했으며 연희전문학교가 전문학교로서 인가받았다는 점에서 윤기중(1997)이 백상규를 전문학교 경제학과에서 경제학을 최초로 강의한 인물로 규정한 근거를 찾을 수 있다.

연세대학교의 전신인 연희전문학교는 1915년에 설립되어 언더우드Horace Grant Underwood(1859~1916)가 1대 교장을 역임했다. 윤기중(1997)에 의하면 연희전문학교와 보성전문학교 이외에 경성고상과 성대가 있었지만 이곳에는 한국인 교수가 없었고, 이화여전, 숙명여전, 혜화전문 등의 전문학교가 있었지만 경제학 연구 동향은 미미했다고 한다. 1940년 이전 연희전문학교와 보성전문학교에서 경제학을 강의한 교수들은 다음의 표와 같다.

〈표 1〉 1940년 이전 연희전문학교와 보성전문학교에 재직했던 교수

학교	성명	출신학교	재직기간	담당과목
연전	백상규	브라운대	1915~1922	경제학
	이순탁	교토제대	1923~1950	경제학
	백남운	도쿄상대	1925~1946	경제사
	조병옥	컬럼비아대	1925~1929	재정학
	최순주	뉴욕대	1930~1945	경제학
	노동규	교토제대	1933~1941	경제학
	육지수	도쿄제대	1936~1945	경제지리
	신태환	도쿄상대	1939~1947	경제학
보전	홍성하	일본 주오대	1922~1938	경제정책
	백상규	브라운대	1923~1945	경제학
	김광진	도쿄상대	1932~1939	경제사
	박극채	교토제대	1937~1945	경제학
	윤행중	교토제대	1937~1945	경제학

출처: 윤기중(1997, 158)

서울대학교의 모체인 경성제국대학은 3·1운동 이후 조선총독에 취임한 사이토 미노루齊藤實의 문화정책의 일환으로 설립 추진되어 1926년 4월에야 법문학부와 의학부로 출발했다. 윤기중(1997)에 따르면 경제학 담당교수로서 1926년부터 취임했던 사람은 시가타四方博와 야마다山田文雄였고, 1927년에 두 명, 1929년에 두 명씩 늘어났다고 한다. 이곳에서 한국인 교수 육지수陸芝修(1907~1967)가 예과 소속 강사로서 경제지리를 담당했고, 조수로서는 후일 보성전문학교 교수가 된 김광진과 박문규가 있었다고 한다.

한국 인문·사회과학 연구, 이대로 좋은가

윤기중(1997)은 1920년대와 1930년대에 경제학을 교육하고 연구하던 기관은 연희전문학교, 보성전문학교, 경성고등상업학교, 그리고 경성제국대학 네 기관이라고 결론을 내리고 있다. 경제학계는 이와 같이 출발부터 교육과 연구에 있어서 해외에서 공부하고 돌아온 해외 유학파가 주도하는 해외 의존형이었다. 이러한 해외 의존형 학문 양성 체계는 해외의 주요 대학에 비교해 경제학의 출발이 상대적으로 늦었기 때문에 어쩔 수 없는 상황에서 형성된 것으로 볼 수 있다.

이헌창(2005)은 한국이 구미 국가에 비해 경제학 연구에서는 크게 늦었지만, 경제학과의 개설에서는 그렇지 않았다고 단정한다. 최초로 체계적인 정치경제학 교육은 독일에서 시작된 것으로 알려져 있다. 독일에서는 1727년 처음으로 독일식 중상주의인 관방학을 가르치는 교수직을 두었으며, 1819년 리스트Friedrich List(1789~1846)는 튀빙겐대학에서 정치학과Staatswissenschaftliche Fakultät를 창설했다. 이후 경제학과의 창설 여파는 영국과 프랑스로 뒤늦게 파급되었다. 캠브리지대학에서는 마셜Alfred Marshall(1842~1924)의 노력으로 1903년에서야 경제학이 전문연구 분야로 인정받았다.

이러한 차원에서 판단해 보면 한국에서는 경제학과가 상대적으로 이른 시기에 설립되었다고 할 수 있다. 하지만 윤기중(1997)이 주장했듯이 초기 교수진들이 전문적인 경제학 교육을 받지 못했으며, 1921년 이후에나 체계적인 교육과 연구가 시작된 것으로 보인다.

<표 2> 주요 대학의 경제학과 개설 연도

국명	대학	개설연도	학과명
영국	LSE	1895	
	캠브리지대학	1903	Faculty of economics and Politics
		1945	Department of Applied Economics
프랑스	파리대학	1968	경제학부가 법학부에서 독립
독일	튀빙겐대학	1819	Staatswissenschaftliche Fakultät
미국	하버드대학	1897	Department of Political Economy
일본	센슈각코	1880	經濟科
	게이오기주쿠	1890	理財科
	도쿄대학	1879	文學部 第1科 哲學政治學及理財學科
		1908	經濟學科
	와세다대학	1904	商科
한국	보성전문	1905	이재학과
	양정의숙	1908	경제과
	연희전문	1917	상과
	경성고등상업학교	1920	
	경성제국대학	1935	법학과 제3류

출처: 이헌창(2005, 69)

1917년 11월의 러시아에서 볼셰비키혁명으로 마르크스의 《자본론》이 출간된 지 50년 만에 사회주의 국가가 탄생되었고, 1910년대 일본에서는 다이쇼데모크라시大正democracy운동이 일어나면서 우리나라에서도 마르크스이론이 도입되어 보급되었다.

백상규는 미국 유학생으로 한국에서 최초로 경제학계에 입문한 사람으로 평가되지만, 대한적십자사 부총재와 제2대 국회의원 등으로 활동하며 연구자보다는 교육자로 종사했다. 이후 한국전쟁

한국 인문·사회과학 연구, 이대로 좋은가

때 납북되어 1957년에 북한에서 사망한 것으로 알려져 있다. 이후 이순탁은 일본 교토제국대학 경제학부를 졸업하고 실업계에 종사하다가 백상규 퇴임 후 연희전문학교에 임용되어 연구활동을 했다. 윤기중(1997)에 의하면 이순탁은 1937년 이전의 저서와 논문, 그리고 평론으로 56편을 저술했는데, 그중 농업 및 한국경제 관련 논문을 28편, 세계경제 동향 관련 연구논문이 17편, 사회주의 및 마르크스 경제학 관련 논문이 7편, 그리고 이론경제학 및 역사가 3편이었다. 이후 1938년 사회주의 경제학자라는 누명으로 치안유지법 위반의 혐의로 1941년까지 투옥되었다.

백남운白南雲(1894~1979)은 1925년 4월 연희전문학교 상과 교수로 부임해 당시로서는 뛰어난 학술적 활약상을 보였다. 1933년 《조선사회경제사》, 1937년 《조선봉건사회경제사》를 일본의 카이조샤改造社 출판사에서 출판했다. 윤기중(1997)은 백남운을 사적 유물사관을 도입한 마르크스 경제학자로 평가하고 있다.

성낙선·이상호(1999)는 보성전문학교의 교수인 윤행중尹行重을 한국 최초의 이론경제학자로 평가하고 있다. 그 근거는 1936년에 출간된 케인스John Maynard Keynes(1883~1946)의 《고용, 이자 및 화폐의 일반이론》을 1938년에 소개했으며 1943년에 이론경제학 분야의 《현대경제학의 제문제》라는 저술을 출간했다는 것이다. 또한 윤행중은 1947년에 《이론경제학》 1권을 출판했다. 《이론경제학》의 내용은 마르크스의 자본론 체계에 따라서 서론, 상품가치론, 화폐론 등으로 구성되어 있으며, 총 세 권으로 기획되었다.

성낙선·이상호(1999)에 따르면 그는 남로당에 가입했고, 해방 이후 전라남도 순천 지역의 좌파들에게 가장 영향력이 큰 인물로 변모했으며, 마르크스주의를 학문적 기반으로 삼고 한국의 경제학계를 주도했다. 해방 이후 월북할 때까지 백남운, 박극채와 함께 마르크스주의 경제학자로서 조선공산당 외곽단체인 조선과학자동맹(위원장 박극채)을 창설했으며 민주주의민족전선에 상임위원 겸 식량대책 전문위원으로 참여했다. 또한 경성제국대학이 경성대학으로 개명되면서 경성대학 재건운동에 참여했으며, 1945년 12월에 법문학부 경제학 교수로 임명되었다. 곧 이어 미군정이 국립 서울대안을 추진하자 윤행중은 백남운, 박극채와 함께 '국대안國大案' 반대운동을 벌였다. 이후 미군정안이 확정되자 경성대학교 교수직을 사직했다. 1946년 2월 조선독립동맹 경성특별위원회(본부 평양)가 결성되었고 위원장으로는 백남운이 취임했다. 윤행중은 같은 위원회와 조선신민당에 참여했으며, 1947년 초반부터는 적극적으로 남로당 활동가로 변신했다. 1948년 8월 15일 대한민국 정부 수립 이후 윤행중과 같은 좌익계 경제학 교수들은 지하로 잠적하거나 월북했다.

해방 이전의 경제학계의 움직임으로 보면 학문적 역량을 충분하게 축적하지 못한 교수진들이 해외 유학을 근거로 학계를 주도했음을 알 수 있다. 경성제국대학에서는 일본인 교수 등이 활동하였으며, 〈표 1〉에서 연희전문학교와 보성전문학교에 근무했던 교수들이 월북하는 등 대한민국 정부 수립 이후 경제학계는 새로운 탄생을 준비해야 했다.

외래학문으로서의 경제학 정착 과정

대한민국 정부 수립 이후 공산주의 계열의 학자들은 적극적으로 활동할 수가 없었다. 홍기현(2005)은 일본에서는 전후에도 지속적으로 마르크스 경제학이 학계에 상당한 영향력을 유지했으나, 한국에서는 한국전쟁 이후 경제학이 완전히 새롭게 시작되었다고 기술하고 있다. 그러나 대학 교육과 학문 발전 과정에서는 시간 의존성이란 특성이 있다. 따라서 이데올로기적 측면에서 단절이라고 하는 것은 찾기 어려운 일이다. 표면적으로는 마르크스 경제학이 사라졌다고 볼 수 있으나 경제학계에는 민족주의적 성향으로 포장되어 지속적으로 좌파 경제학자들이 양산되었고 지적 재생산 과정을 수행했다. 대표적인 좌파 경제학자들이 대부분 국내에서 학위를 받았다는 사실에서 볼 수 있듯이 이러한 자생적 재생산 구조에서 마르크스 경제학자들은 계속 배출되었다.

표면적으로 마르크스 경제학을 연구한 것은 아니지만 좌파적 경제학자로 분류될 수 있는 학자는 박현채朴玄埰(1934~1995)이다. 박현채는 1950년에서 1952년 사이에 빨치산 소년돌격부대 문화부 중대장으로 지리산과 백아산 일대에서 활동하다가 체포된 경력이 있다. 그는 어렸을 때 독서회에서 《자본론》을 탐독했다고 알려졌으며 1955년에 서울대학교 상과대학 경제학과에 입학했고, 이후 서울대학교 대학원을 졸업했다. 1960년대부터 20년간 재야 경제평론가로 활동하다가 1989년에야 조선대학교 경제학과 교수로 임용되었다.

김수행金秀行도 대표적인 마르크스주의 경제학자이다. 김수행은 서울대학교에서 학사학위와 석사학위를 받았으나, 영국에서 박사학위를 취득했다는 경력에서 자생적 좌파경제학자들과는 차별된다. 그는 1989년에 서울대학교에서 교편을 잡았으며 민주화 이후 최초로 마르크스의 《자본론》을 완역했다.

김수행에 의하면 해방 전후의 마르크스주의는 미국과 일본의 제국주의를 반대한다는 민족주의적 관점과, 급속한 경제개발을 위해서는 소련식의 계획경제가 필요하다는 개발 기술적 관점이 결부되어 있을 뿐이었다. 국내에서 교육을 받고 마르크스 경제학자로서 학계에서 활동하고 있는 학자들이 민족주의적 관점이 강하다는 측면에서 해방 전의 좌파 경제학자들의 맥이 이어졌다고 볼 수 있는 측면도 있다. 마르크스 경제학이 대한민국 정부 수립 이후 잠행의 시절을 보낸 반면에 우파의 경제학은 질적 양적으로 성장했다.

김윤환(1967)은 대한민국 정부 수립 이후 사회주의 경제사가들과 방법을 달리하는 조기준·최호진 교수를 중심으로 연구가 계속되었으며 1956년에 최호진 교수의 근대한국경제사가, 1962년에 조기준 교수의 한국경제사가 발간되었다고 기술하고 있다.

한국 경제학에서 미국의 영향은 지배적이었다. 이러한 현상은 미군정의 영향으로 볼 수도 있겠으나, 미국의 세계적 영향력과도 무관하지 않다. 또한 미군정 이전부터 형성된 미국 선교사들의 영향력도 배제할 수 없다. 연희전문학교에서 경제학을 가르치고 근무한 조병옥趙炳玉(1894~1960)은 초대 대통령인 이승만이 1910년 미국 프린스턴대학에서 박사학위를 받은 것에 영향을 받아 도미

해 컬럼비아대학에서 〈한국의 토지제도〉란 논문으로 박사학위를 받았다. 이후 조병옥은 학술 분야보다는 정치 분야에서의 활동이 더 많았다.

최순주崔淳周(1902~1956)도 미국 유학파로서 연희전문학교 상과에서 경제학을 가르쳤다. 해방 이후에는 재무부 장관을 역임했으며, 재무부 장관 재직 시 뉴욕연방은행의 협조를 받아 한국은행을 창설하는 데 공헌하기도 했다.

초기에는 일본 유학파도 상당한 영향력을 미치고 있었다. 육지수陸芝修(1907~1967)는 1933년에 도쿄제국대학 경제학과를 졸업했고, 1936년에서 해방 때까지 연희전문학교 교수를 역임했다. 해방 후에는 서울대학교 상과대학·고려대학교 교수 등을 거쳐 1955년에 서울대학교 문리과대학 교수로 부임했다. 경제학과 출신으로 경제지리학과 인구 문제에 관한 연구에 주력했으며, 금융통화위원, 도시계획위원회 위원 등으로 사회적 활동의 폭이 넓었다.

이와 같이 해외 유학파들이 대한민국 정부 수립 이후 많은 활동을 하게 됨에 따라서 우파 경제학계에서는 국내에서 학문을 연마하는 것보다는 해외 유학을 통해서 학문을 연마하고 이후 귀국해 교육과 연구의 길로 가는 것이 일반적인 관행이었다.

최영백Choi(1996)은 이러한 행태에 관한 연구이다. 최영백은 이런 현상을 신랄하게 비판한다. 홍기현(2005)에서 인용된 최영백(1996)의 1993년 경제학회 회원록을 분석한 연구 결과에 따르면 미국 박사학위 소지자들이 국내의 중요 대학 및 중요 연구소의 자리를 차지하게 되고 이들이 하나의 인맥을 형성해 한국 경제학계를 주도했음을 알 수 있다.

최영백(1996)의 결과를 이용해 다시 비율을 산정한 결과, 1993년
도 기준으로 학교, 연구소, 기업, 정부에서 근무하는 전체 경제학
자 중에서 외국 학위자의 비중은 54.8퍼센트이고, 국내 학위자의
비중은 45.2퍼센트으로 나타났다.

이 중에서도 미국 유학자의 비중이 전체 연구자 중 43.6퍼센트를
차지해 미국 유학생들이 우리나라 경제학계에 절대적인 영향력을
미쳤음을 알 수 있다. 국내 학위자가 서울에서 근무하는 비율이 38.3
퍼센트인 데 비해, 외국 학위자가 서울에서 근무하는 비율이 74.8퍼
센트이고 미국 학위자가 서울에서 근무하는 비율은 77.9퍼센트였다.

<표 3> 1993년도 기준 학위별 근무지 분석

내용	비중(퍼센트)
국내 학위자 중 서울 근무 비중	38.3
서울 학위자 중 서울 근무 비중	51.6
외국 학위자 중 서울 근무 비중	74.8
미국 학위자 중 서울 근무 비중	77.9
전체 연구자 중 미국 학위 비중	43.6
전체 연구자 중 국내 학위 비중	45.2
전체 연구자 중 외국 학위 비중	54.8

출처: 최영백(1996).

이러한 현상은 경제학 도입 초기뿐만 아니라 경제학의 정착 과
정에서 해외 유학파를 중심으로 학계가 운용되었다는 사실을 확
인시켜 준다. 홍기현(2000)은 1950년대에 서구 경제학과 경제학자

가 특별한 역할을 하기 어려웠다고 기술하고 있으나, 조병옥과 최순주의 경우를 볼 때, 해방 직후부터 미국 유학파의 영향력이 상당히 컸고 이후 점점 더 커졌다고 판단할 수 있다.

대한민국은 1960년대에 경제개발 5개년계획이 실시되면서 고도 성장기를 맞이한다. 홍기현(2000)은 한국경제학회의 회원 수를 이용해 경제학계의 팽창을 연구했다. 한국경제학회는 1952년에 설립되었고, 신태환申泰煥(1912~1993)이 초대회장을 지냈다. 신태환은 일본 유학 후 연희전문학교에서 교수를 역임했고 이후 동국대 및 서울대 교수를 역임해 경제학계에 많은 영향을 주었다. 홍기현(2000)에 의하면 1960년대에 경제학자의 수가 두 배 증가했고, 발표된 논문의 수도 매 5년마다 두 배씩 증가하는 양적 성장을 이룩했다.

1952년 한국경제학회 설립 이후 1957년에 농업경제학회, 1962년 경제사학회, 1963년 농업정책학회 등의 분과학회들이 생겨나게 된다. 양적 성장과 분과학회 설립 등으로 경제학계는 나름의 전문성을 확보해 나가면서 학문적 배경과 전공을 중심으로 다양한 활동을 하게 된다.

미국 경제학에 대한 논쟁

한국경제학계의 양적 생산 과정에서 그동안 잠재되었던 학문적 배경에 대한 논란이 노골적으로 발생하게 된다. 김윤환(1967)의 연구도 이러한 논란의 맥락에서 기술되었다고 추측해 본다. 김윤환

(1967)은 미국의 경제이론이 경제학 형성 과정과 경제정책 수립 과정에 지대한 영향을 미쳤다고 전제하고 미국에서 연구되는 경제이론이 한국에 수입되는 과정을 기술하고 있다.

박현채(1971)는 경제학 분야의 연구가 경제정책의 결정에 영향을 미친 것은 1960년대 이후라고 주장하고, 1960년대는 경제이론이 현실을 정확히 파악하고 처방을 제시한 것이 아니라 주어진 정책 방향을 추종하는 방식으로 이루어졌다고 비판했다. 또한 정책을 위한 경제이론도 경제구조가 상이한 선진국의 분석 수단을 무비판적으로 받아들인 이론이기 때문에 문제가 있다고 지적한다.[2] 그리고 1970년대부터는 경제학계에서 비롯된 식민주의 사관을 청산하고 국민경제의 현상을 민족적 관점에서 재평가하는 노력이 시작되었다고 기술하고 있다. 또한 경제학의 파산을 선언한 로빈슨 Joan Violet Robinson(1903~1983) 교수의 견해가 우리에게 좋은 교훈이 될 것이라고 주장한다. 이와 같은 대립은 경제학계 형성 과정에서 구축된 이데올로기적 차이에서 발생한 것으로 볼 수 있다. 그리고 이것이 미국경제학에 대한 논쟁이라는 대리전 양상으로 변형된 형태로 표출되었다고 볼 수 있다.

이학용(1976)은 미국경제학이 무엇을 말하는 것인지를 정의하고 미국경제학의 위상을 기술하고 있다. 결론적으로 그는 미국경제학에 대한 비판도 있으니 취사선택할 수 있는 능력과 태도를 갖추는 것이 중요하다고 지적한다. 이와 더불어 《아메리칸 이코노믹 리뷰*The American Economic Review*》 등의 학술지는 미국경제학회지이지만 세계적인 학술지인 만큼 이러한 학술지의 주요 논문들이 국내에 신속하게 소개되고 또 그것의 실용성이 고찰되어야 한다고 일침을 가하고 있다. 1970년대에도 미국경제학에 대한 비판이 있었으나 이는 한국경제학계의 해외 연구 동향에 대한 이해 부족과 진영논리에서 발생하는 현상에 불과하다고 판단된다.

최호진(1982)은 건국대 이필우 교수와의 면담 과정에서 경제학 공부를 시작할 때부터 지금까지 변하지 않은 생각은 결국 우리의 것을 알아야 된다는 것이며, 외국의 경제학을 공부한다는 것은 어디까지나 우리의 경제를 알기 위한 수단이라는 이야기를 하고 있다. 그러면서 한국경제학을 구성한다면 우리나라 실정을 알아야 하며, 이를 위해서 역사를 연구해야 하지만 우리나라 경제학을 체계화하기 위한 전제조건인 사적 연구에 너무 소홀하다는 비판을 덧붙이고 있다.

결국 1960년대에서 1970년대까지 한국의 경제학은 미국 경제학 등 해외 경제학을 수입하는 단계에 머물러 있었으며, 미국 경제학이든 한국경제학이든 전반적인 연구수준은 국제적인 수준과는 격차가 있었던 것으로 판단된다.

이재욱·한상인·이승모(2005)는 암기 위주의 교육, 미국 사례 중심의 교재 편찬과 천편일률적인 신고전파 교과과정 편성 등으로 경제학 교육이 위기를 맞고 있다고 기술하고 있기 때문에 여전히 미국경제학에 대한 논쟁이 암묵적으로 존재하는 것은 아닐까 추측해 볼 수 있다. 결국 미국 경제학에 대한 논쟁은 홍기현(2000)의 지적과 같이 한국의 경제학계에서 미국에서 교육받은 사람들이 득세하는 현상, 우리 경제발전 과정에서 미국식 경제학 적용의 한계 등이 복합적으로 작용해 발생한 논쟁과 대립의식이라고 볼 수 있다. 그러나 이러한 대립적 논쟁은 연구 능력의 향상과 다양한 한국적 경제 문제에 대한 학계의 관심 고조 등으로 이제는 더 이상 전면에 부각되고 있지 않다.

한국 경제학의 현황

경제학계의 양적 성장

한국의 경제학계는 지난 100여 년 동안 괄목할 만한 양적 성장을 이룩했다. 한국의 경제학계는 체계적인 경제학 교육을 받지 못한 몇몇 교수들에 의해서 탄생되었으나, 지금은 대학의 성장과 함께 경제학계도 눈부신 성장을 이룩했다.

홍기현(2000)에 의하면 대부분의 경제학자가 대학교수인 점을 감안할 때, 경제학 관련 학과의 증설 및 학생의 증가는 학문 성장의 결정적인 요인이었다고 한다. 1968년 4년제 대학 경제학과의 수가 67개, 대학생 수가 5,530명에 불과했으나, 1998년에는 경제학과의 수가 156개로 늘어났으며 학생 수도 3만 5,248명으로 늘어났다. 이와 같은 저변 확대로 경제학 연구의 양적 성과도 증가했다. 또한 대학에서 승진 등에서 필요한 업적 평가에 논문발표를 중요한 잣대로 삼기 시작한 이후 연구 성과는 눈부시게 증가했다.

강명규(1987)의 연구를 검토하면 1970년대와 1980년대를 거치면서 경제학계가 얼마나 빠르게 성장했는지를 알 수 있다. 경제학 문헌의 총 수는 1950년대에 500여 편에 불과했으나, 1960년대에는 120퍼센트 이상 증가해 1,406편에 달하게 된다. 이후 1971년에서 1975년의 기간 동안에는 16퍼센트 증가한 1,631편이 저술되었으며, 1976년에서 1980년의 기간 동안에는 2,398편으로 급증했다. 그리고 대학정원 자율화로 대학의 입학정원이 급팽창한 시기인 1981년에서 1985년 기간에는 3,504편으로 다시 급증했다.

〈표 4〉 한국 경제학 문헌 수

기간	1945~1950	1951~1960	1961~1965	1966~1970	1971~1975	1976~1980	1981~1985
논문	419	254	667	1,224	2,229	1,903	2,885
서적	64	156	235	153	306	418	460
번역서	79	145	65	29	96	77	159
계	562	555	967	1,406	2,631	2,398	3,504

출처: 강명규(1987), 홍기현(2000)에서 재인용.

한국연구재단(2011)에 의하면 2010년 기준 4년제 대학에서 근무하는 경제학 전임교원의 수는 1,450명으로 전체 전임교원의 2.1퍼센트를 차지하고 있음을 알 수 있다. 사회과학의 전임교원 수가 전체 전임교원 수의 22퍼센트인 점을 감안할 때, 경제학이 사회과학 분야에서 차지하는 비중은 상당히 크다.

<표 5> 학문 분야별 전임교원 현황(4년제)

분야	전임교원 수(명)	전체 전임교원 중 비율(%)
사회과학	15,078	22.0
인문학	10,156	14.8
자연과학	7,356	10.7
공학	14,002	20.4
의약학	14,123	20.6
농수해양학	1,787	2.6
예술체육학	5,671	8.3
복합학	404	0.6
총계	68,577	100

출처: 한국연구재단(2011).

<표 5-1> 사회과학 세부 분야별 전임교원 현황

세부 분야	전임교원 수(명)	전체 전임교원 중 비율(%)
사회과학	94	0.1
경영학	2,825	4.1
경제학	1,450	2.1
관광학	494	0.7
교육학	2,458	3.6
군사학	13	0.0
기타사회과학	211	0.3
농업경제학	110	0.2
무역학	305	0.4
법학	1,750	2.6
사회과학 일반	66	0.1

한국 인문·사회과학 연구, 이대로 좋은가

사회복지학	807	1.2
사회학	439	0.6
신문방송학	711	1.0
심리과학	403	0.6
인류학	26	0.0
정책학	170	0.2
정치외교학	830	1.2
지리학	200	0.3
지역개발	289	0.4
지역학	142	0.2
행정학	718	1.0
회계학	567	0.8
소계	15,078	22

출처: 한국연구재단(2011). 소수점 두 자리 이하는 반올림.

한국연구재단(2011)의 조사에 의하면, 전임교원의 학위취득 국가별 비율을 살펴보면, 국내 학위취득자가 60.5퍼센트이고 미국 학위취득자가 24.6퍼센트이다. 경제학의 경우 미국 학위취득자의 비율이 매우 높다. 이러한 현상은 미국의 대학들이 세계 경제학계에서 선두적인 역할을 수행하는 현상과 무관하지 않다.

2010년 기준 경제학의 국내 전문학술지에 게재한 논문의 수는 840편, 국제 전문학술지에 게재한 논문의 수는 153편, 그리고 국제 일반학술지에 게재한 논문의 수는 52편으로 총 1,045편의 논문이 발표되었다. 논문 수로만 평가했을 때, 1980년대 초반보다 연평균 논문 수가 81퍼센트 증가한 것으로 평가된다. 이와 같이 한국 경제학계는 지속적으로 눈부신 양적 성장을 이룩한 것을 다시한 번 확인할 수 있다.

한국 경제학의 연구 역량과 수준

경제학계가 양적 성장을 이룬 것과 비교할 때, 연구자 개인의 연구 역량은 아직 만족할 만한 수준이라고 평가하기 어렵다. 2010년 기준으로 1인당 논문게재 수는 0.72편으로 1편이 되지 않는다. 이러한 현상은 다른 학문 분야에서도 비슷하게 나타나고 있다. 전 분야의 1인당 논문게재 편 수는 0.85편으로 1편이 되지 않는다. 사회과학 분야에서는 법학 분야가 1.54편으로 1편이 넘는 것으로 나타났다. 무역학도 1.07편으로 1편이 넘었다. 인문학 분야에서는 역사학이 1.06편으로 높았고, 복합학도 1.01편으로 나타났다.

각 분야별 국제논문의 비중을 살펴보면 한국 경제학의 국제경쟁력은 다른 분야보다 비교적 높은 것을 알 수 있다. 경제학 분야의 논문 중에서 13.7퍼센트가 국제학술지에 게재된 논문으로 조사되었다. 사회과학 분야에서는 농업경제학의 국제논문 비중이 가장 높았으나 사실 이 분야도 경제학 분야이다. 이러한 현상의 원인으로 경제학이 타 분야에 비해서 해외와의 교류가 활발하고 해외에서 학위를 취득한 연구자의 비율이 높다는 점과 해외와의 학문적 격차가 그만큼 적다는 점도 감안할 필요가 있다.

<표 6> 학문 분야별 논문게재 현황

대분류	중분류	1인당 논문 수				분야별 국제논문의 비중(%)
		국내 전문	국제 전문	국제 일반	전체	
인문학	문학	0.75	0.01	0.03	0.80	5.9
	역사학	0.94	0.02	0.10	1.06	11.8
	철학	0.93	0.02	0.04	0.99	6.4
	소계	0.72	0.01	0.04	0.77	6.7
사회과학	경영학	0.62	0.07	0.03	0.71	6.8
	경제학	0.58	0.11	0.04	0.72	13.7
	농업경제학	0.70	0.03	0.02	0.75	19.6
	무역학	1.03	0.02	0.02	1.07	6.0
	법학	1.50	0.01	0.03	1.54	3.4
	사회학	0.75	0.07	0.04	0.85	2.4
	정치외교학	0.82	0.08	0.03	0.94	12.3
	소계	0.84	0.05	0.03	0.92	12.6
자연과학		0.35	0.56	0.02	0.93	8.2
공학		0.51	0.44	0.04	0.99	62.2
의약학		0.35	0.45	0.01	0.81	48.6
농수해양학		0.51	0.41	0.01	0.94	56.9
예술체육학		0.38	0.01	0.01	0.39	45.0
복합학		0.80	0.18	0.03	1.01	4.6
총합계		0.55	0.27	0.03	0.85	20.6

출처: 한국연구재단(2011, 148)의 부록표 25를 이용해 저자 계산.
사회과학 분야에서는 표의 중분류에서 일부 학과의 현황만 소개함.

경제학 분야에서 국제논문의 비중이 다소 높지만, 연구자들의 연구 성과는 타 분야와 비슷한 양상을 보이고 있다. 경제학의 1인당 연구 성과는 문학, 역사학, 그리고 철학의 1인당 연구 성과에 비해 상대적으로 저조하다. 이러한 현상이 발생하는 이유는 여러 가지가 있을 수 있다. 먼저 경제학계에게 지원된 연구비 현황을 살펴보자. 학문 분야별 전임교원 상위 3개 분야를 살펴 보면 사회과학 분야에서는 경영학이 가장 많은 연구비를 수혜한 것으로 나타났다. 인문계에서는 역사학으로 드러났다. 이러한 연구비 수혜액이 연구 성과와 무관하지 않다는 점에 주목할 필요가 있다.

연구비의 전임교원 비중 대비 연구비 비중(연구비 집중도)을 점검해 전임교원의 수에 비해 상대적으로 많은 연구비를 수주한 분야를 살펴 보자. 연구비 집중도는 100를 기준으로 동 수치가 100이면 한 분야의 전임교원 수의 비중과 연구비 비중이 동일한 것을 말하며, 이 수치가 100 이하이면 전임교원의 비중보다 연구비 비중이 떨어지는 것을 말한다. 연구비 집중도가 가장 높은 분야는 기술정책 분야이다. 기술정책 분야는 전임교원의 수가 매우 적어서 비교할 수는 없다. 기술정책 분야의 전임교원의 수는 16명으로 1인당 연구비가 2억 원을 상회하는 것으로 나타났다. 그 다음이 뇌과학 분야로 뇌과학 분야의 전임교원은 70명이지만 1인당 연구비는 2억 6천만 원 정도인 것으로 조사되었다.

인문학 분야와 사회과학 분야의 연구비 집중도는 타 분야에 비해 현저하게 떨어지고 있다. 경제학의 연구비 집중도는 37.3으로 역사학의 연구비 집중도 59.2에 비해서도 떨어지는 것을 알 수 있다.

더욱이 1인당 연구비는 역사학의 경우 3,900만 원 정도인 데 비해 경제학의 1인당 연구비는 2,500만 원 정도인 것으로 조사되었다. 연구비 규모와 연구 성과가 비례한다는 점에서 볼 때, 적은 연구비는 연구 성과가 상대적으로 저조한 데 대한 원인으로 생각된다.

〈표 7〉 분야별 연구비 현황

(단위: 백만 원, 퍼센트)

대분류	중분류	연구비 점유율 (A)	1인당 연구비	전임교원 비중(B)	연구비 집중도 (A/B×100)
사회과학	경영학	1.6	25.16	4.1	38.8
	경제학	0.8	25.79	2.1	37.8
	교육학	0.9	17.46	3.6	25.1
	사회과학 전체	7.2	21.77	22.0	32.7
의약학	내과학	2.6	63.02	2.7	95.5
	약학	1.4	160.45	0.6	234.7
	예방의학	1.2	127.05	0.6	185.8
	의약학 전체	16.6	53.85	20.6	80.6
공학	기계공학	6.8	185.26	2.4	279.4
	전자/정보통신공학	6.9	144.04	3.2	215.5
	컴퓨터학	4.6	95.8	3.2	142.4
	공학전체	47	153.41	20.4	230.2
인문학	역사학	0.9	39.04	1.5	59.2
	철학	0.2	14.55	1.1	18.3
	한국어와 문학	0.6	19.25	1.9	31.1
	인문학 전체	2.9	13.08	14.8	19.6

자연과학	물리학	3.9	143.48	1.8	215.3
	생물학	5.9	179.37	2.2	270.6
	화학	4.7	155.82	2.0	231.5
	자연과학 전체	18.9	117.48	10.7	176.2
예술체육학	디자인	0.6	23.06	1.6	37.1
	음악학	0.2	6.59	1.9	10.6
	체육	0.4	15.15	1.8	22.0
	예술체육학 전체	1.5	12.02	8.3	18.1
농수해양학	농학	1.7	143.12	0.8	208.9
	식품과학	1.4	136.52	0.7	206.5
	축산학	0.8	167.66	0.3	267.6
	농수해양학 전체	5.2	131.88	2.6	199.6
복합학	기술정책	0.1	200.5	0.0	428.6
	뇌과학	0.4	259.34	0.1	391.9
	문헌정보학	0.2	42.4	0.3	71.8
	복합학전체	0.8	91.01	0.6	135.8

출처: 한국연구재단(2011, 46)의 표 48을 이용해 저자 계산.
사회과학 분야에서는 상위 3개 세부 분야의 상황만 소개함.

경제학 세부 분야별 연구 성과

한국경제학회는 1996년도에 《경제학문헌목록》을 발간하기로
결정하고, 1996년 말에 1990년에서 1994년 사이에 발간된 저서와
발표된 논문을 묶어 《경제학문헌목록》을 발간했다. 그리고 1995
년도분을 묶어 《경제학문헌연보》 창간호를 발간했으며, 이후 매

년《경제학문헌연보》를 간행하고 있다. 한국경제학회의 이러한 노력으로 경제학 분야의 학문활동을 세밀하게 조사할 수 있었다. 한국경제학회에서 발간하는《경제학문헌연보》를 이용해 필자가 직접 경제학 분야별 연구실적 통계를 작성해 검토했다.《경제학문헌목록》은 국내에서 발간된 논문만을 목록에 수록하고 있다는 점에서 한계가 있다. 그럼에도 불구하고 학문 세부 분야별 연구 성과를 가늠하는 데에는 큰 무리가 없다고 판단된다.

분야에 따라서는 저서와 논문의 비중이 서로 비례하지 않음을 알 수 있다. 일반 경제학 및 경제학 교육 분야는 저서와 역서의 형태로 연구 성과를 발표하는 것이 일반적이다. 같은 분야의 저서 비중은 30.3퍼센트인 데 비해 논문은 1.7퍼센트에 지나지 않는다. 일부 일반인을 위한 저서와 역서가 일반 경제학 분야의 성과로 잡히기 때문이기도 하다.

우리나라 경제학이 지나치게 수리적 방법론에 의존한다는 비판도 있지만 수리 및 수량적 방법론에 관한 논문은 전체의 5퍼센트이고 저서는 1.4퍼센트에 지나지 않는다. 수리적 방법론에 대한 비판은 그동안 수리적 방법론이 다양한 분야에 광범위하게 이용되는 추세에서 이해될 수도 있다. 그러나 이러한 현상은 이미 세계적 경제학계의 흐름과 맥을 같이하고 있기 때문에 과거의 미국식 경제학 논란과 마찬가지로 논란의 근거가 점차 희박해지고 있다.

논문의 비중이 가장 높은 분야는 국제경제학으로서 같은 분야의 논문 수는 전체 논문 수의 16.2퍼센트를 차지한다. 저서나 역서의 비중도 각각 9.5퍼센트, 9.1퍼센트로서 다른 분야보다 상대적으로 높다. 재무경제학 논문의 비중이 9.3퍼센트이고 저서의 비중도 9.1퍼센트로서 최근 글로벌 금융위기 등 금융 분야의 관심을 반영하고 있는 것으로 보인다. 산업조직 분야의 논문 비중은 7.7퍼센트로서 높은 편이고 저서의 비중은 1.8퍼센트로 낮다. 경제발전, 기술변화 및 성장 분야도 저서 및 역서의 비중이 높은 분야이다. 같은 분야의 저서 비중은 12.7퍼센트이고 역서의 비중은 14.9퍼센트이다. 논문의 비중은 5.5퍼센트인 것으로 보면 같은 분야의 연구자들이 연구 결과를 상대적으로 저서 및 역서의 형태로 더 많이 발표한 것으로 보인다.

일반적으로 평가할 때, 경제학 내의 전 분야가 골고루 연구 성과를 내고 있다는 점을 지적할 수 있다. 과거 경제학 태동기 때와는 다른 양상을 보이고 있다. 이제 경제학계는 각 분야에서 상당한 정도의 연구 업적을 내고 있다고 평가할 수 있다. 하지만 한 분야에서 평균 20편 정도의 연구 업적을 내는 분야도 있기 때문에 전 분야에서 시스템적으로 국내에서 내생적으로 질적 성장을 이루는 데에는 한계가 있다고도 평가할 수도 있다.

우리나라 경제학계에서 전임교원의 수는 1,450명 정도이기 때문에 자생적으로 경쟁적인 성과를 내는 데 충분한 규모라고 볼 수 없다. 따라서 인류 공영에 기여할 수 있는 경제학적 업적을 내기 위해서는 국제적인 교류가 필수적이다.

〈표 8〉 2003년~2010년 경제학 세부 분야별 연구 성과

분야	2003~2010 연평균 개수(편)			분야별 비중(퍼센트)		
	저서	역서	논문	저서	역서	논문
일반 경제학 및 경제학교육	59.9	43.0	26.3	30.3	34.3	1.7
방법론 및 경제사상사	4.8	5.0	16.9	2.4	4.0	1.1
수리적 및 수량적 방법	2.8	0.9	76.3	1.4	0.7	5.0
미시경제학	2.4	1.4	39.0	1.2	1.1	2.6
거시경제학 및 화폐경제학	9.8	5.0	82.6	4.9	4.0	5.4
국제경제학	18.8	11.4	246.9	9.5	9.1	16.2
재무경제학	17.9	9.8	141.4	9.1	7.8	9.3
재정학/공공경제학	5.0	3.8	82.1	2.5	3.0	5.4
보건, 교육, 복지	0.6	0.9	49.8	0.3	0.7	3.3
노동 및 인구경제학	4.6	0.9	109.5	2.3	0.7	7.2
법경제학	2.1	0.1	33.6	1.1	0.1	2.2
산업조직	3.5	2.3	117.6	1.8	1.8	7.7
기업경영 및 기업경제학: 마케팅:회계학	4.4	8.1	101.0	2.2	6.5	6.6
경 제 사	7.8	5.3	31.0	3.9	4.2	2.0
경제발전, 기술변화 및 성장	25.1	18.6	84.5	12.7	14.9	5.5
경제체제	6.4	2.4	26.8	3.2	1.9	1.8
농업 및 자원경제학	5.1	2.0	106.0	2.6	1.6	7.0
도시, 농촌, 지역경제학	6.8	1.9	89.4	3.4	1.5	5.9
기타 특정 주제	9.9	2.8	62.6	5.0	2.2	4.1
연평균 합계	197.4	125.3	1523.1	100.0	100.0	100.0

출처: 《경제학문헌연보》에서 저자가 직접 계산.

한국경제학회에서 발간한《경제학문헌연보》를 분석한 결과 2003년에서 2010년까지 발표된 문헌의 수가 뚜렷하게 증가하는 추세는 보이고 있지 않다. 오히려 일정한 주기가 있는 것처럼 보인다. 연구가 발표되기까지 상당한 시간이 걸리고 연구자의 수가 충분히 많지 않기 때문에 발생하는 현상으로 보인다. 그리고 논문과 저서 간에는 다소 상충관계가 존재해 논문이 많이 발표된 해에는 저서와 역서가 상대적으로 적게 발표되는 현상도 보인다. 이상으로 판단할 때, 동기간의 경제학계는 일종의 안정된 상태steady state에 있는 것으로 보이고 있어 더 이상 급격한 양적 성장이 예견되지는 않는다.

〈표 9〉 2003년부터 2010년 기간 동안 경제학 국내문헌 게재 추이

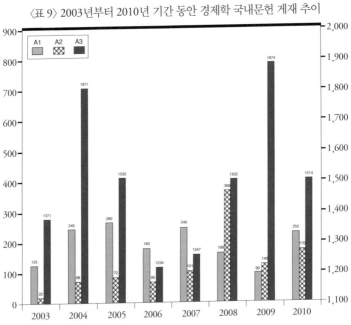

A1은 저서의 수, A2는 역서의 수, A3는 논문게재 수임.

한국 인문·사회과학 연구, 이대로 좋은가

국제적 경쟁력

경제학이 다른 분야보다 국제학술지 게재 비율이 높은 것은 사실이지만 아직 국제경쟁력을 획득했다고 평가하기는 이르다. IDEAS(ideas.repec.org/)는 경제학과 재무학 관련 연구자료 중 120만 건 이상의 자료를 데이터베이스화하고 각종 정보를 제공하고 있다. 자료는 영문자료가 일반적이라는 점에서 한계는 있으나, 국제적으로 통용되고 있는 언어가 영어이고 전 세계의 학자들이 영어로 기술된 논문들을 인용하고 있다는 점에서 이를 이용해 국제적 위상을 가늠하는 데에는 큰 문제가 없을 것으로 보인다.

IDEAS는 등록된 논문을 평가해 가장 높은 점수를 받은 기관들의 순위를 매겼다. 우리나라는 고려대학교 경제학과가 210위에 올라와 있다. 불행하게도 한국의 다른 연구기관들은 이에 미치지 못했다. 미국만이 아니라 영국, 프랑스, 독일, 네덜란드, 스위스, 벨기에, 호주, 이스라엘, 이태리, 스페인 등의 국가에 소재한 기관들이 200위 안에 올라와 있다. 따라서 한국경제학 연구기관들의 국제경쟁력은 상당히 뒤떨어져 있다고 볼 수 있다.

아시아의 기관 평가에서도 이스라엘의 텔아비브대학, 헤브르대학, 일본의 도쿄대학, 이스라엘의 바일란대학에 이어 고려대학교 경제학과가 5위에 위치하고 있다. 서울대학교 경제학과는 18위이며, 연세대학교 경제학과는 35위에 머물러 있다. 서강대학교 경제학과는 43위에 위치하고 있어 아시아에서도 좋은 평가를 받지 못하고 있음을 알 수 있다. 개인적인 연구 역량으로 평가해도 한국의 개인 연구자가 기록한 최고의 등수는 301위이다. 국제학술지에 대한 평가를 강화하고 있어 점차 한국 경제학계도 국제화되고 있으나 위의 결과로 판단할 때, 아직은 국제적 위상이 높다고 평가하기는 어렵다.

학문적 재생산 구조

학문적으로 발전하기 위해서는 세계적인 학자들이 모여서 연구하고 교육함으로써 다음 세대 학자가 앞선 세대를 넘어서 연구 역량을 확보해 나가야 한다. 이른바 학문적 재생산 구조가 정착되었는지가 한국 경제학의 발전 정도를 가늠할 수 있는 척도일 것이다.

학문적 재생산 구조는 이른바 연고주의적 채용관행을 이야기하는 것은 아니다. 과거와 달리, 채용에 있어서 객관적인 연구 능력과 교육 역량이 평가되고 있고 연고주의는 배제되고 있다. 학문적 재생산 구조를 확인하기 위해서 국제 평가에서 상위에 있는 고려대학교와 서울대학교 그리고 연세대학교의 경제학과 교수들의 박사학위 수여 국가를 조사했다. 국제적으로 가장 상위에 있는 것으로 평가된 고려대학교 경제학부의 경우에는 26명 교수진 중에서 경제사를 전공한 교수가 유일하게 국내에서 박사학위를 받았으며, 벨기에서 학위를 받은 외국인 교수를 제외하고는 모두 미국에서 박사학위를 받았다.

서울대학교 경제학부의 경우에는 전체 36명 교수 중에서 30명이 미국에서 박사학위를 받았으며, 영국에서 박사학위를 받은 교수가 3명이고 호주, 중국과 국내에서 박사학위를 받은 교수가 각 1명씩이었다. 국내에서 학위를 받은 교수는 자교 출신이고 전공상 외국에서 학위를 하는 것이 경쟁력이 없는 경우였다.

연세대학교 경제학과의 경우에도 전체 37명 교수 중에서 미국에서 학위를 받은 교수는 33명이고 국내에서 박사학위를 받은 교수는 1명이었다.

학문적 기본 소양을 배양하는 박사학위를 기준으로 파악할 때, 국제 경쟁력 지표상 상위에 위치해 있는 학교에서조차 국내에서 배출된 인력을 활용하지 않는다는 것이 명백하다. 사실 미국에서 박사학위를 받았으나, 국제경쟁력으로 평가할 때 상위에 위치한 대학에서 박사학위를 받았기 때문에 이들 대학들이 그나마 국제 경쟁력을 유지하고 있는 것으로 판단된다.

하지만 여전히 이들 3개 학교에서 학문적으로 훈련된 학생들이 국제경쟁력을 갖추고 있어 학위 취득 후 국내외에서 학문을 연구하고 교육하고 있는 상황은 아니다. 따라서 한국 경제학계가 국제적으로 경쟁력 있는 재생산 구조를 확보했다고는 판단할 수 없다.

경제학계의 문제점과 개선 방향

한국 경제학계는 그동안 눈부신 양적인 성장을 해 왔다. 이제는 질적인 성장을 도모할 때이다. 2000년대에 이르러 한국 경제학계의 성장세는 둔화되었다. 학문적 업적으로 평가할 때도 양적인 성장은 더 이상 무의미해 보인다. 이제 질적인 성장을 위해 노력하지 않으면 안 될 시점으로 판단된다.

한국 경제학계의 문제점을 지적하면 다음과 같다.

첫째, 국제경쟁력이 아직 미흡하다. 대부분의 교수 및 연구원들이 세계적으로 경쟁력이 있는 교육기관에서 학문적 소양을 익힌 이후 국내에 들어와서 연구활동을 하고 있다. 그러나 지속적으로 학문적 호기심과 토론을 통해서 학문적 능력을 배양할 수 있는 여건이 마련되어 있지 못한 것이 현실이다.

논문 성과를 분석해 보면 분야별로 국제적 수준에 도달한 학자군이 형성된 경우에는 국내에서도 국제적인 학술지에 꾸준하게 논문을 게재하고 있으나 그렇지 못한 분야에서는 연구활동이 위축되어 있다.

경우에 따라서는 해외 학자와 연계해 지속적으로 국제적인 연구활동을 하는 경우도 있으나 이는 개인적인 네트워크를 이용한 것으로 시스템적으로 뒷받침된 것이 아니다. 따라서 국제경쟁력을 확보하기 위해서 경제학계가 시스템적으로 연구 국제화에 노력을 기울여야 할 것이다.

둘째, 분야별 연구비의 왜곡 현상이 존재한다. 경제학은 인문학보다 1인당 연구비가 500만 원 정도 많지만, 공학의 1인당 연구비의 5분의 1에 지나지 않는다. 한국의 연구개발비 지출이 국내총생산 대비 OECD 국가 중에서 높은 수준이나 성과는 그에 미치지 못하고 있다. 이러한 연구비 지출의 비효율성은 분야별 배분의 왜곡에 기인한다. 순수 학문적 성과를 위해서는 개인 연구비를 증액하는 것도 필요하지만 학문적 풍토를 바꿀 수 있는 시스템을 구축하는 데 더 많은 노력을 경주해야 한다.

셋째, 양적 성과를 중시하는 연구 업적 평가제도는 개선되어야 한다. 양적 성과를 중시하는 연구 업적 평가제도는 양적 성장을 주도했으나, 질적 향상이 필요한 시점에서는 문제를 야기할 수 있다. 선도적인 대학에서 질적 평가를 위해서 SSCI 등재 여부를 평가하고 국내학술지도 차등을 두고 있으나, 이러한 정도로는 문제를 해결할 수 없다.

최근 국내 대학에서도 교원의 이동이 과거에 비해 수월해서 사실상 객관적 평가가 이루어지고 있으며 젊은 연구자들이 질 높은 연구를 추구하도록 하는 유인제도로 작용하고 있다. 하지만 아직도 교원 이동이 선진국과 같은 수준으로 자유롭지 못하고 그 인원도 제한적이기 때문에 이러한 시장적 평가제도에 의한 연구의 질적 향상을 기대할 수는 없다. 결과적으로 대학 내부에서 질적 평가를 위한 업적 평가제도 개선을 보다 진지하게 검토해야 한다.

넷째, 교원 구성의 다양성이 미흡하다. 동료에 의한 평가와 압력이야말로 학계에서 가장 효과적으로 작용하는 연구력 향상의 기제이다. 이러한 측면에서 대학 구성원의 다양성이 추구되어야 한다. 이것은 비단 경제학계의 문제만은 아니다. 서로 다양한 배경을 가진 학자들이 상호 선의의 경쟁을 통해서 연구력을 향상시킬 수 있도록 대학 교원 채용 시 다양성을 고려할 필요가 있다.

그동안 경제학계의 국제경쟁력이 꾸준하게 상승하고 있고, 일부 분야에서는 세계적인 학자들도 있다. 하지만 국내 경제학계의 연구 기반이 세계적인 경쟁력을 가지고 있다고 평가할 수는 없다. 향후 이 글에서 지적된 문제점들이 개선되어 한국의 경제학계에서도 국제경쟁력을 갖춘 학자가 양성될 수 있는 교육기반을 갖추고 세계적인 연구 성과를 낼 수 있는 학문 연구 시스템이 구축되기를 기대한다.

[1] 김효전 교수에 의하면 숭실학교와 중경의숙에서 경제학을 교육했는지는 명확하지 않다.

[2] 박현채(1971)의 이러한 평가는 수긍하기 어려운 점이 많다. 기본적으로 제1차 경제개발 5개년계획은 혁명정부의 최고회의에서 1961년 7월에 발표된 종합경제재건 계획안을 기초로 1961년 9월 경제기획원이 중심이 되어 작성하고 최고회의의 심의를 거쳐 12월에 발표되었다. 국민경제에 대한 이해와 목표 및 계획 그리고 정책 등이 일관되게 작성된 계획안으로 평가되었다. 특히 제2차 경제개발 5개년계획은 미국의 아델만Irma Adelman 교수가 참여하는 등 국민경제에 대한 이해의 수준과 계획의 완성도가 더 높아진 계획이라고 평가된다. 계획에서 사용된 모형은 한국은행 및 경제기획원 자료를 사용한 모형으로 전 세계에서 사용되는 거시계량모형이다. 동 계획에 관해 방법론상의 논쟁은 있을 수 있어도 미국경제학이라는 비판은 이해하기 힘든 비판으로 판단된다.

강명규, 〈한국경제학의 성장구조: 1970년대 이후를 중심으로〉, 《경제논집》, 서울
　　대 경제연구소, vol. 26, no.4, 1987, pp. 397~450.

김윤환, 〈미국의 경제이론이 한국경제학 및 경제정책에 끼친 영향〉, 《아세아연구》
　　통권 26호, 아연창립10주년기념심포지움특집호, 1967.6, pp.177~187.

박찬익, 《한국 연구자의 2009년도 SCI 인용지수 분석연구》, 한국연구재단,
　　2011.6.30.

박현채, 〈경제학분야의 학계연구가 경제정책에 미친 영향〉, 《재정》 13, 1, 재정공
　　론사, 1973.1, pp.103~107.

성낙선·이상호, 〈한국 최초의 이론경제학자 윤행중〉, 《경제학의 역사와 사상》, 제
　　2호, 1999, pp. 130~164.

李基俊, 《韓國經濟學敎育史研究》, 韓國研究院, 1982.

李基俊, 《韓國經濟學發達史》, 一潮閣, 1983.

윤기중, 〈1920년대와 1930년대의 한국경제학계 동향〉, 《연세경제연구》 제IV권
　　제2호, 1997.9, pp.147~160.

이재욱·한상인·이승모, 〈경제학 및 경제학 교육의 문제점과 개선방향〉, 《사회과
　　학논총》, 제 11권 제1호, 2005년 2월, pp. 141~155.

이학용, 〈미국경제학이 한국경제학계에 미친 영향〉, 《미국학 논집》, 한국아메리칸
　　학회, 1976.

이헌창, 〈보성전문학교 시절의 경제학술활동〉, 김균·이헌창 편, 《한국 경제학의
　　발달과 고려대학교》, 고려대학교 출판부, 2005.9.

한국연구재단, 《2011년 대학연구활동실태조사 분석보고서》, 2011.11.

홍기현, 〈경제학의 역사와 사상〉, 《경제학의 역사와 사상》 제3호, 2000, pp. 130~164.

홍기현, 〈한국에서의 경제학 발전과 과제〉, 《한국 경제학의 발달과 고려대학교》, 고려대학교 출판부, 2005.9.

최호진, 〈한국경제학의 당면과제〉, 《광장》, 世界平化敎授協議會, 1982.

Choi, Young. Back, "The Americanization of Economics in South Korea," in W. J. Samuels and J. Giddle, eds., *Research in the History of Economic Thoughts and Methodology*, Vol. 14. Greenwich, CT : JAI Press, 1996, pp. 163~172.

종합토론

한국 인문·사회과학 연구, 이대로 좋은가

사회 : 송승철(한림대 영어영문학과)

권영민   박근갑   송호근

김재현   박상섭   양준모

김흥규   송승철   김효전

사　　회 ●●● : 안녕하십니까. 좌담회 사회를 맡은 송승철입니다. 오늘은 발표 중간에 토론이 없었습니다. 따라서 각 분야 논문에 대해서 질문할 내용이 상당히 많을 것으로 생각됩니다. 한 1시간 45분 동안에 모든 발표문에 대한 토론을 해야 되기 때문에 대단히 압축적이고 효과적으로 시간을 써야 하지 않을까 싶습니다. 일단 각 개별 논문에 대해서 이야기하기 전에 우선 두 분 토론자 중 김효전 선생님께 먼저 10분 정도 시간을 드리겠습니다.

김효전 ●●● : 감사합니다. 아침부터 지금까지 여러 분들의 발표를 잘 듣고, 또 많은 것을 배웠습니다. 저는 특히 사회과학 분야에 대해서 몇 가지 말씀드릴까 합니다. 오늘 학술대회의 주제가 "한국 인문·사회과학 연구, 이대로 좋은가"입니다. 제가 보기에는 조금 부정적인 전제에서 출발했기 때문에 답도 부정적으로 나오지 않았는가 하는 생각이 들었습니다.

제가 맡은 부분은 박상섭 교수님의 정치학, 송호근 교수님의 사회학, 양준모 교수님의 경제학인데, 주로 박상섭 교수님의 정치학에 초점을 맞추고 경제학과 사회학에 관련해서도 몇 마디 할

까 합니다. 박상섭 선생님께서는 우리나라 정치학 발전을 명확하게 시대구분하시고 문제점을 선명하게 부각해 주셨습니다. 그리고 미국정치학의 영향을 집중적으로 지적하셨습니다. 제 개인적으로는 그와 관련된 행정학의 등장이나 기존 정치학과의 관계, 또는 경제학이라면 미국의 절대적인 지배하에 성장한 경영학과의 관계 등에 대해서도 언급해 주셨더라면 "우리나라 사회과학이 이렇게 돌아가는구나" 하는 큰 틀에서 볼 수 있지 않았을까 생각합니다.

그 다음에 대부분의 발표자들이 '분단의 상황'이라든가 '이데올로기의 대립' 등으로 간단하게 넘어가는 경향이 있었는데, 북한의 경제·정치·사회도 다뤄줘서 우리의 시각이 남북을 아우를 수 있게 넓혀졌다면 좋지 않았을까 하는 생각을 해봅니다. 그리고 미국의 정치학뿐만 아니라 미국 사회학과 경제학 등 미국의 사회과학이 절대적인 영향을 준 데 대해서는 공통된 지적을 하셨지만 유럽이라든가 일본의 영향에 대해서는 왜 언급을 하지 않았을까? 간단하게라도 '유럽의 정치학·사회학·경제학은 한국에서 왜 이렇게 미국에 압도되고 있는가?' 하는 생각도 가졌습니다. 그 다음에 일본이라는 나라에 대해, 단순히 식민지 문제를 떠나서 일본과의 비교연구는 우리 연구의 지평을 넓혀주는 데 도움이 되지 않을까 하는 이야기를 하고 싶습니다.

또 한 가지는 정치학자들의 현실참여 문제입니다. 경제학자·사회학자들도 마찬가지입니다. 예를 들면 '정치학자들은 한국의 격동기에 어떤 역할을 했는가?' 학문적인 얘기만 할 것이 아니라 실제 어떻게 했는가. 또 '경제학자들은 경제개발 5개년계획이라는 중대한 사태에서 어떤 자세를 취했고, 그 공과는 뭔가? 좀 이런 이야기를 해 주셨으면 이론과 실제가 균형이 맞지 않았을까 생각합니다. 사회학의 경우에는 사회과학의 가장 핵심적인 위치에 있고 왕좌라고 할 수 있는데, 결국은 쇠퇴하는 경향을 보이고 있다는 말씀을 들으면서 사회학뿐만 아니라 사회과학 전체가 그러한 현상을 보이고 있지 않은가 하는 느낌을 받았습니다.

그 외에 자질구레한 것이 있습니다. 특히 양준모 교수님께 개인적으로 몇 가지 부탁을 드립니다. 이헌창 교수와 윤기중 교수 두 분의 연구 업적을 많이 소개해 주셨는데 그 분들의 업적 중에는 잘못된 데가 있습니다. 발표문에 인용된 숭실학교와 중경의숙은 삭제하는 것이 옳다고 봅니다. 이 두 학교에서는 경제학을 가르친 일이 없습니다. 숭실학교의 경우 그 전거가 《숭실대학70년사》라는 책인데, 부정확한 기술입니다. 중경의숙의 경우에는 1907년《황성신문》에 난 학생모집 광고를 보면 과목이 '법률, 일어, 산술, 역사, 지지의 보통과' 이렇게 되어 있어요. 경제학이라는 말은 있지도 않습니다. 이기준 교수가 이 분야의 연구를 많이 했고 권위자임에는 틀림이 없지만 그렇다고 하더라도 돌다리도 두들겨 보는 식의 확인을 해줬으면 좋겠습니다. 그 다음으로 연희전문의 전신을 마치 경신학교 대학과로 오해를 일으킬 우려가 있습니다. 경신학교는 경신학교대로 1907년에 분명한 대학과가 따로 있었습니다. 연희전문학교는 대학과가 따로 없는 학교입니다. 지엽적인 이야기이지만 정확했으면 좋겠다는 우려에서 말씀

한국 인문·사회과학 연구, 이대로 좋은가

드린 것입니다. 오해 없으시기 바랍니다.

사　회 ●●● : 고맙습니다. 아마 이런 지적을 해주시는 분이 드물 것입니다. 굉장히 복 받은 토론자를 지금 모시고 있습니다. 그리고 김흥규 교수님의 토론을 마저 듣고 발표자들에게 시간을 드리겠습니다.

김흥규 ●●● : 저도 오늘 이 뜻 깊은 토론 자리에 초대받아서 함께 공부하고 생각하는 기회를 가져 무척 기쁘게 생각합니다. 저는 토론자로서 문사철文史哲을 아우르는 인문학적 차원의 어떤 논점을 하나쯤은 꺼내는 것이 좋지 않을까 하는 생각에서 그것을 먼저 말씀을 드리겠습니다. 그 다음에 발표하신 순서대로 문학, 역사, 철학에 대해 저 나름대로 오늘 발표를 들으면서 느낀 소감 내지 약간의 희망사항 또는 희망적 의문, 이런 것을 세 분께 따로따로 말씀을 드리겠습니다.

첫 번째 말씀드릴 것은 우리가 겪고 있는 '인문적 담론의 위기'라는 부분입니다. 한국 사회에서 인문학의 위기라는 말이 쓰인 지는 한 10년쯤 되는 것 같습니다. 그런 상황에서 이런저런 지원 대책이 나와서 시행되기도 했습니다. 그렇게 연구비가 증액되고 이런저런 프로젝트가 마련이 되어 더 연구할 기회가 만들어지면 그것으로 인문학은 행복해지는 것이냐? 이런 문제를 생각하면서 저는 근래에 '꼭 그렇지는 않다'는 생각을 가지게 되었습니다. 요점은, 인문학자들에게 적절한 연구환경이 제공되는 것도 중요하지만 무엇보다도 우리가 과연 인문적 질문과 토론의 공통된 공간을 가지고 있느냐 하는 것입니다. 문학 하는 분이 철학 하는 분한테, 역사학 하는 분이 문학이나 다른 인문학을 하는 분한테 또는 인문학을 넘어서 다른 전공을 하는 분들과 인문적 질문을 주고받고 그 속에서 서로의 학문을 비춰보고 또 서로의 학문 영역을 넘어 무엇인가를 주고받는 교류가 과연 지금의 우리 학계에서 이루어지고 있느냐? 저도 30여 년 교수생활을 했습니다만 그런 소통은 점점 줄어들고 있고, 연구 또한 굉장히 협소해지고 있다는 생각을 하게 됩니다.

제가 최근에 한국문학 연구자로서 유럽의 근대문학에 대해 조금 더 공부를 해야 되겠다 싶어서 18, 19세기 영문학과 지성사를 한 2, 3년 사이에 꽤 들여다보고 있습니다. 그러면서 놀란 게 있습니다. 애덤 스미스Adam Smith, 《국부론國富論》의 저자로 유명하지만 동시에 그는 인간 본성에 대해 철학적으로 통찰한 유명한 저술을 냈습니다. 뿐만 아니라 애덤 스미스는 Literary와 Literature—오늘날로 치면 영문학입니다—을 가르친 초기의 중요한 학자 중 한 사람입니다. 《프랑스 혁명사》를 쓴 토마스 칼라일Thomas Carlyle이나 《로마제국 쇠망사》를 쓴 에드워드 기번Edward Gibbon 등 그들의 저작은 다 영문학사에서 중요한 문학적 저술로 취급이 됩니다. 이렇게 보면 18, 19세기 영문학에 있어서 또는 영국의 지성세계에 있어서 오늘날 우리가 생각하는 식의 분과적分科的 지식인은 존재하지 않았고, 이른바 'man of letters'라고 하는 그곳에는 Justice한 인물도 들어가고 애덤 스미스도 들어가고 토마스 칼라일도 들어가고 매슈 아널드Matthew Arnold도 들어가는 굉장히 폭 넓은 지성세계가 존재했다는 거죠. 그리고 그들의 지적인 탐구와 소통의 공간을 우리는 인문학이라고 부를 수 있을 것입니다. 따라서 각각의 분과 학문이 전문화되고 세분화되어 발전하는 것이 그 나름의 진보라고 하겠습니다. 그러나 과연 우리가 인문학 내부의 문사철이라고 하는, 전통적으로 거의 울타리가 없이 소통되었던 그런 담론 공간이 이제는 나뉘고 담이 높아지게 된 이런 상황이 과연 바람직한 것이냐? 이런 문제를 최근에 절실하게 느꼈습니다. 그런 점에서 '한국 인문·사회과학 연구, 이대로 좋은가'라는 질문 속에 이 문제도 고려해 볼 필요가 있지 않을까 생각합니다.

그 다음 세 분께는 따로따로 말씀드리겠습니다. 권영민 선생님께서는 한국문학 연구가 이런저런 아쉬운 점은 있지만 대체로 괜찮은 진전을 거두어 왔다고 발표하신 것 같습니다. 그리고 1990년대 중엽 이후에 전통적인 문학 연구에서 시야가 확대되어 문화 연구 쪽으로 나가면서 텍스트에 대한 관심이나 존중의 자세가 약화되는 문제가 우려된다고 하셨습니다. 저 자신이 1990년대 중엽 이후의 좀 더 젊은 세대의 학자들의 움직임에 반드시 찬성하지는 않습니다만 그들이 제기하고 있는 문제들, 예컨대 "왜 문학 텍스트라고 전통적으로 간주되는 것만 텍스트냐?" 또 "텍스트를 왜 재래적 방식으로만 읽어야 하느냐?"라고 하는 다분히 포스트모던한 문제 제기나 탐색은 좀 더 진지하게 살펴 볼 필요가 있다고 봅니다. 그런 점에서 국문학도 90년대 후반 이래로 상당한 열병을 앓고 있는 중이고 보이게 안 보이게 세대 간의 갈등이랄까 부절剖折 같은 양상이 지금 나타나고 있습니다. 이 문제를 우리가 대충 덮어 넘어가기보다는 좀 더 정색을 하고 들추어 내서 토론의 재료로 삼는 것이 바람직하다는 말씀을 드리고 싶습니다.

그 다음 박근갑 선생님 발표에 저도 대체로 동감합니다. 한국사 연구가 '국가', '민족'이라는 단위에 집착한 나머지 역사를 보는 시야가 좁아졌다든지, 민족주의적인 해석의 틀이 모든 것을 압도했다는 비판에 저도 동감합니다. 거기에다가 저는 하나 더 덧붙이고 싶습니다. 선생님께서 쓰시는 용법대로 말씀드리자면 '역사'에서 '역사들'로의 이행이 필요하지 않을까 하는 것입니다. 한국말로 하면 이상한데 영어로 하면 대문자로 쓰여진 History에서 소문자 복수형으로 된 histories로 우리의 역사를 보는 시야가 달라져야 된다고 봅니다. 저 나름의 최근의 관심을 투사해서 말씀드린다면 역사가 고대, 중세라는 어떤 필연의 단계를 통해서 단선적으로 발전하고, 그것의 전형적인 모델은 유럽이고 나머지 비유럽 세계는 그 실현된 모델을 추종하는 것 외에는 아무런 다른 경로가 없다는 그런 역사관의 구도로부터 나아가 인간의 역사가 취할 수 있는 다양한 형태와 성격을 적어도 가정의 차원에서 주목하는 접근이 필요하지 않을까 하는 생각이 듭니다. 그런 것이 선생님이 말씀하신 민족 단위의 역사인식의 한계를 넘어서려는 노력과 호응하지 않을까 합니다.

다음으로 김재현 선생님께서 말씀하신 내용은 구구절절 다 동감하기 때문에 따로 이견이 없습니다. 다만 너무 좋은 말씀만 희망 수준에서 하셔서 그 많은 희망적인 사항들을 누가 실천할 것인가는 염려가 됩니다. 저로서는 이런 말을 그냥 덧붙이고 싶습니다. 우리가 철학서적을 읽을 때마다 늘 안타까울 때가 예를 들어 '후설Edmund Husserl에 있어서의 자유의 개념', '칸트Immanuel Kant의 미학에 있어서의 심미적 판단의 객관성에 관하여' 이렇게 하는데, 그러면 칸트의 심미적 판단에서 객관성을 이야기하다가 그게 흄David Hume한테 가면 어떻게 되느냐? 피히테Johann Gottlieb Fichte에 가면 어떻게 되고 크로체Benedetto Croce에게 가면 어떻게 되느냐? 한없이 다녀도 답은 안 나옵니다. 그냥 '심미적 판단의 객관성에 관하여'라는 이런 주제를 가지고 어떤 분이 칸트도 다루고, 크로체를 다루고, 또 누구를 다루고 해서 자기 나름의 철학적 사유 속에서 녹여 낸 것을 하나의 일관된 체계로 기술해 낸다면 동시대의 학자와 후대의 학자들에게 큰 도움이 될 것이라는 생각을 해 봅니다. 다시 말씀드리면 철학 연구자들이 특정 학자의 특정한 저작이나 개념에 관한 미시적 연구만 할 것이 아니라 그것을 바탕으로 '주제중심적인 연구'를 해서 그 성과를 이 시대 동학들에게 내 주신다면 우리 행복하게 기다려 볼 수 있지 않을까 합니다. 제가 비철학도로서 가지고 있는 안타까움을 이야기하는 겁니다. 이상입니다.

사　회 ●●● : 감사합니다. 두 분의 질책과 희망 그리고 문제 제기가 있었는데요, 답변을 부탁하기 전에 한 가지만 말하겠습니다. 오늘 나온 많은 용어 중 하나가 '토착성'과 '후진성'입니다. 그런데 '토착성'과 '후진성'은 의미가 완전히 다릅니다. 다시 말해서 많은 경우에 '후진성'은 극복이 되지만 '토착성'은 전혀 다른 의미가 될 수 있는 것 같아요. 예를 들면 경제학에 있어서 왜 토착성 문제가 제기되어야 하는가. 왜 한국 학자는 IMF를 예견하지 못했는가? 그리고 IMF가 지났으면 우리 경제학이 꼭 미국 경제학을 따라가야 되는가에 대한 이런 문제가 경제학계 내부에서 나오지 않으면 그것이 선진성이라는 간극만큼의 해결되지 않은 문제가 있지 않느냐는 거고요. 철학도 마찬가집니다. 왜 한국철학이라고 해 놓고 직접 대상을 주지 않느냐 하는 문제입니다. 우리가 늘 "방법론적으로 극복하자, 극복하자" 할 것이 아니라 "진짜 극복 대상이 누구냐를 왜 대놓고 이야기하지 않는가?"라는 생각이 저는 들었습니다. 여기까지 제 질문까지 보태서 답변 기회를 드리겠습니다. 양준모 교수님.

양준모 ●●● : 심한 매를 맞았기 때문에 답변도 먼저 하도록 하겠습니다. 제가 전임교수로 부임한 지 약 17년째 되는데 다시 한 번 학문적 자세를 배웁니다. 이헌창 교수의 출처에서 인용한 것 중에서 사실관계를 확인하지 않고 그대로 인용한 점이 있었군요. 그 부분은 교정하도록 하겠습니다. 다만 제가 이런 과거의 문제를 일부분 다룬 것은 현재의 문제가 과거에서 비롯된 것이라는 생각을 했기 때문이었는데 치밀하지 못한 점, 다시 한 번 사과드립니다.

그리고 여러 가지 말씀이 있으셨습니다. 그중에서 사회자께서 질문하신 것과 같이 답변을 드리면 IMF 위기와 경제의 토착성 문제, 현실 참여의 문제. 이런 것들을 봤을 때 한국 경제학계가 다른 사회과학계 못지않게—아마 더 많이— 현실정책에 깊숙이 관여해서 한국경제 발전에 이바지했다는 평가도 있습니다. 사실 많은 경제학자들이 각 부 장관을 역임하셨고 공과도 있으십니다. 그러면 이 일을 어떻게 볼 것이냐? 이것은 우리 보편성의 몰이해에서 나온다고 봅니다. 사실은 1998년 위기 당시 우리 경제의 취약성에 대해 세계가 다 아는데 우리만 몰랐던 거죠. 그래서 IMF의 관련 인사들이 서울에 왔을 때 "우리나라의 정책 당국자들이 뭐가 잘못되어 있는지도 모르고 있다"라는 말을 했다고 합니다. 그래서 보편성에 대한 더 심도 있는 연구가 필요한 것이고, 그런 문제의식이 우리로부터 나와야 되는 것이죠. 지난 논제에 대해 백안시하는 자세 그리고 우리의 문제를 심각하게 보편적 언어로 이해하고 그것을 힘들게 연구해서 세계와 공유하고 그것의 진실성을 규명하는 작업이 부족했다는 생각을 해 봅니다.

그 다음에 경성제국대학의 영향은 잠깐 언급을 했습니다만 시가타四方博 교수와 야마다山田文雄 교수가 경성제대에서 경제학을 가르쳤고, 사실 이 분들의 논문이 상당히 축적되어 있었다는 평가가 있습니다. 다만 경제학과의 전신으로서는 얘기를 하지 않았기 때문에 조금 언급이 안 된 부분이 있습니다만 추후에 경성제대의 역할, 사회과학계에서의 역할을 한 번 심도 있게 엮을 필요는 있다고 보고요.

그 다음에 미국경제학의 유럽권의 영향력과 그것에 따른 여러 가지 문제점들을 함께 비교 분석할 수 있지 않느냐는 지적에 대해서 전적으로 동감을 하고요. 경제학에 있어서는 사실은 유럽 경제학이 완전히 미국경제학에 지배를 받았다고 생각합니다. 이른바 《The American Economic Review(AER)》, 미국경제학회지 아닙니까? 《AER》라고 하는 것이 미국경제학회 학회지인데, 유럽인들을 포함해서 전 세계인들이 그곳에 학술논문을 발표하고 있고, 유럽대학들도 《AER》에 발표한 논문을 우수한 업적으로 인정하는 추세입니다. 그렇기 때문에 이미 경제학은 보편적 언어로서 하나의 일관된 기준이 있고 그 기준 안에서 전 세계가 평가받고 있다고 보면 됩니다. 그런 차원에서 특수성의 문제는 어떻게 보면 문제의식의 본질이 좁은 영역으로 폄훼되는 감도 없지 않아 있습니다만, 여전히 경제학은 보편적 언어로 승화시킬 수 있는 가능성이 더 많은 분야라고 볼 수 있겠습니다. 그 다음에 경영학과 경제학 전반의 틀과 북한경제학과의 비교 문제는 큰 틀에서 연구를 더 하도록 하겠습니다. 감사합니다.

송호근 ●●● : 네. 질문하신 것을 뭉뚱그려서 말씀드리면 아까 김흥규 교수께서 문사철 담론 공간이 소멸되었다고 말씀하셨잖아요. 사회과학 입장에서 보면 불가피하게 분절된 라인으로 지금까지 밀려 왔고 그렇게 하지 않으면 보편성과 닿지 못하는 국면이 있다고 보거든요. 문사철의 분리로부터 사회과학을 '보편적 사회과학'의 영역으로 밀어 넣기 위해서는 어떻게 할 것이

냐? 사회학의 경우 20~30년 동안 그 길을 통과하면서—80년대
는 물질을 통과하고, 그 이후에는 분리 과정을 통과하면서—겨
우 이제 담론의 풍습을 열었습니다. 경제학은 시작부터 보편적
인 언어로 가능성의 영역이 넓었기 때문에 미국 학계에도 한국
사람들이 상당히 많이 있잖아요. 그러나 사회학은 그러한 갭gap
을 가지고 있고, 역사적인 짐을 가지고 출발해야 하기 때문에 어
렵습니다. 그것이 운명이라면 겨우 축을 배웠는데 이제 그것에
대한 대가를 치르고 있다는 것이 제 생각입니다.

문사철로 묶은 종합적인 지식을 사회과학으로 회복해야 되느냐
는 문제에 있어서는 저는 회복을 하고 싶죠. 이 사이에서 지금
사회자께서 지적하신 토착성의 문제라든가 또는 의외의 선진성
의 문제가 발견될 가능성이 있겠어요. 그런데 그 가능성은 매우
적습니다. 더군다나 세계에서 5천만 명만 쓰고 있는 언어로는
너무나 어렵다는 생각이 자꾸 들어요. 그와 관련해서 보자면, 사
회과학이 다시 지적인 주도권을 회복할 수 있겠느냐? 지금 사회
학은 완전히 사회적 중심에서 멀어져 있습니다. 아카데미아로
돌아와서 고군분투하고 있는 상황인데 저는 지적인 주도권을
회복할 것이라는 생각을 별로 안 합니다. 어떤 점에서는 오히려
못하는 것이 행복할지도 모르겠습니다. 주도권은 두 가지일 텐
데 하나는 대중에 있어서의 공론이고, 다른 하나는 학문공동체
에 있어서 담론이라는 수준이 될 겁니다.

아까 김효전 교수께서 현실참여 문제가 어떻게 되느냐, 북한 문
제는 어떻게 되느냐 물어보셨잖아요. 제가 보기에는 학문공동

체 안에서는 연구수준을 높이기 위해서 계속 그런 문제들을 다른 데로 토스toss하고 있는 중입니다. 북한 문제는 너무 복잡하기 때문에 자꾸 토스해서 '북한학' 쪽으로 밀어 내고 있거든요. 과거의 사회학자 중에 이런 사례가 상당히 많습니다. 그럼 사회학에서는 뭘 하느냐? 이념의 경계선을 다루고 있지, 그것을 북한으로 묶어서 다루기에는 너무나 벅차기 때문에 떼어내고 있어요. 그러면서 전공이 심화되어 가고 있습니다.

학문공동체에서는 그렇고, 공론 영역에서는 이데올로기 문제에 상처를 받고 있기 때문에 그것으로부터 절연한 학자들이 훨씬 많아졌습니다. 그것을 붙들고 있는 사람은 1980년대 좌절된 열망으로부터 이 시대 진보의 도화선을 만들려고 무지무지하게 고군분투하고 있어요. 그런데 학문공동체 입장에서 보면 업적은 시원치 않다는 거죠. 시원치 않다고 해서 대단히 죄송스럽습니다만 제가 봤을 때 "참, 잘 썼다"라고 하는 것을 못 봤어요. 그래서 이 사이에 간극이 있습니다. 1980년대에 '양쪽에 가교를 놓겠다'라고 하는 환상을 버리거나, 버거운 것은 다 떼어 낸다, 그런 식으로 소셜 사이언스Social science의 디클라인decline이 지속적으로 이루어졌던 것 같습니다.

인문학은 10년 전에 '인문학의 위기'를 이야기하면서 대중의 관심을 불러일으키고 상대적으로 굉장히 많은 사람들이 "인문학을 안 하면 교양시민이 아니구나!" 이렇게 생각을 하게 되었어요. 그런데 대한민국에 그야말로 중산층 이상의 사람들이 "사회과학 안 하면 교양시민이 아니구나!" 하고 생각하는 사람은 없거든요. '사회과학의 위기'에요. 그러나 사회과학자들은 이것을 위기라고 전혀 생각하지 않습니다. 그들의 패이트런patron은 공중公衆이 아니거든요. 그들의 패이트런은 정부거나 국책연구소 거나 아니면 특정 패이트런의 기업이 있습니다. 그렇기 때문에 이것이 어마어마한 위기의 늪에 빠져들고 있음에도 불구하고, 공중과 유리되고 이념을 버리고 그러면서 위기인데도 위기가 아니라고 생각하고 있습니다. 사실 엄청난 위기죠. 이것이 사회 과학의 현실입니다.

사   회 ●●● : 그건 '사회과학의 위기'가 아니고 '사회과학자의 위기'지요. 예전부터 마르크스나 사회이론의 중요성은 아직도 있고…….

송호근 ●●● : 네, 잘 보셨습니다. '사회과학자의 위기'는 학문 공동체의 문제거든요. '사회과학의 위기'는 공중과 대중에 관한 문제입니다. 그런 면에서는 후자, 대중에게 있어서의 '사회과학 의 위기'는 분명히 심화되고 있고 시장이 엄청나게 축소되고 있 어요. '사회과학자의 위기'는 아닙니다. 두 가지가 헷갈리는 경 우에는 위기가 오지만 이미 분리된 상태로 젊은 세대, 아까 제가 얘기한 지적인 유산, 제너레이션generation, 자이트가이스트 Zeitgeist를 보면 후자 두 개 제너레이션과 자이트가이스트가 이 미 공동체 안으로 들어가서 그 게임룰에 따라 가고 있다는 면에 서는 선택이 아니지요. 밖에서도 움직이지요. 그래서 오늘날 정말 급격히 변동하는 시대에 사회학자 중에서 이 시대에 대해서 뭐라고 얘기해 주는 사람이 한 사람도 없습니다. 40대에서 찾아볼 수 없고, 50대도 마찬가집니다. 얘기하는 사람들 중에는 진보 진영의 사람들이 있는데 약간 아웃데이트outdate된 자료들의 연구라는 거죠. 제가 너무 폄하하는 것 같지만……

마지막으로 한 말씀드리면 사회학의 개념 자체가 한국 사회가 이렇게 급변하고 있고 거대하게 분화되고 있는 것을 과거에는 담아 낼 수 있었지만 지금은 담아 낼 수 없다, 따라서 큰 거시담론을 이야기하는 순간 '저 사람이 굉장히 헛되다'라는 것을 스스로 보여 주는 이야기가 된다는 거죠. 그래서 그러한 위험에도 불구하고 나타나는 장수는 없고, 항상 자기 보호를 하고 있고, 자기 보호를 하려고 하는 사람들이 상당히 많습니다. 그래서 오히려 미시 개념 쪽으로 승화되고 있다고 봅니다.

사　　회 ●●● : (청중들에게) 얘기가 어렵죠? 박상섭 교수님, 답변 부탁드립니다.

박상섭 ●●● : 김효전 교수님 아까 질문하신 것 중에서 행정학과와 관련해 말씀드리겠습니다. 사실 행정학을 기술학으로 생각했기 때문에 군이 이 토론에 들어갈 문제가 아닌 것 같아서 빠졌습니다. 행정학을 폄하하는 것은 아니고 다시 정리하면서 넣어야 할지 말아야 할지 생각을 하겠습니다.

그 다음에, 유럽·일본의 영향은 제 글에 '정치학이 미국 다음으로 우리가 큰 나라가 아닌가'라는 부분인데 자랑스러워 하는 표현으로 쓴 것은 아니지만 그건 사실입니다. 미국의 폴리티컬 사이언스political science라는 것이 유럽을 제외하면 한국에 들어왔고, 유럽은 나름대로의 다른 정치학적 전통들이 있었습니다. 나중에 박근갑 선생님께 들으려고 했는데 독일에서 새로 만든 언어 중에 '폴리폴로기Politologie'라는 것이 있죠. 바로 미국식 폴리티컬 사이언스에서 발원한 것입니다. 미국 정치학이 근본적으로 잘못된 것이 아니고 미국적인 정치학이 역할을 해 준 부분이 상당히 많다고 생각합니다. 그러나 다른 문제들이 있는데 제쳐놓고 미국정치학이 준 어젠다agenda에 따라서 우리가 연구하고 토론하게 되면 뭔가 아귀가 안 맞는다는 생각에서 한 말입니다. 그리고 정치학자들의 현실 참여는 언급할 가치가 없는 문제로 생각됩니다. 학문적인 문제가 아니라 본인이 알아서 할 문제라고 생각합니다.

그 다음에 나오는 몇 가지 공통된 문제들을 보면서 똑같이 위기를 느끼고 있구나 하고 생각합니다. 제가 강의를 비록 그(사회학)쪽으로 많이 하지만 학생들한테 "인문학은 전략과목이다. 왜 전략과목이냐? 인문학이라는 것이 역사, 철학 이런 기초적인 것인데 도대체 이것을 안 하고서 우리가 남의 제도를 어떻게 받아들이고 우리 제도를 어떻게 수습하겠느냐? 이걸 모르면서 뭘 한다고 하느냐? 우리가 그동안 쭉 써온 게 그건데" 하면서 인문학이 굉장히 중요한 전략과목이라고 얘기를 해도 그렇게 공감하는 표정들은 아닌 것 같았습니다. (일동 웃음) 사람들이 인문학을 우리가 소비를 안 하는 것 같지만 사실 우리가 생활에서 소비하는 것의 70~80퍼센트는 인문학적인 소비입니다. 예를 들어서 우리가 극장에서 웃든지 울든지 전부 다, 운동이나 게임 가서 뭘 하더라도 그것도 다 인문학적인 현상이죠. 그런 의미에서 인문학은 계속적으로 소비가 되는데 제가 생각하는 건 조금 특화된, 그러니까 사회과학하고 연결된 것이 필요하지 않을까 여겨집니다.

번역과 인용 문제는 저도 꼭 필요하다고 생각하는데, 문제는 그 번역이 있다는 것을 알고 인용을 하려는데 내 손에 지금 구할 수가 없는 게 있다는 것이지요. 제일 빠른 방법은 인터넷으로 교보문고를 검색하는 것인데, 찾아 보니 이미 절판이 되었고, 인용하다 보면 틀린 것도 발견이 되고, 일반인들이 영어 텍스트도 안 보지만 번역 텍스트는 절판된 지 오래고……. 이런 문제가 있습니다. 인문학에서는 사회적으로 합의된 전범典範 텍스트가 필요하고, 그래서 저는 번역 문제에 대해서 우리가 굉장히 신경을 써야 할 것 같습니다. 예전에 대중철학자인 김용옥 교수가 그 문제를 가지고 한 번 심하게 시비를 한 적이 있었습니다. 학계에 처음 들어와서 한참 열의가 있을 때 번역 문제에 대한 글을 굉장히 길게 썼거든요. 나중에 《동양학 어떻게 할 것인가》라는 제목의 책으로 묶어 나왔죠. 그게 벌써 30년 가까이 지난 일인데 지금까지 실제 가타부타 별 큰 반응이 없었던 것으로 여겨집니다. 아마 김 교수 자신은 꽤나 좌절을 많이 했을 겁니다. 잘했다 어떻다 얘기가 있어야 될 텐데 그런 것도 없었고요.

제가 구식인 것은 분명한데, 아직까지 학계에서 이슈로 삼아야 할 문제들은 테크니컬하고 미시적인 부분도 있지만 굵은 문제들 중에서 해결 안 된 부분들이 너무 많습니다. 그것을 어떻게 할 것인가? 저도 담과 벽에 대해 이야기를 했거든요. 정치학과 사회학이 사실 담·벽으로 갈라질 과는 아닌데 말입니다. 막스 베버가 그 전형적인 사례죠. 막스 베버의 '지배사회학'의 문제는 사회학 교수들 중에서 크게 관심을 갖는 사람들이 많지 않은 것으로 알고 있는데 정치학 쪽에서도 없고 그렇습니다. 컴파트먼털리제이션compartmentalization 문제가 굉장히 심각한데, 문제는 지금 소통이 자체 안에서도 안 되고 있거든요. 저도 그렇고 다른 선생들도 마찬가지입니다만 쭉 한 번 보시면 일관되게 나오는 얘기가 "소통 부재다" 이런 겁니다. 저도 오늘 쓰긴 쓰지만 사람들이 그래서 "소통을 했느냐?" 하면 저도 별로 안 하는 편이거든요. 어떻게 해야 될 것인가 하는 문제만 잔뜩 생기고 별로 답은 없네요. 똑같이 느끼는 문제가 아닐까 합니다.

사　회 ●●● : 그럼 다음에는 권영민 교수님.

권영민 ●●● : 사회를 보시는 송 선생님께서 온당하게 문제를 지적해 주셨고, 김흥규 선생님은 중요한 문제를 또 언급해 주셨습니다. 사실 자기 영역으로 들어가면 학문의 영역별 이기주의가 아주 대단해서 살벌한 영토싸움을 벌이는 게 우리의 현실이죠. 제가 IMF 이후 한 4, 5년이 지난 2000~2002년 사이에 인문대 학장을 했었는데 국립대학 학장협의회라는 게 있었어요. 그냥 한 번 만나서 얼굴들 보고 저녁 먹고 헤어지는 모임이었습니다. 그래서 늘 회의의 주제가 없었습니다. 그때 제가 그해 서울대학교 인문대학의 박사학위자로서 아무 것도 하지 못하는 실업자가 몇 명인지 학과별로 전부, 외국에 유학한 사람까지 모두 포함해서 숫자를 적었습니다. 그랬더니 2001년도에 서울대학교 인문대학에서만 몇 년 사이에 총 200명 이상의 박사들이 실직 상태였습니다. 대학은 문을 닫고 더 이상 사람을 채용하지 않고 전부 다 허리띠를 졸라매고 한다고 하니까 거기에 편승해 그렇게 되기 시작했습니다. 그래서 "인문학 이러다 다 죽겠다", "누가 이제 공부하겠느냐?" 이런 이야기가 나왔고, 특히 유럽으로 유학을 갔던 사람들은 7, 8년 고생해서 박사학위 받아 왔는데 길이 완전히 막혀 버리고 학과도 폐지되기 시작하는 문제가 생겼습니다. 그래서 〈인문학선언〉에서 인문대 학장들 이름으로 교육부에 건의도 하고, 또 그 다음 해에 〈인문학 세기선언〉(〈인문학 위기선언〉)이라고 발표하고 그랬습니다. 그런 것들이 소위 BK, HK 사업으로 쭉 이어졌는데, 그게 되고 나니까 그 다음은 서로 자기네 밥그릇 챙기는 싸움으로 바뀌어 버렸습니다.

국문학과도 마찬가지입니다. 국문학과도 같이 모이면 "국문학은 하나다", "고전문학과 현대문학이 하나다" 식으로 그렇게들 얘기하는데, 딱 갈라지면 그 다음부터는 남입니다. 어느 정도로 심각하냐면 심지어는 고등학교에서 가르치는 교과서의 교과목을 정했을 때 영역별로 일곱 가지 교과목으로 나눠졌어요. 우리가 보통 여러분이 학교 시절에 배웠던 《국어》라고 하는 책에다가, 《국어생활》이라는 책이 또 한 분류고, 《문학》, 《문법》이 생기고, 《한문》이 생기고, 《독서》, 《화법》이 생기고. 굳이 이런 식의 분리주의 교육을 하는 나라가 전 세계에 우리 말고 없어요. 말도 안 되잖아요! 교육을 이 따위로 하는 게 어디 있냐! 이게 대체 누구 아이디어냐? 나중에 보면 그러고 와서 승리했다고 생각합니다. "이렇게 많이 늘렸다!" 그런데 실제로는 하나도 안 가르칩니다. 그래서 다 망쳐놨거든요. 이게 소위 학문의 영역별 이기주의입니다. 아주 엄청나죠. 그러니까 정말 고해하고 반성해야 되는 그런 대목입니다. 게다가 소통을 전혀 하지 않으니까 학문이 주제별로 영역별로 무슨 학회가 만들어지는 것이 아니라 전부 지역별로 다 쪼개져서 지역별로 만들어진 학회들끼리 소통하지 않습니다. 자기들끼리만 모이는 겁니다. 그러니까 거기서 엄청난 문제들이 발생합니다.

제가 2000년 이후의 박사학위 논문을 해방 이후 전체와 비교하며 보니까 박사학위 논문의 수가 현격하게 늘어나는 때가 특이하게도 2001년도인데 바로 저희들이 얘기했던 HK, BK 사업 덕분이었습니다. 사실은 그래서 더 많은 실업자를 양성한 것입니다. 1년에 우리 국문과의 경우 지난 10년 동안 나온 논문 수가 박사학위만 1만 3,000여 편입니다. 그런데 대학교수 가운데서 퇴임한 교수의 수가 전국 대학의 국문과에서 한 해 20~30명이 나왔는데, 박사 논문은 120편쯤 나옵니다. 그러면 100명씩 그냥 누적돼서 비정규직으로 떠나는 겁니다. 도대체 우리가 뭘 해 왔나! 제가 반성하겠다는 내용이 그런 것입니다. 인문학의 위기라고 했는데 더 큰 위기를 스스로 만들어 냈고, 그들이 만들어 낸 논문들이, 정말로 질적으로 형편없는 수준의 논문들이 버젓하게 한국연구재단에 전부 등록되어 있습니다. 이건 정말 심각한 문제입니다. 이런 사실이 통합적인 사고 또는 학문 전체를 생각하는 관점이 서지 못하게 되는 큰 이유일 것이라고 생각합니다.

사 회 ●●● : 교수님, 문학 연구 텍스트에 대한 관심이 떨어지는 데 대한 질문의 답변을 부탁드립니다.

권영민 ●●● : 1990년대 이후 연구 업적 중에서 문학 연구자들이 첫 번째로 상대하는 것이 문학 텍스트인데 텍스트를 전체적으로 잘 안 읽는다는 것. 그것은 연구 성과에도 다 나타납니다. 문학 연구자들이 텍스트를 안 읽으면 정말 아무도 안 읽게 되어 있습니다. 이것은 정말 심각한 문제입니다. 새로운 영역을 개척하고 새로운 의미를 찾아 내려고 하는 것 이상으로 기존의 축적되어 있는 한국문학의 자료들, 이 자료를 떠나면 한국문학의 근거가 사실은 없어지죠. 그런 생각을 했기 때문에 제가 좀 더 강하게 얘기했던 것입니다.

사 회 ●●● : 감사합니다. 다음 박근갑 선생님.

박근갑 ●●● : '역사'에서 '역사들'로 등 여러 가지 질문을 하셨는데요, 앞으로 많은 고민을 하겠습니다. 오늘 제가 드릴 말씀은 송호근 교수께서 고백체로 쓴 글의 맥락과 비슷한데, 개인적인 얘기를 잠깐 하면 배운 것이 도둑질이라고 뭔가 줄을 잘못 서서 독일역사를 배웠는데 재미없는 독일 사료를 한참 읽다 보니 싫증이 났거든요. 또 정체성 위기도 있고 그래서 한국역사로 돌아왔을 때―물론 그냥 돌아온 것은 아니고 2000년대 초반이라는 시점에서 오는 문제도 있었겠죠―역사학이라는 것이 언어로 이루어진 학문인데 제가 배운 역사 언어와 국사의 언어가 다르다는 것을 알았습니다. 그러니까 같은 사학과 내에서 대화가 한 번도 없었다는 거죠. 간단히 이야기하면 이기백 선생님은 같은 과 선생님이셨는데, 제가 존경하는 저명한 대가와 역사적으로 한 번도 대화를 한 적이 없었다는 거죠. 제 기억으로는 세 번 정도 같이 식사를 한 것 같은데 그때도 대화를 해 본 적이 없었습니다. 이기백 선생님이 저를 역사학도로 인정을 안 해 주시는 것처럼 말이죠. 이게 뭔가 오늘날 제가 한국사 논문을 쓰고자 했을 때 느끼는 것과 비슷합니다. 제가 얼마 전에 엉뚱하게 신채호에 관한 글을 쓰기 시작하면서 이른바 여기서 이야기하는 국사학자들이 저한테 도움을 주는 글이라든지가 없었죠.

그래서 우리 같은 일반 사람들이 하는 역사도 역사라는 거죠. 가령 독일사도 역사인데 왜 그러한 간극들이 있을까. 그렇다고 한국역사가 크게 잘못됐다는 것은 아니고요. 세밀한 부분은 좋습니다, 크게는. 그렇지만 뭔가 보편 수준의 담론, 이런 게 필요한 게 아닌가 합니다. 제가 직접 살펴 본 바로는 감히 말씀드리지만 발전된 한국사에서 뭔가 방법론의 문제가 있지 않느냐는 것입니다. 방법론을 조금 비판적 시각에서 수정을 할 필요가 있어요. 그러한 취지에서 오늘 발표를 준비한 것입니다.

사　회 ●●● : (김흥규 교수님께) 'History'가 'histories' 복수형으로 바뀌어야 한다는 것은 'historicism'을 말씀하시는 겁니다.

김흥규 ●●● : 아니 그렇지 않습니다. 그건 비유적인 표현인데요, 역사를 단선적으로 보는 이해가 아니라는 말입니다.

박근갑 ●●● : 거기에 대해서는 저도 동의합니다. 어떻게 보면 한국역사가 일본에서 약간 굴절된 역사주의 영향을 굉장히 심각하게 받았는데, 그 역사주의가 단선적으로 (역사를) 구축하려고 하는 것이 바로 '민족'이라는 거죠. 선생님께서 하신 말씀이 어떻게 보면 하나의 가능성으로, 현재 우리 수준에서 '국사에서 역사로' 겨우 좀 갔다고 보는데 '역사에서 역사들로' 갈 만한 준비가 되어 있느냐? 이와 같이 지금 상당히 내밀하고 심각한 방법 논쟁이 한국사 내부에서 좀 있어야 되겠다고 생각합니다.

사　회 ●●● : 고맙습니다. 다음으로 김재현 교수님 부탁합니다.

김재현 ●●● : 김효전 선생님께서 경성제대 연구의 중요성을 말씀하셨는데, 제가 경성제국대학을 중심으로 〈철학의 제도화: 해방 전후의 연속성과 단절〉이라는 논문을 쓴 적이 있습니다.

서양철학을 하면서 '도대체 내가 서양철학을 하면서 어떻게 해야 제대로 할 수 있는가?'하는 질문에서 역사적인 연구를 하게 되었습니다. 그런데 이 글을 철학연구회에 냈더니 "이건 철학논문이 아니다"라고 해서 탈락한 적이 있습니다. 화가 났지만 어쩔 수 없었고 결국 같은 글을 저희 젊은 사람들이 1980년대 후반에 만든 한국철학사상연구회 학술지인 《시대와 철학》에 투고해 게재하게 되었습니다. 한국철학계가 자신의 역사에 대해 별 관심이 없다는 것을 보여 준 사례라 할 수 있을 것 같습니다.

그런데 실제로 우리의 근대사, 일제 시대의 영향, 분단은 우리 학문에 아주 결정적인 영향을 미쳐 왔습니다. 그중 이데올로기적인 부분을 보면 분단 이후 마르크스주의가 철저히 불온시되어 학문적인 지형이 상당히 좁아진 것이 사실입니다. 마루야마 마사오丸山眞男가 일본 현대사상을 이야기하면서 마르크스주의가 단순히 정치적인 이데올로기로서가 아니라 연구방법으로서 총체적으로 사회를 보는 시각에 매우 긍정적인 영향을 끼쳤다고 높게 평가를 해요. 그러니까 학제 간의 큰 틀에서 고민할 수 있는 총체적 시각 같은 뭔가가 있어야 되는데 일본에서는 적어도 마르크스주의가 큰 기여를 했다고 평가한 것입니다. 그러나 우리나라에서는 마르크스주의가 완전히 단절되어 학문적으로도 다루어지지 않았기 때문에 그 부정적 영향이 크다고 생각합니다. 그리고 남북 분단이 가져 온 사회정치적 영향과 한계 때문에 학문 연구의 자율성과 창조성에도 상당한 제약이 있었다고 생각합니다.

그 다음에 철학자, 학자의 현실 참여 문제를 말씀하셨는데, 이승만 정부 때 안호상 선생이 초대 문교부 장관을 하셨고, 유신시대 때 박종홍 교수가 박정희 대통령의 교육문화담당 특별보좌관을 한 적이 있습니다. 철학교수들이 교육부 장관을 많이 했어요. 이러한 현실 참여가 그 개인의 철학과 어떻게 연결이 되는지 앞으로 그러한 부분에 대해서 보다 구체적으로 연구할 필요가 있다고 생각합니다.

그리고 김홍규 교수님께서 학문적 통합과 실천 방법에 대해 말씀하셨는데, 최근에 '사회와철학연구회'에서 전공이 다른 국내 학자들이 쓴 책 두 종을 가지고 세미나를 계획하고 있습니다. 매우 바람직한 현상이라 생각합니다. 젊은 학자들이 이 문제에 대해 좀 더 적극적인 방향으로 나갔으면 좋겠습니다. 한국철학계도 같은 문제의식을 갖고 있습니다만 현실적으로는 잘 안 되고 있는 것 같습니다. 말씀드린 것처럼 분과철학회는 나름대로 더욱 발전해 가는데 한국철학회나 철학연구회 쪽에서 통합적인 역할을 못하고 마치 분과학회처럼 활동을 해 온 것도 문제라고 생각합니다. 저는 한국철학회나 철학연구회가 좀 더 통합적인 역할을 해 주기를 바랍니다. 제 발표 내용이나 주장을 한국철학회 쪽에 제안하고, 이런 것을 공감하는 분들과 철학운동으로 만들어서 한국철학계를 바꾸어 나갈 필요가 있다고 생각합니다만 어느 정도 실현될지는 저도 모르겠습니다.

다음으로 철학논문을 쓰는 방식과 인용에 대해서 한 말씀 더 드리겠습니다. 연구자들이 실제로는 국내에서 쓰인 논문이나 책

한국 인문·사회과학 연구, 이대로 좋은가

을 보기도 하는데, 인용을 할 때는 원전의 같은 부분만 찾아서 인용하는 경우가 많습니다. 제가 박사논문을 쓴 하버마스의 경우에도 대부분의 연구자들이 번역서나 다른 연구자들의 글을 읽기는 해도 인용하거나 언급하지는 않습니다. 이러한 방식은 상당히 문제가 있다고 생각합니다. 또 다른 중요한 문제는 철학 논문을 쓸 때, 국내에서의 연구사에 대한 검토를 거의 하지 않는다는 것입니다. 국문학이나 역사학 쪽은 연구사 부분에 대해서 철저하게 검토하는 것 같습니다. 제가 한국 현대 철학사상에 대해 논문을 몇 편 썼는데 철학계에서는 별로 인용이 안 되고 오히려 역사학, 국사학 쪽에서 언급이 되더군요. 물론 저도 국문학, 역사학 쪽의 연구를 참조하고 인용하니까 그렇겠지만 말입니다. 제가 월북철학자인 박치우朴致祐, 신남철申南徹에 관한 글을 쓴 적이 있는데, 국문학 쪽에서 일제시대 후기, 즉 1930년대 후반~1940년대 초반의 문예비평 연구에서 참조하고 언급해서 반가웠습니다. 저는 역사학·국문학·사회학·정치학 등에서 필요하면 모두 인용을 하려고 노력합니다.

김홍규 교수님께서 요구하신 '주제중심적 연구'는 사실 과거에는 서양철학자 개인에 대한 연구도 만만치 않게 어려워서 제대로 안 되었던 것 같습니다. 연구 역량이 많이 향상되었기 때문에 앞으로는 어느 정도 나오리라 생각합니다.

마지막으로 여러 가지 좋은 제안들을 어떻게 실천을 할 것이냐 하는 문제는 상당히 어려운 것 같습니다만 철학 연구자들이 서로 인용하고, 소통하고 또 제도적으로 개선할 부분은 개선해 나가는 노력을 해야 할 것 같습니다. 지금 철학계의 주류에 계신 분들, 즉 실력 있고 힘 있는 분들이 이런 문제의식을 가지고 다양한 실천을 해 나가기를 희망합니다. 물론 저도 여러 가지 노력을 하겠습니다.

사　회 ●●● : 감사합니다. 양준모 교수님께서 발언을 요청하셨습니다.

양준모 ●●● : 제가 답변하는 과정에서 오해가 있을 것 같아서 추가발언을 요청했습니다. 제가 아까 '미국 경제학'과 '유럽 경제학' 얘기를 했습니다. 사실 경제학에서는 '미국 경제학', '유럽 경제학'이라는 말이 없습니다. 미국의 경제학계가 있을 수 있고 유럽의 경제학계가 있을 수 있는데, 유독 한국에서는 '미국 경제학'이라는 단어가 있고, 우리의 특수성을 도외시하는 연구 풍토로 다소 부정적으로 사용되고 있습니다. '미국 경제학'은 대개 '미국에서 유학하고 온 사람들이 연구하는 분야와 방식'이라고 정의할 수 있으나 그것은 실체가 없는 것이라는 생각이 듭니다. 너무 다양한 사람이 다양한 분야에서 미국에서 공부해서 왔기 때문에 '미국 경제학'이라는 용어는 특정할 수 없는 용어로서 문제가 조금 있었고요. 제가 답변한 것은 유럽의 경제학계, 미국의 경제학계 등 경제학계의 풍토를 말씀드린 것입니다.

그 다음에 추가적으로 사회과학의 위기에 대해서 말씀하셨는데 박상섭 선생님께서도 지적을 하셨습니다만 대중성과 학술성에

한국 인문·사회과학 연구, 이대로 좋은가

대해서 고민이 있어요. 경제학의 대중성을 높인 학자들이 있습니다. 이들 학자들이 저술한 대중서적의 진술 하나하나 문장 하나하나가 학술적으로 규명해야 될 문제들입니다. 경우에 따라서는 책의 주장이 어떤 가정하에 쓰인 것이지만, 틀렸다고 이미 밝혀진 것들이 문장 속에서 논리적 전개에 사용됩니다. 그것이 대중들에게 호소할 수 있는 논리가 되고, 그래서 대중성이 확보된다는 것 자체가 어떻게 보면 사회과학의 위기 중의 하나가 아닌가 하는 생각을 가끔 합니다.

사 회 ●●● : 오늘 굉장히 수고 많으셨습니다. 이것으로 오늘 토론을 끝내겠습니다. (일동 박수)

한국 인문·사회과학 연구, 이대로 좋은가

- ⊙ 2013년 2월 28일 초판 1쇄 인쇄
- ⊙ 2013년 3월 8일 초판 1쇄 발행
- ⊙ 기획   일송기념사업회
- ⊙ 글쓴이   권영민, 박근갑, 송호근, 김재현, 박상섭, 양준모
- ⊙ 발행인   박혜숙
- ⊙ 영업·제작   변재원
- ⊙ 종이   화인페이퍼
- ⊙ 펴낸곳   도서출판 푸른역사
           우 110-040 서울시 종로구 통의동 82
           전화: 02) 720-8921(편집부) 02) 720-8920(영업부)
           팩스: 02) 720-9887
           전자우편: 2013history@naver.com
           등록: 1997년 2월 14일 제13-483호

ⓒ 일송기념사업회, 2013

ISBN   978-89-94079-79-0   93900

· 잘못 만들어진 책은 교환해드립니다.